仏陀の癒しと心理療法

20の症例にみる治癒力開発

平井孝男

法藏館

前書き

本書は、仏陀の教えと心理治療（精神医療）との関係について、筆者の二十の治療実践例を元に、述べたものです。筆者が仏陀の教えに触れたのは三十四年前になりますが、それ以来ずっと私なりの仏教研究や仏教の教えに基づく治療実践を行ってきました。そうしたことの記録がいつのまにか積み重なった結果、本書が生み出されたと言えます。

もう少し詳しく、この本ができた経緯から説明しますと、昭和五十四年ごろ、筆者はインドに行く傍ら仏典に触れ、仏陀の素晴らしい智慧に開眼し、それ以来、その教説は私の治療活動や生き方の基本となってきました。特に四諦八正道の教えは、ほとんどの心の病の治療に通じ、この点でお釈迦様に感謝しています。

その後、畏友黒木賢一氏や真田忠美氏（両名とも心理療法家）を中心にした研究会や合宿などで、自分なりの仏教理解を聞いてもらえる機会に恵まれました。

さらには、平成五年ごろに、大学時代の友達であった塚崎直樹君（同じく精神科医）から手紙をもらいました。この時の手紙の内容は、仏教に関することで、彼も同じ関心を持っているんだなと嬉しく思い、筆者の方も、以前、黒木さんとの六甲山でのトランスパーソナル心理学の合宿の時に使ったレジメ「仏陀から学んだこと」を送りました。

彼からは、早速返事が来て一度会おうということになり、久しぶりの再会となりました。そしてそこで、宗教と心理療法といったシンポジウムをやろうかということになり、故加藤清先生に指導とまとめ役をお願いし、塚崎君と筆者に、実川幹夫氏、故井上亮氏を初め、六甲合宿にも参加された黒木賢一氏を加えて、六名でシンポジウムが成されました（平成五年七月十一日）。

この時のシンポジウムの内容が「癒しの森」という形でまとめられたのが、平成八年五月のことですが、これを読んでいただいた法藏館の編集部の方から、仏陀の癒しの原稿を頼まれました（平成九年五月）。その後、今度は、仏陀の癒しに関する連載を頼まれ、続いてそれを単行本としてまとめてくれないかという依頼があったのです。

筆者としては、仏教に関して浅学非才であると同時に何の仏道修行もしていないことからためらいはありましたが、お釈迦様に助けていただいた御恩を考えたり、また自分の勉強になるかなと思い、今までの臨床経験と仏陀に関する思いを綴り始めたのです。

ただ、勇んではみたものの、書いても書いてもあまり満足できず、いつのまにかこの書も幻になりかけたころ、ふとした縁で、仲間や実習の院生、患者・クライエント・家族の方々に草稿を読んでいただく機会に恵まれました。彼らの反応は「とても興味深いし、役に立つ。是非、一書にして欲しい」という有り難いお言葉で、それでは一つ頑張ってみようということで、訂正加筆を経て、ようやく日の目を見ることになったのです。

以上が、本書の成立事情ですが、私がこの本に込めた思いやメッセージは次のような点に要約されます。

本書の第一の意義は、あらゆる精神治療の根底には、仏陀の教え（四諦、中道、縁起・空）が流れていることを明らかにしている点です。もっと言うと身体の治療も同じことが言えるし、また人間の生の根底を支えるものとして、仏教の教説があると言えます。

第二に強調したい点は、仏陀の教えは難解なものと捉えられがちですが、実は非常に単純でシンプル極まりないと言うことです。我々凡夫が多くの煩悩に振り回され、やたら難しくしているだけなのです。筆者は、できるだけわかりやすく仏陀の教えを実際例に基づいて説明させていただきました。それゆえ、二十の治療例を解説も交えながら、できるだけわかりやすく、詳しくさせてもらいました。

同様に心の病の治療も非常に難しいと思われがちですが、これも実に簡単で単純なものです。本書では一見複雑に見える治療過程をできるだけわかりやすく解説しました。これは、これまでの六冊の拙著に準じていますが、この事例中心主義が本書の第三の意義です。ただ、事例はプライバシー保護のため、少し改変しています。

第四は、社会学的なことや薬、脳科学的なことも含め、広範囲な形で、仏教と精神治療を説明している点です。これにより、一層、仏教、精神医学、臨床心理学が身近なものになることを祈っております。

以上が本書の主な意義ですが、本書の性格上、読者対象は多方面にわたります。

一つは、仏教に関心のある方、仏教関係者の方々です。本書を読んでいただき、このような仏教理解もあったのだと思っていただくだけで幸せです。また、仏教の教えがいかに治療に役に立ち、患者・家族の救いになるかを少しでも感じていただけると有難いです。

もう一つは精神治療に携わる関係者（精神科医、臨床心理士、看護師、社会福祉士、学生・院生など）の方々です。本書を通して仏陀の教えに触れることにより、少しでも日ごろの臨床実践の助けになり、臨床の智慧のようなものがもたらされることを祈っております。

それから、実際に心の病で苦しんでいる方々や家族の方々にも是非読んでいただければと思っています。一見、治療が難しいとされている、遷延うつ病、摂食障害、統合失調症、境界例、パーソナリティ障害などの回復例にふれることで、皆様に希望と大いなる智慧が招来されることを願っております。また薬の使い方などもより理解が深まればと思っています。まず事例から読んでいただくとわかりやすいかもしれません。

最後に、人間や人間の心、宗教ということに関心のある人々にも広く勧めたいと思っております。人間や世界の不思議さ・奥深さを感じていただければと思っています。

以上のようなことが、本書の意義と読者対象ですが、まとめに代えて、本書成立に関わっていただいた多くの方々に感謝させていただきます。

特に本書を丁寧に読んでいただき、チェックしていただいた向島由里子さんにはお礼の申し上げようもありません。また、ややユニークというか型破りの本書の出版を引き受けていただいた法藏館の戸城三千代さん、上山靖子さんにも深甚の感謝を表する次第です。

そして長年にわたって筆者を指導してくれた故辻悟先生、宗教と心理療法の関係についていつも深い智慧をいただいた故加藤清先生の御霊前に本書を捧げたいと思っております。

平成二十六年十二月二十八日

平井孝男

仏陀の癒しと心理療法　目次

第12章　精神医療と薬

仏陀の癒しと心理療法

——20の症例にみる治癒力開発

第1章　四諦・中道・縁起——仏陀の基本的教え

第1節　仏陀の教えに出会うまで

仏教に対する無知

筆者にとって、仏陀に出会えたこと、特に四諦の教えに触れさせてもらったことは、自分の臨床活動にとっても、日々の生き方にとっても大変重大な意味を持ったと思う。ただ、どういう事情で仏陀と出会い、それにひかれていったのかということになると、その過程を正確に追うことは大変難しいが、あやふやな記憶を何とか追ってみたい。

筆者が仏陀の教えに初めて触れたのは、三十代前半の時であったように思う。それまで、筆者にとって仏教は無縁であったと言っていい。それどころか、ある仏教系の新興宗教から信仰を押しつけられたこともあって、むしろ警戒していたところがあった。筆者は特に束縛や強制が嫌いで、宗教全般は、心の弱い人に対して、ドグマを押しつけたりするものだという警戒心を抱いていたのだろう。仏教も例外ではなかった。

しかし、一方で、実家にある鎌倉時代の観音像を見ながらその優しさにほっとしたり、また十二歳のころ、プールの事故で九死に一生を得たことが、その観音様の加護ではないかと思ったりもしていた。

さらに大学時代は、仏像や仏教庭園にひかれ、よくお寺巡りをしていたし、また曼荼羅などの仏教美術に関心を持ってはいた。そして禅寺の庭を眺めたり、曼荼羅を見たりしていると、何か心の安らぐものを感じていたのは確かであったように思う。ただ、それらは単なる趣味程度のものであったと思う。

このように、仏教の周辺の匂いを嗅いではいたが、仏教の教義の何たるかはまったくわかっておらず、また信仰心もなく、仏教とはまったく無縁であったと言ってもよかったであろう。

患者との出会いと困惑

このような状態の中で、筆者は精神科医としてのスタートを切った。筆者は最初、夢や精神病理学に興味があったのだが、実際に患者を前にすると、そんな思いは消し飛んでしまった。つまり、患者は何よりも苦しみ悩める存在として現前し、筆者は患者から日々、「治療者としてどう役に立ってくれるのか」「自分の苦しさをどう取り除いてくれるのか」という問いを突きつけられるように感じていた(時に統合失調症の患者で悩みを訴えないことがあったが、筆者には悩みを悩みとして表現できないほど、苦悩に圧倒されている存在として映った）。いずれにしても、患者は苦しんでいる存在だというまったく当り前のことを実感させられたのが最初の研修経験であった。

それに対して、精神医学の本を読んだり、指導医にいろいろ聞いたりもしたが、教科書は抽象的なことしか書かれておらず、指導医も明確な答えをしてくれなかった。

辻先生と人間としての連続性

そんな中で、辻悟先生から治療精神医学を学び始めたことは一筋の光明となった。この教えは何よりも、治療、癒しを中心に置いており、それはそれで大変共感でき一つの指標とはなったが、一方で治療というのは大変な苦労とエネルギーを治療者に課してくるという、これまた当り前の事実にぶつかった。さらに一生懸命努力してもなかなか患者の苦しさが減っていかないこと、また関われば関わるほどかえって悪化していくという現実に、ある種のうんざり感と無力感を感じていたように思う。

ところで、なかなか患者が楽にならない中で、何故こんなに患者が苦しむのか、何故この苦悩から抜け出せないのかという疑問が自然に湧いてきた。そのころ接していた患者の苦悩の中身は、例えば「元気が出てこないこと」「身体の心配に過度にとらわれていること」「思うように周りが動いてくれないことで腹を立てていること」「死の不安や、気が狂うのではないかという恐怖に怯えていること」「孤独感や疎外感や見捨てられ感」といったものであったように思うが、筆者にはこうした苦悩は患者だけのものとは思えず、人間一般が感じている苦しみとほとんど変わらないように思えた。いわば、辻先生の言われる「人間としての連続性」を患者に感じはじめていた。それゆえ、患者や一般の人間が抱いている人生の苦を見つめていくことが、精神科医としての出発点になったような気がする。といっても、そんなことをはっきり意識していたわけではなく、おぼろげに感じていただけだが。

苦悩の背後にある欲求

患者の苦悩を見つめていく中で感じたことは、苦悩の背後にある患者の過大な欲求や幻想であった。先に述べた患者の苦悩も、その元を辿れば、「いつも調子良く元気でいたい」「不安や恐怖をなくしたい」「いつも周りの人から愛されていたい」「嫌なことは、避け続けたい」といった欲求と、その欲求がなかなか満たされないという現実から来ているように思えた。しかし、上記の欲求はある意味で自然なものではあるので、苦がなくなることはない。

ここに欲求と苦の問題をどうするかといったことが課題になってきていたように思う。しかし、これもそんなにはっきり意識していたわけではない。だいたい、精神科医の中で、そのころ患者の問題が苦悩とその背後にある欲求から来ているということを言っている人にあまり巡り会わなかったし、また筆者はそのころ病苦に沈む患者さんを前にしてどうしていいかわからず、途方にくれていたり、その場その場の対応しかできずにウロウロしていたりといったことで、この問題を深くは考えられなかったように思う。

したがって、筆者の感じていたこと（苦と欲望の問題）を、基本に据えるということは、とうていできず、筆者は苦しむ患者を目の前にして手をこまねいている状態であった。また筆者はかなりせっかちであり、治らないままでいる患者を見ていることに耐えられなかったということもあった。筆者は患者の苦悩に対して人一倍揺さぶられやすいと同時に、それにじっと耐えていくことに弱かったように思う。

筆者の精神的危機

さらに、二十代の終わりから三十代にかけて、治療者としての活動や研究、対人関係等における悩み、行き詰まり、さらには将来に対する不安等が一挙に押し寄せてきた時があったが、そのような時、筆者自身が自分の思いどおりに行かないことの苦しさをまざまざと実感させられた。それはまさに一種の危機的状況であった。相当深刻で不眠を初めとして種々の心身症状が出現し、薬や専門家の助けを借りざるを得ないほどであった。またこの時の危機は単なる現実的困難だけではなく、ごく若いころから心の片隅にくすぶっていた、人生に対するむなしさも前面に出てきて、これも筆者を相当抑鬱的にさせていた。

ひょっとすると筆者にとっては、患者のことより、自分自身の精神的危機の解決の方が重大であったかもしれなかった。ただその時強く感じたのは、患者の悩みも自分の悩みも程度や内容に差はあるものの本質的には同じ性質のものなんだなという思いであった。

以上を要約すると、一方で治療者としての危機や、治療者を離れた一個の人間としての危機を感じながら、他方でその背後に、おぼろげながらにせよ過大な欲求や我執を感じていたと言えるであろう。

インド行と仏典との出会い

筆者としては、こういう行き詰まりを打開したい気持ちもあって、インド行を試みた。これは、パリで見たギメー美術館の曼荼羅の絵画群に魅了されていたこともあったのだが、インドへ行くだけでも事態は変わるのではという縋るような思いであった。

旅行前にはいつもの癖で、インド関係の本を何十冊も買い込んだのだが、その中に仏典も混じっていた。こうした経緯で、筆者は初めて仏典に触れたのである。

そこで、四諦の教えを知った時、仏陀のような偉大な人が患者や自分と同じことで悩んでいるという事実に感動を覚えた。さらに筆者は思いどおりにならないことで悩むということが、とても俗っぽい幼児的な悩みのような気がしていたが、仏陀もやはりこのようなことで悩んでいたというのがわかり、非常な親近感も持った。

さらに今までおぼろげながら感じていた欲求と苦の問題が正面から取り上げられていたという

ことで、筆者は少しく安心を感じ、以後この仏陀の教えを（治療姿勢や自らの生き方の）基本に据えていきたいと感じ始めた。

苦と欲求の解決、治療も生きることもきわめてシンプルなのである。それをいたずらに複雑にしていただけのことであった。ただ、この単純に見えるこのことがいかに困難かはわざわざ言わなくてもわかるであろう。

第２節　仏陀から学んだこと――基本的な教え（四諦、中道、縁起）

第１項　四諦について

四諦とは？

第１節でも述べたように、治療者として最初に仏陀から教わったのは、四諦という教えであった。四諦とは、言うまでもなく、苦諦（この世や人生は苦であるという真理）、集諦（苦をもたらす根本原因は、世の無常と欲望に対する執着にあるという真理）、滅諦（苦を滅するためには煩悩をコントロールし、執着を断つことが必要であるという真理）、道諦（滅諦に至るためには、八正道の正しい修行方法によるべきであるという真理）のことである。（注：滅とは、パーリ語でnirodhaの漢訳語であるが、本来は消滅というより、心や感覚器官を制しておさめるというようにインドでは考えられている。したがって、滅とは、苦や欲望の消滅ではなくて、ほしいままに動き回る欲望

をコントロールし、苦しみを閉じ込めてしまうことだと考えておく方がいいであろう。決して欲望の否定ではない）

結局、ほとんどの心の病は、根底に過度の欲望・執着・こだわりが潜んでおり、治療とは、それらを「ほどほどの欲求・執着・こだわりに変化させること」、執着・こだわりにふりまわされている状態から、執着・こだわりを自由にプラスになるように使いこなすという「主体性の回復」と言える。

四諦による治療の明確化

筆者が危機的状況にあったころ、インドに行く機会を得、その縁で初めて仏典に触れることになり、そこでこの四諦の教えに出会ったのが、仏陀との初めての出会いであることは既に述べたとおりである。当時、欲望や我執に苦しめられていた筆者にとっては、非常に有り難い教えとして、自分の中に沁み込んできた。

この四諦を知った後、筆者は、常に欲求や煩悩や苦を中心にして、人間や病気や治療のことを考えられるようになり、その結果それらに関する見方が、次のように単純化された。

その第一命題は、人間は生まれてから死ぬまで、欲望や煩悩を常に持たされている存在であるということである。

そしてそうした欲望は、たいていい満たされないことが多く、また満たされたとしてもそれは束の間の時間であり、人間は絶えず欲求不満の状態に置かれる。

さらに、この不満といった苦の状態が強く、しかも長く続くと憂鬱、苦悩、絶望といった抑鬱状態に陥るであろうし、また今は満たされていても将来満たされないのではないかと心配したり一層悪いことが起きるのではないかと心配すると不安状態になるであろう。さらに人間は幾つもの相反する欲望を同時に持たされることが多く、それらに引き裂かれて葛藤状態になることが多い。

そして、このような抑鬱感、不安、葛藤といった重い苦（日常抱く欲求不満は軽い苦と呼んでいいのかもしれない）をなんとか受け止められると健全と言えるのであろうが、これを受け止められないといわゆる病的状態に陥ると言える（ちなみに、筆者はこの病的状態を、神経症的反応、うつ病的反応、心身症的反応、精神病的反応、直接逃避、行動化的反応、依存的反応等と勝手に分類しているが、治療を進める上でとても便利だと感じている）。

苦を受け止めるとは？

ところで、この「苦を受け止める」というのは、どういうことかというと、まず第一に苦があるのは人間として当然のことであると認識することであり、第二に苦を抱えながら日常生活や対人関係をなんとかこなし、第三に身体も健全さを保ち、第四に自分の苦の有り様と苦の原因である執着との関係をよくわかっていてしかも執着を程よくコントロールできており、第五に自分の苦に対する対策や見通しをある程度立てられることであり、最後に抑鬱、不安、葛藤というのは否定的な面だけではなく、自分や世界についての認識を深めるものであり、生活や創造の源泉なのだというように捉えていることだと考えられる。

逆に受け止められないということは、この六つのことができないと同時に、病的症状が出現する事態だと考えられる。

治療者としてなすべきこと

このように考えると、治療者のなすべきこととして、以下の事が挙げられることになる。

①まず患者がいかなる症状や苦に悩まされているか。

②その苦の背後にはいかなる欲求・煩悩があり、執着があるか。

③その欲求・煩悩・執着はほどほどか、強すぎるか（臨床的事態になる時はたいていい過度の執着がある）。

④その過度の執着からいかにして脱していくか、いかにして執着をほどほどにしていくか。執着に振り回されている状態からいかにして執着を有益なものとして使いこなせるようにするか。執着に振り回されない主体性を引き出していくか。

⑤苦をいくらかでも和らげると同時に、苦を受け止めていくためにはどうしていったらよいか。

といったことを、患者と共に考えていくこと、という根本原理が見えてきたのであった。

以上のように単純化できてからは、かなり事態が複雑になっている患者と出会っても、絶えずこの四諦の教えに戻って考えてみることで、問題の整理がついたように思われた。

四諦と異常意識からの脱却

また、それだけではなくこの四諦の教えは、患者の異常意識を和らげるのに役だった。というのは先述したように、患者は抑鬱、不安、葛藤といった苦を当り前だと考えたり、それを引き受けるといったことができず、それらを異常と考えたり、それを持っている自分は異常な人間になったのではという恐れを感じていることが多い。つまり、苦諦という第一聖諦を認識できていない。

人間は今挙げたような苦しみがとても辛いので「それらが常のものでない。常と異なるものであって欲しい」と考えてしまいやすい。そして異常な現象としての苦の消滅を願うが、なかなかそれが消えないと、今度は「このような異常な苦を持った自分が異常な人間になった」と感じやすい。そして、それは異常意識となってその人間に襲いかかり、今度はその異常意識がその人間を苦しめるのである。ここに不幸な悪循環が生ずる（病気とは悪循環の一つの結果だと考えていい）。

それゆえ、治療場面でこの点について話し合うことで、患者が「自分の苦しみは人間に共通するものだ」「お釈迦様も同じような苦を背負っていたのだ」と認識できれば、それだけでも患者の苦しみは和らぎ、苦を引き受けやすくなってくるのである。

患者は、苦を排除するという不可能なことをしようとするので、かえって異常意識や苦を強めてしまうのであろう。

第2項　中道について

中道とは?

次に、苦を和らげそれを引き受けやすくするには、煩悩のコントロールや執着からの脱却という滅諦が治療目標となるわけであるが、それを実現させていくものとして、道諦つまり八正道がある。そして、この正しい道というのが、筆者には中道を指すものと思われる。中道は、極端を排するということで、例えば極端な快楽を排すると同時に極端な苦行をも排するといった考えである。これは簡単に到達した結論ではなく、釈迦が死線をさまようような激しい苦行の末に悟った貴重な教えである。

患者は中道が困難

さて、中道という観点から患者を眺めてみると、いかに患者が中道から離れ極端に偏しているか、また執着に捕らわれているかがよくわかる。例えば自己反省はとても大事なことであるが、これが極端になるとあらゆることに自責的になりうつ状態に陥るであろうし、逆にまったく自己に対する反省がなく他責的ばかりだと、例えば被害妄想や境界例のようになってしまうであろう。また確認は必要な行為であるが、行き過ぎると強迫のような状態になるであろうし、逆に見直しをまったくしないで行動すると、衝動行為のようになってくるであろう。

さらに欲求を抑えることは大事であるが、抑え過ぎてまったく引きこもったりしてしまったり（自閉状態が主になった統合失調症など）するのも問題であるし、逆にまったく抑制が効かない（躁状態など）というのも問題である。

また仕事に励むことは大事だが、行き過ぎると過労死や過剰適応を主とする心身症等になるであろうし、仕事をまったくしないのも、退却症等さまざまな病気の状態と言えるであろう。

執着にしても、まったく執着しない状態だと生産的で創造的な人生が送れなくなるだろう。他方、執着し過ぎると体も心も人間関係も壊れてしまうし、病気になるだろう。ほどほどに執着し、執着を上手くコントロールし使い分けることで物事や難事業の達成が得られる。怒りもほどほどであれば身を守り、適度な自己主張に昇華するのである。

こうした例は挙げていけば切りがないが、患者を診る時の重要な視点として、患者がどのような極端に偏しているかを見ていくと、問題が大変わかりやすくなってくる。そして、患者との間で、このことが話し合われると、「ほどほどの感覚でいくこと」「ほどよい加減を考えていくこと」が、絶えず大事な治療目標となってくる。

中道と主体性——ほどほど感覚の重要性

ただ、この道諦、正道、中道すなわち「ほどほど感覚」というのは、言うほど実現が簡単なことではない。つまり中道というのは、単に中間ということではなくて、極端を排するといったことであり、したがって極端と極端との間には無数の中道があり、これが正しい中道だという基準は全然ないのである。そこで、中道やほどほどをどのあたりにするかは、結局自分で決めねばならず、そのためにはその人の主体性が強く要求されるわけである。またその判断の結果はもちろん本人が引き受けていかねばならない。そう考えると、この中道を実現させていくのは大変重大な決断になるであろう。

中道とは自由自在である

また、さらに連想を進めると、この中道というのは、絶対化を排して常に相対化を進めること、とらわれから脱した自由な思考や行動を目指すこと、そしてそこに主体的な決断を醸成していくことであると考えられる。したがって、最終的には「中道」という教えにもとらわれない生き方が、一番中道的であるとも言えるのであろう。そして結局それが治療であり自由自在の生き方となると思われる。主体性の後退した患者は、この自由な生き方や中道が苦手で、どうしても一つの固定観念に偏したり、極端になってしまいやすいのである。

第3項　縁起について

縁起とは?

さて、苦を和らげ引き受けていくことから、道諦、正道、中道、自由と考えていく中で、とらわれからの脱却が大きな課題となってきたようであるが、そのことに関連してさらに影響を受けたものとしては、縁起と空の教えであった。

縁起とは、因縁生起のことで、他との関係が縁となって生起するということである。また因とは結果を生ぜしめる内的な直接原因のことを言い、縁とは外からこれを助ける間接原因のことを言う。

仏陀はさらにそのことを「相応部経典」の中で「(一切の存在の有り様は)すなわち相依性にある」と述べており「一切の存在の有り様は関係の中に成り立っている」ということを強調しているようである。となると、一切は関係であるということだから、存在するものには実体がないという空の教えに近付くことになるように思えた。

病状と関係性

この縁起と空の教えは臨床において以下の考えへと筆者を導いていった。それは、病気や健康といったものがまったく実体を持たない相対的な概念であると同時に、病名や病態は関係の中でいくらでも変化するといったことであった。

例えば妄想や幻聴を訴える患者と出会った時、医者によってはその妄想がどんどんひどくなる場合もあれば、逆にそれらが減少していく場合もある。このような例は無数に挙げることができるし、また医者の態度だけではなく家族や周りの関わり方でも、随分と患者の状態が変わってくる。つまり病状とは、患者と医者（さらには両者を取り巻く人々）の合作なのだが、残念なことにまだ現在では、患者だけが診断され、患者を取り巻く関係性の診断がなされているところは少ないようである。

いずれにせよこの関係性ということから考えていくと、かなり難治の患者が来ても、そうなってきた因縁を探ることにより、いくらかでも悪縁を除き、良縁を呼び込むといった態度で接していくと道が開けてくると言える。しかし、逆に言えば易しそうに見えてもこちらの態度いかんで難治例になってくることが多い。昨今の境界例やパーソナリティ障害などの難事例は、特にそれが言えそうである。

また、健康にも病気にも実体はないわけだから、悪化しても良くなっても、そのことを考えておけば、そんなに一喜一憂しなくてすむであろう。したがってそれらにとらわれることなく自由性を保持できるとも言える。そして治療者が自由であればあるほど、患者の治癒力が開発されていきやすいのは言うまでもないであろう。

第４項　仏性の開発

一切衆生悉有仏性——人間や生物は悉く仏性を有している

ところで、このような四諦、中道、縁起等の教えは、仏陀が大変な苦行と苦悩の果てに到達した教えであるが、よく考えてみると、誰しもが持っている仏性のようなものであるとも思われる。仏性とは、「すべての生き物が生まれながらに持っている、仏となることのできる性質」ということで、仏としての本性とも言える。仏とは、悟りを得たものということであるから、仏性は、覚性とも言える。また仏心とも如来蔵とも称される。

病者は仏性の発現が妨害されている

一切衆生悉有仏性（一切の生き物はことごとく仏性を有している）という言葉があるように我々人間もすべて仏性を有していると考えていいのだが、ただ、我々凡夫、特に病者は、さまざまな人間的弱点・歴史的事情によって、その発現が妨害されているか、その可能性が未発達のままで、留まっていると言える。それから言えば、治療とは仏性の開発と言えるかもしれない。

第5項　応機説法――仏陀の説法の仕方

仏陀の説法の仕方

以上のように、仏陀は、四諦、中道、縁起という素晴らしい教えを説いたが、一般の衆生、特に追い込まれている患者はなかなかそのことを理解できないことが多い。また理屈ではわかっても実生活でそれを生かせなかったりということが、往々にして生じやすい。しかし、仏陀は教えの内容だけが素晴らしかったのではなくて、教えの説き方そのものにも素晴らしい技を発揮しており、ここでも学ぶことが多かった。

その説き方の基本は「応機説法」とよばれるもので、これは「その場（人）に応じて法を説く」といったことである。仏陀はあるバラモンに対して「私はこのことを説くということが、私には無い。諸々の事物に対する執着を執着であると確かに知って、諸々の見解における過誤を見て、固執することなく、省察しつつ内心の安らぎを得た」と答えているが、ここの所は大変大事な個所である。

というのは先にどんなものにも実体がないということや、何事にもとらわれない自由な態度が重要だと言ったが、仏陀はまさに何も説かないと同時に、何でも説く、その場その人に応じて、自由自在に説く内容を変えていったと思われるし、時には何も答えないというかたちで応えていったこともあるのであろう。

仏陀の教えの説き方の要約は以下のとおりである。

①相手の立場に立つこと
②相手のレベルや言葉で考えること
③知らないうちに相手に考えさせ反対の立場に導くこと

といったものであるが、この辺の事情をベック[1]（十九世紀ヨーロッパの仏教学者）は「質問に対する仏陀の態度もまた重要である。問われるままに質問に答えるとは限らず、むしろ仏陀は教化によって問うものに回心を呼びおこし、内面的な心霊変化を生じさせるのであって、これによって、問う者は自分の質問の意味からまったく引きはなされ、その質問を思いついた思考のあらゆる前提が、仏陀の言葉によって自分の内部によって呼び起こされた高次の知恵に対しては、対象を失い、意義を失って消失する、ということがわかる」と述べている。この仏陀の態度は一言で言えば、御説を垂れるというよりは、相手に考えさせるといったことだと思われる。

応機説法の例――バラモンの非難に対する応答

この例として、弟子を仏陀にとられたバラモンが、仏陀を非難した時の問答を挙げてみる。仏陀は、バラモンの非難に直接答えずに次のように問い返した。

仏「バラモンよ、汝の家に来客のあることがあるか」
バ「もちろんある」

仏「では、その時には、食事をふるまう時もあるか」
バ「もちろんその通りだ」
仏「では、その時、その客がその御馳走をいただこうとしなかったら、その御馳走は誰のものになるであろうか」
バ「それは私のものになるよりしかたがない」
仏「バラモンよ。今、汝は悪口雑言を浴びせ掛けてきたが、私はそれを受け取らない。したがって、その悪口雑言は、もう一度翻って汝の物に成るよりほかないではないか」
このような問答によって導かれたバラモンは深く反省し、仏陀に帰依していったということである。

心理療法と応機説法

この例でわかるように、相手の立場に立って相手に考えさせていくほうが、しっかりと教えが身につくということを仏陀はよくわかっていたと思われる。

これは臨床でもよくうなずけることで、患者の「これは病気ですか」とか「治りますか」といった重大質問に直接答えるよりも、相手に考えさせていく方がより患者の理解が深まり、身につくように思われる。また、そう考えさせていくことで、実は自分が精神病ではないか、精神病だと治らないのではないかといったかなり核心的な怯えを明るみに出して話し合うことも可能になることが多い。

また対話によって相手に考えさせるというやり方と同時に、相手に直接、体験させるというやり方をとる場合もある。

キサー・ゴータミーに対する応機説法

この例としては、我が子を亡くして嘆きの底にあったキサー・ゴータミーのそれが挙げられる。彼女は、赤ん坊を亡くして半狂乱の状態にあったのだが、仏陀はそれに対し「芥子の実を二、三粒もらってきたら生き返らせてあげよう」という驚くべき約束をする。ただし「その芥子粒は今まで死者を出したことのない家からもらってくるように」ということを言い添えるのを忘れなかった。

村を巡る彼女に村人たちは喜んで芥子粒を提供しようとするが、第二の条件に対してはどこで聞いても「うちはあるじがなくなったばかりで……」とか「うちでは先祖から数え切れないほどの人が死んで、今は私一人きりです」といった返答しかなかった。結局彼女は芥子粒をもらうことはできなかったが、村を巡る体験の中で「結局、死者を出したのは、私の家だけではない。生きている者は必ず死ぬのだ」ということを実感し、精神的な安らぎを得たのであった。

この応機説法、相手に考え体験させるといったやり方は、先述したように、筆者の日常臨床の基本であるが、ここで自験例を挙げる。

妄想患者に対する応機説法の実例

［事例A］初診時三十歳、女性会社員

患者は、三十歳の女性社員で次のようなことを訴えてきた。それは、「特定の何人かの男性の同僚や上司が、自分の背後を通るたびに、おしりのあたりを触っていく。セクハラのような行為で許せないし、腹が立つし、情けないし、仕事もできない」といったものであった。事実彼女は仕事に支障を来し、また触ったと目される男性の同僚にくってかかったりして、相手の男性がびっくりするということが出てきた。

もちろん触った証拠は何ひとつとしてないので、上司は「あなたの思い過ごしだ」と言うが、彼女は収まらない。そこであるカウンセラーのもとに勧められて行ったのだが、そこでは「あなたの被害妄想だ」と決めつけられたために、憤然とし、カウンセリングも長続きしなかった。

そして、とうとう筆者の方に回されてきたのであった。筆者は、彼女の訴えを聞いた後「それは大変なことだし、女性にとっては最大の侮辱だし、こんな事が続いたら仕事もできなくて当り前である」とむしろ彼女の妄想を積極的に肯定するような応答をした。そして彼女に今一番望んでいることを聞くと「彼らを訴えたいし、謝罪させたい」と言ってきたので、とりあえず「あなたの願いはもっともだから、なるべくそうなるように一緒に対策を考えていきましょう」と述べたのである（実際は触れられていない可能性の方が高いわけだが、とりあえず彼女の希望から出発したのである。この点は、先のキサー・ゴータミーの願いから出発する仏陀の応機説法に似ている）。

そして謝罪させるためには、証拠を摑む必要があるということで、「触られた瞬間に、相手の手を摑む」といった動かぬ証拠を手にいれるよう指示した。ところが、そういうように注意を向けさせると、証拠がなかなか摑めないということがわかってきて、徐々に思い違いに気付いてきた。

しかし、彼女の訴えたいという執着は変わらず、一緒に警察に行ってくれと頼み込んで来た。その時次の対話を行った。

筆者〈あなたの、訴えたいという気持ちはわかりましたが、もし二人で警察官にこのことを訴えたら、警察官はどう言うだろう〉

患者「（しばらく考え込んで）うーん……。警察はやはり『証拠は？』と聞いてくるでしょうね」

〈そうね、残念だけど必ずそう言われるような気がするね。で、そう言われたらどうしよう〉

「悔しいけど、引っ込めるよりしょうがないわね」

〈じゃ、警察に行く件はどうしようか〉

「行っても無駄ということですね。それに変に思われるかもしれないし」

ということで、一段落した。

もちろん彼女の被害妄想（というより執着という方がいいかもしれない）は、それ以後もかなり長く続いたが、繰り返し考えさせることで、彼女の関心は、本来の仕事の方に移って行ったのであった。

波長合わせの重要性

こんなふうにいつもうまく妄想（執着）が治療されるとは限らないが、少なくとも仏陀のように、まず相手の欲求に応じる形で相談に乗る、それを実現させるために現実を考えさせる、相手が現実を知って妄想（執着）から徐々に離れるといった形で治療展開がなされる時があるように は思われる。

また、被害妄想という形以外でも、実現不可能に近い願望を抱く患者は沢山いる。例えば、タレントになりたいとか、アメリカ留学をしたいとか、その時の患者の状況からしたらかなり非現実的なことを述べる場合がある。そんな時、患者の周囲や家族は「何を馬鹿な」と言って抑えにかかろうとすることが多いのだが、筆者は先の例と同じようにまず「それはよいことを考えましたね」と肯定的にとらえ、その実現に向けて一緒に考えていくようにする。すると、どうなるかと言うと、今のような非現実的願望を実現しようと思えば、たいてい規則正しい生活と健康と、訓練や勉強が必要になってくる。だから、本人の希望が最終的に達成されるかどうかは別にして、そのためになされる努力は、本人のプラスになっていくわけである。そして、その願望が実現しなくても（ほとんど実現しないが）患者はそれなりの力を得られて満足することにはなるのである。

幻の城で衆生を導く仏陀

このように応機説法は、その底に、相手に希望を与えるという慈悲の心が流れているように思われる。それをはっきり示すものとしては、法華経化城喩品で、「旅人（衆生）を導く案内人（仏陀）の話」が挙げられる。旅の途中で、旅人たちは疲れ果て、しかもこれからの旅の困難と恐怖におののき、動けなくなるといった状態に陥る。そこで、案内人は、神通力を使って城を建てる。旅人たちは、幻の城とも知らずそこに入り、その結果疲労が回復し、また新たな旅をする勇気が湧いてくる。そしてまた旅を続け、疲労するとまた仏陀が幻の城を作るといったことをして、結局目的地にまで導いていく。目的地というのが、悟りの境地であると言うことはいうまでもない。

真実に至る過程としての嘘

同じ法華経の中の譬喩品に出てくる「火宅の喩え」も、嘘の約束をして、火宅から脱出させ法華一乗の悟りの境地に至らせた話である。

臨床でもこれに似た事態がよく起きる。治療の開始や途中で、患者は恐れや疲れのために、「もうだめです、進めません」と言うことが、生ずることが多いが、この時治療者が「大丈夫、治りますから」といった慰めや勇気づけを行って事態が改善の方向を向く時がある。

しかし、これは厳密に言うと未来のことはわからないので、真実とは言えない。したがって、幻や嘘の可能性もある。しかし、仏陀の教えや臨床から考えてみると、嘘や幻は、真実に至る一過程なのではないかと思われる。そして願わくば、なるべく嘘や幻は避けたいものだが、どうしてもそうせねばならない時には、最終的に真実に到達できるような嘘や幻を考えたいものである。

毒箭（矢）の喩え――実践が大事

ただ、仏陀は、いつも幻を与えるという甘いようなことばかりしていたわけではない。仏陀はまた、空理空論に走ることを戒め、悟りに至るための厳しい実践をかなり重んじている。これを示すものとして有名な「毒箭《どくや》の喩え」がある。それはある哲学青年が仏陀に「①世界は時間的に有限か無限か②世界は空間的に有限か無限か③霊魂と肉体は同一か別の異なるものか④如来（生死を越えた人）は死後に存在するかどうか」という質問をした時の話である。

仏陀はこれを聞いて、この問題はいずれも経験不可能な問題ばかりだと考え、次のような喩え話をした。それは、ある人がもし毒箭に射られたとして、その人が「射た者の人物、家柄、姓名、弓や箭の種類、性質等一切が判明しない間は毒箭を抜き取って治療をしない」と言って毒を消すことをしなかったら、やがてその人は死んでしまうであろう。それと同じように、煩悩を解脱するための修行をしないで解決不能の問題ばかりに固執しているお前は死んで輪廻の苦しみを受けるであろう、という話であった。それを聞いて、青年は初めて自己の非を悟り、仏道修行に入ったのであった。

この話を聞いてまず思ったのは、仏陀の「わからないものは、そのままにしておく。まずわかるべきところから始めていく」という態度の重要性であった。というのは、患者さんの多くがわからないことに固執しているからである。例えば「病気の本態は何か」「その原因は何か」「確実に治るか」「この治療法の意味は何か」といったことである。これらのことは部分的には少しわかるかもしれないが、完全に解明することは不可能な問いばかりである。

しかしながら、患者は治療実践を行う前にこれらのことばかり繰り返し、なかなか肝心なことをしていかないということが多い。あたかも、確実にわかっていることの実践を回避するために、わからないことばかりに固執しているように見えてくる時がある。

このように仏陀の応機説法は、その人その場に応じて、対話、体験を通じて、自然に知恵が獲得されると同時に、時には希望を与え、時には厳しさや実践の重要性を説くといったかたちで、進んでいくことがわかるであろう。そして、いずれも、その基本には自由性と癒しという二つのものが流れていると思われる。

ただここで大事なことは、この応機説法が、単に相手を納得させる説得技術といったものではないということである。それは、悩める人を前にして、「こう言わざるをえない」といった仏陀の自然な気持ちの発露（あるいは宇宙意志の顕現）と言えるのであろう。

治療においても、同様で、小手先の技術より治療者の素直な気持ちに従うことの方が、重要なのである。

第6項　救済者、超越者としての仏陀

合理主義者としての仏陀

ところで、今まで述べてきた、四諦、中道、縁起、応機説法等は、よく考えてみれば、きわめて合理的で、しかも常識的な教えのように思われる。すべて、人間やこの世の世界に関する根本的な理屈を述べているようである。その意味で、仏陀は、この錯綜した世界の中に明確な因果律をもたらすと共に、合理的な人生態度を探求していった最初の人であるように思われる。

治療者の苦労は続く

筆者は、最初こうした仏陀の合理的態度にひかれたようである。事実、このような仏陀の知恵に助けられて、患者の理解や治療が少なからず前進したり、気持ちが楽になったことを体験している。

しかし、そうしたことは束の間の幻であり、やっぱり治療の実践は苦しいことが多く、わからないで悩むことが多いという現実を突きつけられた。つまり、四諦や中道の理屈はわかってもそれを実践でどう生かしていくかは、大変難しいという事実にすぐ直面させられたわけである。

さらには、いつも自己の実践を振り返るたびに、仏陀の教えを裏切っている自分を発見した。例えば、仏陀に助けられて気持ちが楽になるといったことを述べたが、このこと自体が第一聖諦を裏切っているわけである。

また、理屈はわかっても実践できないでいる事実に加えて、難しい患者（特に境界例等）を引き受けることが多くなってきたのも筆者を苦しめた。成り行きでそうなったのか、仏陀の教えを知っていい気になってしまって自ら勝手に難しい局面に入り込んだのか、正確なことはわからないにしても、治療者としての苦しみ、例えば「考えうる限りの治療的営みを行ってもなかなか改善しない。むしろ悪化していく」「危険な行動化が頻発してしかも将来の予測がつかない」「患者、家族に責められる」「新たな治療の試みをしないと悪化するのが必至だが、こわくてできない。しかし、何もしないでいると、ますます追い込まれて一層苦しくなる、そこで何かするとまた患者を悪化させてしまう」といった治療者としての無力感、無能感、不安感、罪責感に強く苦しむようになってきた。また自己がひどく醜く卑怯なものに思われ、眠れない日々が続くこともあった。

治療者の中で、病気になったり自殺に追い込まれたりする人を時に見聞きするが、そうした方の心境がよくわかるような気がした。精神科医の自殺は他の科の医師に比べてかなり比率が高いと言われている。

ただ、こうした不安や苦悩の中で悶々としていた時、知らないうちに仏陀と対話している自分を発見していた。それは、自室でぼーっとしている時や山歩きをしている時にふと気づいたものであったが、周りからみたら独語症状と取られたかもしれない。

続いて、その仏陀の像は徐々に明確な形をとりはじめたが、それはインドの鹿野苑でみた初転法輪の像に酷似していた。また、夢の中にも仏陀や観音様が出てきてくれ、お話の相手をしてくれた。

仏陀に何を聞いてもらったかというと、治療者としての悩み、苦しみ、治療上の疑問であった。返ってきた答えはさまざまだったように思えたが、総じて、苦悩や不安を体験できている自分に感謝しなさいといったこと、すなわち苦悩や不安の持つ創造性、重要性についてであった。これはよく考えてみれば四諦で習ったことばかりであった。

しかし、直接仏陀に言われることで、その心への沁み入り方は特別だったように思われるし、その喜びもひとしおであった。

そのうち、仏陀はどこへでも、例えば電車に乗っている時でも、診察室にいる時でも現れてくれるようになった。この頃から、仏陀はどこにでもいて、どこでも、自分の営みを見守ってくれている、そしていかに馬鹿なことをしても、暖かく包んでくれ時に厳しいことを含んだ助言をくれる存在だということを実感できるようになった。

このように、最初は合理主義者としての仏陀の存在が大きかったのであるが、時を経るにつれて、超越者、救済者としての仏陀が大きく心を占めるようになってきたのであった。これは、最初に仏陀の教えに触れた時よりも、さらに大きな安らぎがもたらされた体験であったように思われる。つまり、いつも仏陀がおそばにいてくださるということが、大いなる支えであったのだ。そんなことで、やっとこれで楽になったのかなと、一時そう思えた。

しかし、それはやはり長続きするということはなく、臨床や日常の苦しみが絶えず筆者に降り掛かって来たわけで、いくら仏陀がそばにいてくれるからといって、苦しいものはやはり苦しかったのであった。

そこで、次のように考えた。自分は、仏陀がそばにいてくれているからということに甘えて、自分を鍛えようとはしていないのではないか。仏陀の教えはまさに実践の教えであり、仏陀がそばにいてくれているからといっても、実践なくしては戯言に過ぎないのではと感ずるようになってきた。

さらに仏陀と出会ったり、対話したりということを最初はすごいことだと思っていたのだが、少し経って考えてみれば、もともと仏陀はそばにいてくれたわけで、今までそれに気付かなかっただけだということ、また重要なのは仏陀と出会うといったことより、仏陀の説かれた法を実践し続けることであるということに気付いていったのである。しかし、そう思ったものの、次にどうすればよいかと言われると、なかなか出口が見つからず、相変わらず苦しい状態が続く毎日であった。

第7項　瞑想への導き

しかし、ここでもまた一つの転機が訪れた。それは瞑想への参入であった。それまでは、日常臨床こそが行であるので、特別な修行などしなくてもよいと考えていたのであるが、どう考えが変化したのか瞑想の世界に誘われていったのである。これは、仏陀の助言か、友達の影響か、自己の中の内的昂まりか、それとも良き指導者に巡り会ったせいなのか、どの要因が大きいのかはわからないが、とにかく御縁によって瞑想に導かれていった。

この瞑想を行うことで、筆者は二つのことを学んだ。一つは先ほど、「仏陀の教えの理屈がわかっているといったこと」や「仏陀と出会ったという体験」だけでは、かなり不十分だと言ったが、瞑想を行うとそのことがひたすら実感されるということである。瞑想に入ると次から次へと煩悩や妄想が湧いてきて自分を失いかけたり、身体的にも動悸や過呼吸症状が出たりして、いかに自分が煩悩にとらわれ、それをコントロールするのが苦手だということがわかってくる。

また、四諦の教えはわかっていても裏切ることが多いと先程述べたが、瞑想に入るといかに自分が仏陀の教えと逆のことをやっているかということが痛感されるし、己の業がそれこそ宇宙の始まりから続いてきているのではないかと思うほど根深いということも実感させられる。また自分の肉体がいかに不浄で汚れているかということもいやというほど味わさせられるように感じた。また、瞑想中の呼吸に関して、できるだけ吐く息を長くするように言われているのであるが、逆に自分の呼吸がとても速くなってしまう。こういう時、いかに自分は生き急いでいるか、いかに欲望に追い立てられているかを痛感させられる。まさに四諦の教えは、身体でわからないと不十分であると身をもって感じさせられた。

ただ、それらを過ぎて再び安らかな自分に気付く時、本当にほっとする感じを持てる。日常臨床も確かに、自分の煩悩を見る良い機会ではあるが、真正面にそれに直面しそのコントロールを身につけていけるのはやはり瞑想行が一番ではないかと思われる（どうしても臨床場面では対患者という要素が大きくなるので、自己との対峙が曖昧になる可能性があるように思われる。しかしこれは人それぞれによるであろう）。何か瞑想中は、自分で病的過程と治癒過程を演じているような感じがした。

第二には仏陀がもっとはっきり見えてくるということであった。日常では偶然に現れるのを待つという感じであったが、瞑想中は必ずと言っていいほど、そしてより鮮明な姿をもって現れてくる。そして以前は対話が主だったのであるが、今、仏陀は「私にとらわれることなく、ひたすら呼吸に集中しなさい」と言っているように思われるし、また仏陀の法の実践に努めているかどうかを厳しくチェックされているようにも思われる。

そして瞑想の中で強く感じるのは、四諦、中道、縁起といった根本的考えは、瞑想の中で生み出され、瞑想の中で鍛えられていったのではという思いであった（もちろんそれだけではなく、苦を背負った衆生たちとの臨床的対話からも生まれたとも思える。だから経典は、瞑想と臨床の中から生み出されて来たもののように思える)。

また、仏陀はもともと苦行と瞑想行を基本にしていたということも、改めて再認識させられた。

以上、筆者にとって仏陀とは、世界の根本原理を探求した哲学者であり、最大の心理療法家であり、救済者であり、行者であるという気がする。

補遺

瞑想に関して初心者なりに気付いたことをつけくわえておく。瞑想中の姿勢(座るという営み)はもっとも中道の状態に近いという気がする。瞑想以外の日常の営みにおいては、あまりに対象に執着し過ぎてそれ以外のものが見えにくい時があるし、逆に寝てしまうと、何も考えなくなってしまう。

その二つと違い、瞑想ではもっとも深く広く目覚めることができるのではないかと思われる。これは半眼の眼差しについても同じことが言えるように思う。はっきり目を開けてしまうと、目の前の対象にとらわれるし、完全に目を閉じると世界が見えなくなってしまう。わずかに光が入るぐらいが世界が一番よく見えるのではないか。

瞑想をすると仏陀がはっきり見えてくると述べたが、それだけではなく、以前とは違った仏陀のいろいろな姿が見えてきたり、自分では考えられないようなビジョンを見るようになってきた。例えば、①暗黒の星雲の中に紫色の球体が生じ、さらにその中に胎児の姿が見え、その胎児が成長して、「天上天下唯我独尊」という声を発した仏陀②海底からルリスズメの大群が舞い上がり、天上にいる仏陀の身体に蛇のように巻き付き遂には仏陀の身体全体を被ってしまう、その後、また離れたり被ったりという往復運動を繰り返す③仏陀の額から、光が四方八方に溢れ出し、その後噴水のように水が吹き出る、そして今度は樹が生え出し仏陀の頭上を被い、そこに極楽鳥がとまっている、といったものである。それらは実に興味深くかつ新鮮な感覚で自分を満たしてくれる。こうした像が何を意味するのかということについてはさまざまな連想が湧くが、今はまだ判然とはしない。現在はこのような像を浮かぶがままにさせているといったところである。

ただ、こうしたビジョンに喜んだり、執着したりすることは、本来の瞑想の目的からは、多分はずれているしある意味で危険なことなのだろう。しかし、少なくとも今の筆者にとっては、それはとても快いことでもあり、瞑想の楽しみの一つになっている。道元の言うような大安楽の法門には、遠く及ばないとしても座ることの安らぎと楽しみを感じられたのは、一つの収穫ではあった。

第2章　心の病と苦

第1節　苦は仏陀の出発点

第1項　釈迦の出家の動機

第1章で、四諦の教えを取り上げたが、その中の根本である苦諦（人生やこの世は苦であるという真理）について、今一度考えてみると、まず、悟りを啓いて仏陀となる前の釈迦にとって、苦こそが出家の動機となった。

釈迦は、一国の王子として生まれ、何不自由なく暮らしていたが次第に人生の諸問題に悩み始めた。今でいう「実存神経症」と言ってもいいだろう。

そんな釈迦がある日、宮殿の外に出ていき、最初は老人を、続いて病人を、その次には死人を見て、衝撃を受ける。そこに何とも言えない苦を感じたと思われるが、自分自身にも、自分の意思や願いがどうあれいずれはそのような悲惨な状態が訪れると感じて激しく懊悩したようである。

ただ、最後の門で修行僧を見たのは希望の光になったのかもしれない。いずれにせよ、このことで釈迦は人生や現実に目を開いたと思われる。

これが、有名な「四門出遊」の伝説であるが、青年釈迦はともかくも宮殿を抜け出し、仙人や修行者たちのいる一種の叢林（大きな寺院を指すが、当時は真理探究を目指しているものの修行場と考えられる）に入った。そこで、何人かの先達に教えを乞うたが、満足のいく答えは得られなかった。そこで、釈迦は六年の間一生懸命、それこそ死んでもおかしくないような苦行にとりくんだ末に「極端な苦行も極端な快楽も排すべきである」と考え、四諦八正道の悟りに達したのである。したがって、もともと釈迦は「苦の克服・苦の解決」を出発点にして、深遠なる（というより当り前の）真理に到達したのであった。

第２項　苦とは？

苦の意味

苦や苦しみは一見簡単なように見えて、結構多義的で、幅広い概念や内容を含んでいるように思える。広辞苑では苦の意味を、

①苦しみ、悩み、心配②骨折り、難儀③苦いこと、にがにがしく思うこと④煩悩や前世の悪業のために受ける苦悩や不幸、四苦八苦、としている。

その他、類語辞典を見ると、苦の類語として「喘ぐ、痛む・傷む、重苦しい、窮する、苦渋、

苦痛、苦悩、苦しみ、苦しむ、苦しめる、苦労、困じる、困り切る、困り抜く、困り果てる、困る、困窮、困苦、四苦八苦、生老病死、辛苦、辛労、責め苦、手こずる、取り越し苦労、労苦、患う・煩う」となっている。

苦の理解をさらに深めるために苦の語源を見てみる。苦は草と古（固い頭骨を描いた象形文字）の会意兼形声文字で「口がこわばって唾が出ない感じがする、苦い植物のこと」を指すようである。

これらの苦の意味を眺めてみると、苦とは生理的・身体的・心理的・社会的な面における「思い通りにならないこと」「思ってもみない嫌なことに出くわすこと」という要約だと言える。

第3項　仏教における苦

仏教の苦の捉え方

一方、仏教の苦の捉え方について仏教語大辞典を引いてみると、

①迫り悩ます②苦しみ、悩み、思い通りにならないこと、心身を悩まされて不快な状態、四苦八苦③現象的存在、現象的生活、人間の現実の状態④苦痛⑤過患⑥不快感⑦激質（創造に関わる苦）⑧にがさ⑨ねんごろに

となっている。だいたいは、先の辞書的意味と同じだが、苦が創造に関わるものの一つとして捉えられているのはさすがだと感じる。それから、「ねんごろに」と言うことは男女が愛を深めて

いくこと（懇ろになること）で、愛欲という執着が強まり苦しむことになる、ということを意味しているのかもしれない。

ただ、創造や愛は人間にとって素晴らしいものでもあるので、苦にはかなりポジティヴな意味が含まれているのかもしれない。

苦諦について

ここで再び、仏陀の出発点になった苦諦について考えてみる。原始仏典の相応部経典には「比丘たち、尊い真実としての苦（苦諦）とは、これである。生まれることも苦であり、老いることも苦であり、病むことも苦である。悲しみ・嘆き・苦しみ・憂い・悩みも苦である。憎いものに会うのも苦であり、愛しいものと別れるのも苦である。欲求するものを得られないのも苦である。要するに人生のすべてのもの――それは執着を起こす五種類のものの集まり（五取蘊）として存在するが――それがそのままの苦である」と仏陀の言葉がそのまま伝えられている。

これは、生老病死の四苦のことと、それに加える怨憎会苦、愛別離苦、求不得苦、五取蘊苦の苦のことを指し、全部で四苦八苦となるのである。

苦諦は無限

ただ、苦や苦諦は、一人一人によって違うし、また一人に限っても一刻一刻でその苦の内容は違ってくる。それこそ、苦の種類は無限と言ってもいい。

そこら辺の事を華厳経四諦名号品では「如娑婆世界所言苦諦者、於鮮少世界。或名悪逆心、或名不長慧、或名邪念、或名流転、或名無慙愧、或名貪根。或名熾念、或名刺棘、或名火山、或名憂悩」(この娑婆世界では、苦諦は、「悪逆の心」と呼ばれる。また「智慧が無いこと」「邪な心」「六道・四生の迷いの生死を繰り返すこと」「反省や恥の無いこと」「貪りの心」「あれこれ考えること、炎のような妄念」「棘のように刺さる煩悩、刺に傷つけられて痛いこと」「火山のような煩悩」「憂い悩むこと」と呼ばれている)と説いている。

随分あるなと思われるが、これはほんの一例で、まだまだ苦諦は無数にある。そこのところを「有四十億百千那由他」と記している。那由他とはインドの数量の単位で千億と言われているから それの四十億百千倍であるから、見当もつかないぐらいの無限の数字である。さらにそれは娑婆世界に限ったことで、それ以外に、密訓世界、饒益世界、知足世界、解脱音世界、欣求世界など無限の数の世界があり、またそれぞれに苦諦が無限にあるとの事である。まさに星の数どころか、宇宙に存在する原子の総数よりも苦諦の数は多いのかもしれない。

こんなに苦しみが多かったらげんなりしそうになるが、そこは良くできたもので、苦諦の数と同じく、集諦、滅諦、道諦の数も苦諦に合わせて無限にあるのでそんなに心配しなくてもいい。

第2節　臨床における苦——苦と病の関係

第1項　患者の苦しみ

それでは、肝心の臨床現場における患者の苦しみはどうなっているのだろうか。思いつくままに挙げてみると、

苦一覧

①不安、恐怖、強迫、パニック、心配、気がかり、気苦労、心労、危惧、懸念、対人恐怖、醜形恐怖など
②憂鬱、絶望感、無気力、無感動、自己否定、自信喪失、罪悪感、自罰感情、劣等感、希死念慮、自殺願望、思い煩い、憂悶、むなしさなど
③イライラ、怒り、モヤモヤ、不満、不快、瞋、憤り、憤怒、むかつき、家庭内暴力など
④迷い、葛藤、困惑、不決断、逡巡、迷妄、惑乱など
⑤焦り、焦慮、いらだち、焦燥など
⑥身体的苦痛、不眠、食欲不振、過食、頭痛、身体的痛み、麻痺、しびれ、かゆみ、ふらつき・めまい、便秘・下痢、疲労・だるさ・倦怠感、動悸、呼吸困難、過呼吸、吐き気、嘔吐、発熱、体力低下、視力低下、聴力低下、性機能低下など

⑦健忘、思考機能低下、認知機能低下など
⑧解離、分裂、ばらばら、狼狽、自己喪失、脱落意識など
⑨幻聴、妄想、幻覚、作為体験（させられ体験）、異常体験など
⑩他者からの誤解、無理解、拒絶、見捨てられ感など
⑪目標喪失、先が見えないなど
⑫こだわり、とらわれ、執着など
⑬依存、アルコール依存、薬物依存、買い物依存、セックス依存、ギャンブル依存、過食、拒食など
⑭自傷行為、他者への破壊的行為、自己統制困難など
⑮自立困難、過度の依存、一人で居られない、外出困難、日常生活の能力低下、就労不能、金銭管理の無能力など
⑯経済的困窮、貧困、借金など

といったところが浮かんでくるが、これはほんのちょっとした例で、患者の苦はそれこそ先の華厳経の苦のごとく多いものである。

心の病は、苦の悪循環の結果

ところで、これら①から⑯は相互に関連しており、それぞれが原因とも結果ともなりえる。例

えば、不安→動悸→恐怖→過呼吸→パニック発作→恐怖定着→外出恐怖→外出困難→日常生活能力低下→自信喪失→うつ状態→未来に対する過度の不安、といった具合である。それから言えばこういう悪循環や負のスパイラルの果てに病気が発生するのであろう。これは、心の病だけでなく、身体疾患にも言えることである。

それで、専門家（医師、臨床心理士、カウンセラーなど）に相談することになり、運が良ければ、悪循環や負のスパイラルが断ち切られ良循環が引き出されるのだろう。

ただ、この悪循環の結果は、ある程度の不安定さを有しながら固定化していることが多い。症状や問題点というのは、その患者の歴史の総決算かもしれない。だから、不用意に性急に手を加えると平衡状態が崩壊して一層悪い事態を招くときがある。それゆえ、治療という介入は慎重にせねばならない。

第２項　四諦と病気治療の関係

四諦と病気の治療

今、治療に触れたが、この四諦説は病気の治療と大いに関連する。というより同じことではないかと思う。それを纏めると、

①苦諦（世界は苦であるとの認識）――病者の背負っている苦の観察
②集諦（苦の原因は過度の執着にある）――病気の原因の探究

③滅諦（過度の執着のコントロール）――治療目標、治療方針の探究
④道諦（滅諦に至る修行・実践）――治療目標、心の安らぎに向けての治療実践
ということになる。

もっとも、これは病気というより、社会や人間関係等あらゆる問題の解決・改善もこういう形で行われるのであろう。

そして苦諦が無限に存在するように、集諦も滅諦も道諦も限りなく多様であるから、原因や治療目標も各々によって違うのである。うつ病だから治療目標はこれ、統合失調症だから治療法はこれで行くということではなく、その個人自身の特性と本人の持つ関係性によって治療目標や治療方針は柔軟に多様に設定していく必要があるし、その都度変更する柔軟性が大事なのだろう。

苦や欲望は宝物である

最後に強調しておきたいことは、苦しみは一般に嫌がられ、欲求は卑しいこととして避けるようにというように考える人もいるが、私に言わせたら苦や欲望ほど貴重なものはない。

苦しみは人を強くし、忍耐力や困難を受け止める力を育てる。また苦境に会って初めて自分を内省したりして自己成長を遂げさせてくれる。ただ、過度の苦しみになるとそれに圧倒されてせっかくの大切な「苦」を生かすことはできない。したがってほどほどの苦になるよう、強すぎる苦痛を和らげることが大切なのである。

欲望も同じである。特に、金銭欲、愛欲（性欲）、名誉欲は大事である。ふつう、こういうものに執着すると、欲ボケ、色ボケ、目立ちたがりなどと卑しく低くみられるが、とんでもないことで、イロ、カネ、ウヌボレはあらゆる創造や生命活動の原点であり、これがあるから我々の意識も無意識も発展し、偉大な芸術作品が生まれたのである。

釈迦も親鸞も、相当性欲の強かった人ではないかと思われる。だからこそ、四諦を出発点として仏教をもたらし、本願他力の教えに到達できたのではないだろうか。彼らは欲望が強すぎたので仏の教えに到達したのである。それから思えば、もともと欲求の少ない人には仏教や宗教などは要らないのかもしれない。

ただ、欲望が強過ぎたり、執着が激しすぎると、道徳的にどうこうと言うのではなく、自分や他者を苦しめ破壊に至ることになる。それゆえ、欲望をほどほどに適切に持てるようにすること、これが安らかに楽に快適に生きる道なのである。ただし「ほどほどの苦しみ」「ほどほどの欲求」への到達は困難で複雑極まりない。以下、臨床例を参考にしながら、それを見ていこう。

第3章　愛別離苦とうつ病の治療例

第1節　愛別離苦と対象喪失

まずは、愛別離苦とその事例（うつ病三事例）を取り上げる。うつ病では愛別離苦だけではなく、老、死の苦も中心になってくる。

第1項　愛別離苦――対象喪失による苦しみ

愛別離苦の諸相

愛別離苦とは、先述したように「愛する人（対象）と別れねばならない苦しみ」を指す。この苦しみがどれだけ強烈なものかということは、「愛する人と共に過ごせるこの上もない幸福」を考えると一層、実感を伴って理解できる。

ただ「愛する人（対象）との別れ」（対象喪失と一般的には呼ばれる）とは何を指すかという

ことを考えると、これは結構複雑多様な様相を示してくる。

すぐに思い浮かぶのは、愛する人との死別である。すなわち恋人、配偶者といった存在から、母親、父親、兄弟姉妹、祖父母、子供、友人、師匠、先生等、自分にとってかけがえのない存在との永遠の別れが浮かんでくる。しかし、これは何も人との別れだけが苦しいということではない。自分の持っている能力（身体的・知的）、魅力、若さ、健康、容貌、意志力、良心、趣味、楽しみ、生き甲斐といったものから、外的な財産、地位、職業、役割、職場、所属集団、名誉、家柄、故郷、祖国といったものとの別れもまた耐え難いものである。

また愛する人が死ななくても、生き別れや失恋といったことがあるし、その別れも争いや憎しみの果ての別れだとすると、一層辛さがいや増すと思われる。

さらには、空間的には別れていなくても、愛する人がいつの間にか憎い人、嫌いな人に変わっていたとすると、これもその人の「愛する側面」が失われたわけで、やはり愛別離苦と言っていい。

良いことも愛別離苦につながる

また、子供の進学や結婚といった喜ばしい出来事も、親からすれば、子離れという愛別離苦を味わわねばならないわけで、これは表面上喜ばねばならない側面もあるため、かなり複雑な辛さとなる（本人自身も、結婚ということにより喜びと同時に「娘なるもの」と別れねばならないという愛別離苦を味わう場合がある。出産もまた、女性の自由を奪うという意味があり、育児ノイローゼや児童虐待にその徴候を見てとってもいいのかもしれない)。

出会いは別れを含んでいる

要するに、仏教がいつも強調するように、世の中で常なるものは何ひとつない、すなわちすべては無常なのである。だから、出会いというのは常に別れを含んでいる(だからこそ、出会いが重要な意味を持ってくるのだが)。ただ、恋人どうしに見られるような幸せな出会いに浸っている時には、別れなど考えてはいないかもしれないが(もっとも、最近のドライな若者を見ているとそうでもない場合もあるようだが)、それは幻であっていずれ別れは来るのである。

第2項　対象喪失による病的反応

では、この愛する人との別れに出会ったとき人間はどう反応するか、またこの愛別離苦にどう対応するかといったことが課題になる。

まず、浮かんでくる反応は、うつ状態をはじめとする精神的に悪化した状態である。アリエッティ[2]は「大切な人を死により喪失するということは、たぶん、反応性うつ病のもっとも一般的促進要因である」述べている。

精神的悪化だけでなく、身体にも不調が現れやすい。配偶者の死別に出会った妻や夫の死亡率は、そうでない人の四〇％も高かったという報告もある。特にガンや心臓病で亡くなる人が多かったとのことである。それ以外にもアルコール依存症になったり、破壊的な行動を取ったりする場合もある。

乳児などで、母親の死という対象喪失を体験すると、もっと過酷なことになる。スピッツ(3)の報告では、一か月以内では、気難しくなったり、泣きやすくなったりし、三か月以内では、体重減少、睡眠障害、運動機能低下、発達停止、周囲に対する拒絶等が起き、三か月以降になると、無表情、無反応になるということである。

また、子供の場合の対象喪失（死別だけでなく、離婚、親の問題による家庭の安定感の喪失など、子供にとってかけがえのないものの喪失）は、その時だけではなく、その後の人格形成に歪みを来し、うつ状態、神経症や精神病、パーソナリティ障害、問題行動となって現れることが多い。

第３項　対象喪失に対する「悲哀の仕事」

喪失を乗り越える喪の作業

ただ、考えて欲しいのは、深刻な対象喪失をした人が、すべてうつ状態になってしまうかというと、そうではない。ひどい対象喪失体験をし、悲哀の底に沈みながらでも立ち上がって行く人がいる（逆に言えば、ちょっとした対象喪失でも、重度のうつ状態を来す場合もある）。

それでは、この対象喪失を乗り越えられるかどうか（すなわち愛別離苦を受け止められるかどうか）が、何にかかっているかということだが、それは悲哀の仕事（悲哀反応、喪の作業、喪の仕事という言い方もされる。英語では mourning work と言う）が、それが十分になされるかどうかにかかっていると言える。

悲哀の仕事の過程

悲哀の仕事と言うのは、一言で言えば心のお葬式ということだが、定義的に言うと、対象喪失後の心理的変化過程のことで、人間はその過程を経ることで徐々に「愛していた、依存していた」人や対象からの離脱をはかり、心の安定を再び獲得して日常生活の平静を取り戻していく。

その過程の一例をより詳しく述べれば（キャプラン[4]による）、

①対象喪失を予期する段階
②対象を失う段階
③無感覚・無感動になる段階
④怒り、対象を再び探し求め、対象喪失を否認するなどの試みが交代する段階
⑤対象喪失を最終的に受容、断念する段階
⑥対象を自分から放棄する段階
⑦新たな対象の発見、回復の段階

ということが挙げられる。

これを、四諦との関連で考えてみると、

①世の中は無常であることをあらかじめ覚悟しておく。

②しかし、じっさい別離が迫ってくると落ち着いておれない、別離（死別）に直面した時その苦しさに圧倒され何も感じなくなる。

④我を取り戻し始めた時でも別離の苦しさを受け止めかねているため、怒ったり、死者がまだ生きていると錯覚したりして苦しみをきちんと見つめられない。

④しかし徐々に愛別離苦を体験し、その苦の原因が執着にあることを実感し、対象の復帰という執着を諦める。

⑤（愛別離苦を感じつつも）新しい対象に向かっていく。

ということになる。

ただ、ここで大事なことは、人間である以上、深刻な対象喪失に出会って、無感覚になったり、苛々したり、怒ったり、悲しんだり、また喪失を否認したり、対象に執着するのは当然だということである。

喪失の自覚の大事さ

しかし、また一方で自分がそのような状態になっているという気付き（自覚）が大事である。

この自覚があれば次にどうすればいいかがある程度見えてくる。それゆえ、仏陀のことを覚者といったのも、むべなるかなということであろう。

つまり、このことを自覚しておくと、自分のすべきことが悲しみや苦しみをしっかり見つめ、それを体験することだというように自然に収束されていくように思える（あるいは、悲しんだり、苦しんだりするのは当然のことで、とても貴重なことをしているのだと考えられ、悲哀に沈む自分を肯定できると言ってもいいかもしれない）。

そして、この悲哀や苦悩を味わい尽くすことで、それらが相対化され（執着から離れるということ）次の再出発となる。

アリエッティ(2)は、このことを「苦痛に満ちた考えは、あたかも新しい考えによって置き換えられることを望んでいるかのごとくに、新しい考えを引きつけるのである」「悲哀は、人生航路に関する考えの再構成をもたらす緩徐な心理的過程を育み、最終的には異なった目的に向かった行動を促す」というように表現している。

それゆえ、この悲哀の仕事が不十分だと、うつ状態を初めさまざまの心の病を引き起こす。そうすると、この悲哀の仕事を妨害するものはいったい何であるのかといったことが問われてくる。

第４項　悲哀の仕事を妨げるもの――執着からの解放を妨害するもの

大き過ぎる対象喪失

まず、考えられるのは、その対象喪失の大きさ、深刻さの程度である。あまりに大きすぎると（例えば幼い子にとっての母の死など。いくらなんでも、この子に向かって母への執着を断ちなさいなどと要求できるものではない）、悲哀の仕事どころではない。また重要な対象喪失が一度に重なってしまうのも、本人を圧倒し、悲哀の仕事を妨げる。

対象喪失が自己喪失になる

それから似たような事だが、その個人と対象との関係で言えば、その人が対象に依存し過ぎていたり（執着し過ぎていたり）すると、その対象を失った場合、自分まで失ったと感じやすいことがある。この自分がなくなるといった状態だと、悲哀をしっかり感じる自分もいなくなり、したがって悲哀を生き生きと感じることができず、なにもかもなくなったという空虚な感じしか残らない。この時の本人の状態は、自我感情の喪失といったうつ状態そのものといってかまわない（フロイト[5]の言葉を借りれば「対象と自己が、対象喪失以前に未分化で、対象喪失が自己喪失になる点に病理の根源がある」と言える）。

自己の独立・分化の重要性

要するに対象から自己がある程度独立、分化している点が、悲哀の仕事において重要な事なのである。母の死後うつ状態に陥ったある三十五歳の女性は「母の死の前からうすうす感じてはいたが、これほど自分というものがないとは思わなかった」と述懐されている。もっとも、その人は、そう自覚できはじめたわけだから、その分だけ回復してきているとも言える。

ただ、ここから自己の回復・再建にすぐ向かえる人と、非常に時間のかかる人、その間の人などさまざまなパターンがあることは言うまでもない。

過剰な執着は悲哀の仕事を妨げる

それから、変化に弱い人（すなわち無常の体感が十分でない人）も、悲哀の仕事に入りにくい。そういう人は、順調な状態や状況がずっと続くという順調希求が強く、「順調さが失われる」（自己の大事な対象の喪失）という事態を認めることがなかなかできないため、悲哀を味わうことが難しいと言える。たとえ味わったとしても、十分味わい尽くして、その対象への執着から離れるということができにくいとも思われる。

また、完全癖や強迫的な人、メランコリー親和型性格や下田光造[6]の言う「執着性格」の傾向の強い人も、「悲哀を味わいつくし、対象への執着から自由になる」ということができにくくなる。

この点を考えれば、こうした傾向の人は、すべからく執着が強く、その分だけ、対象から分化、独立していない、自分のしっかりしていない人と言えるかもしれない。もっと言うと、自分がしっかりしている人ほど、対象にも自我にも執着しない。また執着がないということは、逆にそれだけ対象や自己を尊重していると言えるかもしれない。

ついでに言うと、お釈迦様が亡くなったとき、アーナンダを初めとする仏弟子達の嘆き悲しみはいかばかりかと思うのだが、かれらは仏陀や自己に執着することなく、尊重していたが故に、お釈迦様の「私が亡くなっても、私の法は残る。その法を大事にせよ」という言葉を実践できたと思われる。仏弟子たちは、釈迦の死という最大の対象喪失に出会いながら、十分にそれを嘆き悲しむと共に、その生理的な対象（生きている仏陀）への執着から離れ、仏陀の教えを実践しようとした。かれらは、独立、分化した人格であったと言える。

周囲の理解の大事さ

もう一つ、悲哀の仕事を左右するものとしては、対象喪失の時期における周囲の状況といった要因が挙げられる。つまり、周りにその本人の悲しみをよく理解し、悲しみに共感し、悲しんでいる本人を受け入れたり、また十分に本人の話を聞いてあげられる存在がいれば、悲哀の仕事は進みやすくなる。逆に、本人を下手に励ましたり、本人の悲しみの深さがわからなかったりといった人達ばかりだと、悲哀を生き生きと感じるよりは、絶望感の気持ちが強くなる。

また、対象の死に対して「本人に責任がある」とか「生前、十分なことをしてあげなかったのでは」といった、本人を責めるようなことを言う人達がいると、ただでさえ強く抱いていた罪悪感がいっそう強まり、それに圧倒されて、心の働きが止まってしまう、すなわち悲哀の仕事がひどく妨げられてしまうということが生ずる。
逆に、愛児を失ったキサー・ゴータミーの場合、仏陀という理解者に出会って、悲哀の仕事が促進され、愛別離苦を乗り越えたと言えるであろう。

第2節　愛別離苦の事例

第1項　夫が急死した妻——事例B

それ以外に、悲哀の仕事を左右するいろいろな要因があると思われるが、ここでは、まず夫を失った妻の事例について考えてみる。

［事例B］初診時四十五歳、女性

生育歴

Bさんは、父母ともに教師で、やや厳格ではあったが、学問好きの家庭に育った。本人も勉強や読書が好きで、一生懸命努力するところがあり、特に何かに熱中し出したら途中でなかなか止められないというほどの頑張りやであった。ただ、少し完全癖が強く、また細かい点が気になり、それらをきちっとしないと気が済まないという神経質で強迫的な面もあったが、友達もある程度いて、優等生のまま有名大学の国文科に進んだ。

ところが、大学に通っている中で、友達の家庭の雰囲気が自由なのに少し驚き、自分の家が厳格だなということを感じたようである（実は、高校のころからそういうことには、うすうす気付いていたようだが、その時は受験勉強一直線ということもあってあまり意識には上っていなかったとのことである）。それで、時折夜遅く帰宅したり、友達と旅行に行ったりして少し親と衝突したこともあったが、基本的には親にとって良い子で、勉強にも精を出していた。

大学卒業後は、大学院に進んだが、あるグループの集まりで大企業の研究室に勤める五歳年上の会社員と知り合い、結婚した。この時、親は反対だったようで（どうも自分の見つけてきた男性と結婚させたかったようである）、一悶着あったのだが、Ｂさんはこれで親の支配から逃れ、自由になれると思ったようである。

結婚後の生活

結婚相手の夫は、真面目で働き者で優しかったのだが、重要な決定などはあまりＢさんの意見を聞かず、自分で決めていくタイプであった。しかし、Ｂさんは、もともと従順な所があったので、別にそれに文句を言うこともなかった。ただ、隣に夫の両親が住んでおり、時折Ｂさんのこと（家事や育児や近所付き合いなど）に干渉することがあり、うるさく感じる時もあったのだが、夫はそれを聞いてくれ「気にしなければよい」と保証してくれていたので、あまり苦しむことはなかった。それと、夫とは文学や音楽など、共通の趣味もあって、わりと幸せな日々であった。そして、男の子と女の子の二人に恵まれた四人暮らしの穏やかな生活が続いていた。

ただ、少し気になったこととしては、長男は割と真面目に育ってくれているのに、娘の方はやや反抗的だったことであった。それから、夫が、四十代後半で高血圧を指摘されていたことや管理職にもなって仕事がかなり忙しくなってきたことも心配であったが、まあまあ問題なく暮らしていた。

夫の死

しかし、悲劇は突然やってきた。夫が五十歳になった頃、夫をリーダーとする研究開発の仕事が非常に忙しくなり、睡眠時間もろくに取れない激務が続いたとき、突然、心筋梗塞で倒れ、帰らぬ人となった。梗塞で倒れたことを聞いたBさんは「頭が真っ白になった」ということで、その後、死亡するまで病院で付き添っていたのだが、あまりよく覚えていなかったとのことであった。

お葬式の時も、茫然とした状態が続いていたのだが、夫側やBさんの親族がちゃんとしてくれた（初めてで、しかも常人なら滅多に体験することのない最大の対象喪失が起きたわけだから、無感覚や解離・健忘の状態になっても不思議ではない）。

うつ状態の始まり

その後、一周忌も過ぎた頃から、茫然自失という状態からは抜け出したのだが、それとともに深い悲しみと抑うつ感が、襲ってきた。ことにうつ状態がひどく、日中は何もする気になれず横になってばかりで、人と会いたくないし話しもしたくないといって閉じこもってしまう。子供とも接触しないし、実母が心配して会いに行っても、非常に暗い表情でためいきばかりついている。もちろん食欲はないし、夜も寝床の中には入るがまったく眠れず、体調は不良でまったく元気がなかった。それに、吐き気、便秘、頭痛、めまい等の身体症状も彼女を苦しめた。

本人は、沈黙がちで何も言わないのだが、やっと口を開いても、「主人が死んで何もかもなくなってしまった」「私はもうまったく駄目になってしまった」と言うのがやっとだった。

医師にかかるも改善せず

こんな状態は、全然改善せず、身体は痩せ、衰弱がひどくなり、また「主人の声が聞こえる」といった幻聴まで出てきたため、心配した実母は、Ｂさんを医者に連れて行こうとするが、Ｂさんは拒否的であった。しかし、つよく拒否する力もなかったので、ぼーっとしたまま、まずはかかりつけの内科医に診てもらった。この内科医は軽い睡眠剤を出したがあまり効き目はなかった。そして「これは私の領域ではありません」といって、ある精神科医を紹介した。しかし、本人は精神科受診に対しては「私は精神病ではない」とさらに抵抗を示した。ただ、この時も仕方なく実母に連れて行かれたが診察の時も押し黙ったままで、その精神科医は少量の抗うつ剤を投与したが、状態は相変わらずであった（悲哀の感情もあるが、それ以上に抑うつ感が強くまたそれが長引いており、悲哀の仕事がどこかで止まっているわけである。また深い抑うつ状態になると、受診に対してかえって拒否的になることがある）。

筆者との出会い――初回面接

困ってしまった実母は知り合いの紹介で、「どこに行っても同じ、どこへ行っても良くなるはずがない」と言って嫌がるBさんを引っ張って治療者（筆者）の元へ連れて来た。治療者は、黙して語らないBさんに対して、「誰でも病院へ来ることは辛い。ましてや精神科だとよけい辛いでしょうね」と言った後、本人の許可を得て、実母から今までの話を聞いた。

そこで、治療者が〈こんなに大事なご主人という支えがなくなったら、元気がなくなって当り前ですね〉と言うと、「そうなんです。もうすべて終わりなんです」と口を開いてくれた。そこで治療者が〈何もかもあきらめているんですか？〉と言うと、軽くうなずいた。治療者のほうは、こんな辛い体験をするとそんな気持ちにはなるということを伝えた後、〈いずれにせよまず良く眠って、少し食べられるようになることが先決〉ということを伝え、より強い睡眠剤を与え、食欲の出てくる抗うつ剤と、栄養剤（お湯に溶かして飲むだけで一日の必要な栄養がとれる）のクリニミールを出した。

これに対して、本人は「私は病気ではない。主人が急死してこうなっているだけです」とまたもや抵抗を示すので、〈それはある程度正しいと思うが、今それより大事なのは睡眠と食事をとって身体の衰弱を改善させることでは？〉と言うと、力なくうなずいた。

その後の経過

次の回は、睡眠がとれたせいかちょっと元気な感じで、食事もクリニミールを取れて、衰弱はましになってきたが、まだ精神科拒否（「私は病気でない。異常ではない」）は続いていた。それに対しては〈ここは、援助機関であって、正常・異常は関係なしに、楽になってもらうことを目的にするところです〉と答えておいた。しかし、通っている間に少しずつ元気が出てきたのか、わずかではあったが今の苦しさ、辛さを訴え始められるようになった。

それは「今、まったく元気が出ない。頭も全然働かないし、身体もだるい。それにまったくやる気がしないし、生ける屍のようだ。こんな状態は治るんでしょうか？」という内容であった（ようやく、辛さ・苦しさを訴えられる段階にまできた）。

そこで、この辛さを一緒に考えていくことにした。彼女が言うには「実は夫は死の前から、激務が続いていたので、私は注意していたのだが、十分ではなかった。もっと注意すればこうならなかったのに」「いまだに夫の死が信じられない。外へ出たときでも夫に似た人が通ると『あっ、私の主人だ』と思ってしまう」「いまだに主人の声が聞こえる」「夫の死は現実だから、受け入れないといけないのだけれど、どうしても認めることができない。どうして神様は、私にだけこんな残酷なことをするのか」ということで、悔やみや罪悪感、死の否認などがしばらくは表明された。

それと共に、夫はいかに素晴らしかったか、仕事人としても家庭人としても、申し分ない人であったかという形で、理想化した夫像が語られ、そのかけがえのない人を失った悲しみがあふれてくるという感じであった。

そして、この頃になると、毎回の面接が涙々という感じで、悲哀の感情があふれ出る状態であった（最初の、無表情、沈黙とは随分違う）。

自分の無さの気付き

その悲哀と涙の面接が落ち着いてきた頃、今度は「いつまでも嘆き悲しんでいても仕方がないと思うけど、何故か元気が出ないし、やる気が起きない」ということに訴えが移りだしたため、意欲低下の原因を考えさせた。すると「主人が亡くなった今、自分まで無くなってしまった。だから意欲も何も湧いてこない」ということが明らかになってきたので、治療者が〈もともとあなたは自分というものが無かったのでは？〉と言うと、ちょっと衝撃を受けたように黙り込んでじっと考えこんでいるようであった。

本人は、その時は何も言えず、治療者もそれ以上そのことは話題にしなかったが、しばらくした後「先生に『もともと自分が無かった』と言われ、すごいショックで、『そんなことはない』と言い聞かせたのだけれども、やはり、そういう所がある。振り返ってみれば、私はずっと夫に依存してきた。重大な問題は、自分で考えたりせず、夫に全部まかせっきりだったし、重要な決定も夫にしてもらっていた。私はただただ、夫の言う通りしてきただけだった」という話をしはじめたのである〈対象〔夫〕と自分が未分化であること、自分がもともと無かったという重大なことに気付きはじめている〉。

そこで「この自分の無さ」についての話し合いをした所、「もともと私は両親、特に父の機嫌をそこねてはいけないということで、余りにも親に従い過ぎていた。自分の感情をなかなか出せなかったし、それはずっと自分の性格傾向になっている」と言ったので〈そうすると、自分の感情に蓋をせず、思ったことを、少なくとも面接場面だけででも口に出すことが重要ですね？〉と言うと、うなずいてくれた。

怒りの表出

しかし、なかなか自分では口にするのは難しいようなので治療者の助けを借りて〈例えば〈この人には、心の底ではどう感じていましたか？〉と聞いたりする〉、感情表現を試みようとした。その結果、まず出てきたのは、姑に対する怒りであった。それは「姑は、夫が亡くなった後、私がまだ茫然としているときに『息子は働き過ぎていた。もっと周りが注意すべきだった』と言い、その後、もっとひどいことに『特に、嫁がしっかりしていて息子を守ってくれていたらこうならなかったのに』ということを言われ、すごいショックと怒りを感じたけど、私は何も言えなかった。それと共に、やっぱり注意の仕方が不十分だったのかという罪悪感にもすごく襲われた。でも姑の言葉は許せない。私はそれなりに努力していたのに」という罪責感を伴う怒りであった。

その後、それが表明されたのに続いて、今度は娘に対しても「娘にも腹が立つ。かけがえのない父親を失ったのに、ちょっと悲しんだだけで、今は自分の恋人に夢中でいったいどういう気持ちかしら。それにまだ若いのに将来結婚するという話をしたりする。だいたい、私は、その彼があまり教養もなく夫と随分違うのであまり好きでなかった」ということを言ったり、また周囲の自分の悲しみの大きさに関する無理解に対する腹立ちもまた語られた。

治療者は、これに対して、傾聴をこころがけていくと、本人は、案外怒りや腹立ちを出してもいいんだなという気持ちになり、それは今度は親に向かい「だいたい、こんな性格になったのは親が悪かった。従わせるだけではなく、もう少し自分の感情を出せるようにしてくれたら、もう少し自分というものができていたのに」となり、そして、それは最後に最愛のご主人にまで向かい「どうして、私をおいてこんなに早く去っていったのか、自分がしっかりしていない分、主人を恨みたくなる」という話から「主人も主人、こんなに早く亡くなるなら、もっと私にも考えさせる機会や自分で決められるような訓練をしてくれてもよかったのに。私がこうなったのは主人にもかなりの責任がある」ということまで言い出した。

治療者がこれに対して「こういうことを感じるのが普通の人間なんですよ」とサポートしたのは言うまでもない（自分の無さの気付きから、怒りや悔やみを中心にした感情表現ができるようになってきている）。

完全癖や主婦の座への執着

さて、やや他責的、投影的とも言える感情表現に続いて「でも、そのように自分を抑え込んで自分を作ってこなかった私も、問題だし」と、自己を振り返ることもできるようになったが、そうなると次に彼女を苦しめたのは意欲低下と家事ができていないことであった。本人は、まったく意欲が出ず、当然家事もできていなかったのだが、このことで問題になったのは彼女の完全癖であった。

Bさんは、毎週クリニックに通え、いろんな感情表現もできるようになってきたので、そろそろ家事をせねばと思うようになった（今までは実母に手伝ってもらっていたのである）。しかし、せねばならないという義務感だけで、ちっとも意欲は湧いて来なかった。これについて共に考えたところ、彼女はやるとなったら完全にやらないと気が済まないという完全主義的な気持ちがあり、したがって今のようにまだ十分調子の出ていない状態でやってみて、家事が不十分にしかできなかったらどうしようという不安が強く、それが邪魔をしているということがわかってきた。

これに関して治療者が〈全然できないのと二〜三割でもできるのとではどちらがいいです

か？〉と聞くとしぶしぶ、後者の方が正しいことを認めざるを得なかったが、なかなか決心がつかない。それでさらに聞くと「家事が十分できない→主婦失格→人間失格」という形で主婦の座へのこだわりが強すぎることも判明した。

繰り返し、このことを話し合った後、完全主義や主婦の座に対する執着に気付いたBさんは、とうとう家事をし始めた。それも治療者のアドバイスで、易しい洗濯や掃除から始めた。また料理に関しては、メニューを選ぶのは大変なので（家事の中の料理に関しては、このメニューの選択・決断が結構大変なのである）、実母に選んでもらい、実母の手助けをするという形で始めた。この後の面接で、本人は「私はまったく家事ができていない。だめだ」と言うが、同席している実母に言わせると、結構普通にやれ、料理もおいしいものを作っているとのことであった。徐々にこういうことを繰り返す中、本人は少しずつ家事の範囲を拡大し、だんだんと主婦としての自信も回復してきたようであった。

真の自己確立へ——仮の目標の重要さ

しかし、家事ができた後は、いままで隠れていた空しさや空虚感が強く出てきて、「家事はやれるようになっても、私のむなしさ、やるせなさは消えない」と言う。またこの頃、先述したように娘がまだ二十歳なのに、もう相手との結婚を考えると言い出したりして、それはBさんをとまどわせると共に苦しめもした。

このことを併せて考えたところ、①Bさんにとって子離れがまだ十分できていないこと②それは亡くなった夫離れが十分できていないことと関係あること③それは自己の確立・独立が不十分であることであり、それが空虚感と関係しているということが、またしても明確になってきた。

そして、真の自己確立のためには、「自分が何を一番したいのか」をはっきりさせることだということになってきたのだが、いざそう考えると、何も浮かんでこないか、浮かんできても「これはそうじゃない」と否定的にしか考えられなかった。そこで、治療者は〈本当に何がしたいかを見つけるのは、難しいし、時間がかかって当り前ですよね〉と言った後、〈真の目標がすぐ見つからなくても、仮の目標を考えてみる。もう少し具体的に言うと、例えば家事だけしているのと、本を読んだりするのとまだどちらがましか、といったように考えてみるということです。もちろん、どちらをしても空虚感は残るわけですが、どちらのむなしさの方がましなのだろうかということです〉というように、仮の相対的目標捜しを提案した。そうすると「なにもしないより本を読んでいるほうがまし」となり、しばらくすると「家にいるよりは、図書館に行ったり、講演を聞きにいくほうがまし」となり活動が少しずつ増えてきた。そして、図書館でやっている読書会やそれと関連する研究会に参加することにもなり、Bさんの中の「国文への情熱」が再び湧いて来てそれに集中することになった。そうするとさらに活動が増え、その結果、大学の恩師の方とも再会したりして、その縁で、短大や大学の国文の非常勤講師（もともとBさんは、この方面では優秀だった）の口がかかり、もう「むなしい」などと言っておられなくなった。

回復と夫の死の受け入れ

そして、この頃には、もうすっかり「うつ状態」から抜け出していた。元気になったBさんが言うには「ようやく、今頃になって夫の死を受け入れられるようになってきた。よくよくふりかえってみると、私は本当に、夫や妻の座や主婦の座に執着していたし、外面的なことばかり大切にしていた。今は、本当に自分がしたいからやるというように変われて来た。それに国文のことも今好きで夢中だが何もそれに執着しているつもりはない。考えてみれば、その時その時の一瞬を大事にして生きることが、真の目標だと最近思うようになった」とのことであった。

治療者は、これを聞きながら、今までの二年近くの治療期間を振り返りつつ、治療者自身も随分このBさんからは、多くのことを教えていただいたなという感謝の気持ちが湧き上がってくるのを実感している。

事例Bの解説

さて、この事例Bをまとめてみる。

Bさんが、ひどいうつ状態に陥ったのは、もちろん夫の急死と、それに伴う愛別離苦を受け止められなかったことにある。

それでは、何故、愛別離苦を受け止められなかったのかというと、①夫の死が急過ぎたし、若過ぎたこと②夫に頼りきり、夫と自分が未分化ということで、真の自己確立が不十分であった

（それには、成育史や性格も関係する）③死に伴う悲しみを十分に表現できなかった（十分味わえなかった）④周囲の問題（悲哀の表現を助けるには不十分であったことや、本人の罪悪感をさらに強めたこと）⑤完全癖や、妻の座、主婦の座という外面への執着（苦の集諦といってもいい）⑥夫の死以外に娘の結婚というもう一つの対象喪失が加わったこと⑦四十五歳という人生の後半にあったこと（女性にとっての第一次総括期といえる）などが、関係していると思われる。

逆に立ち直った要因を考えてみると、①精神科への受診抵抗の気持ちを尊重しながら、睡眠・栄養をとらせるなどして、まず身体の回復を計ったこと②悲哀の感情とそれに伴う悔やみ、罪悪感、死を否認したい気持ちなどの表現とその尊重③自己の無さの気付き④怒りなどに始まる自己の感情表現⑤完全癖や執着からの脱却（滅諦と道諦）といったことが、言えるであろう。

第2項　娘に執着し過ぎた母の愛別離苦——事例C

次は、死別ではないが、老年になり、子離れという困難に直面した「愛別離苦」の事例を紹介する。

［事例C］初診時六十二歳、女性

Cさんの歴史

Cさんは、旧家のひとり娘として生まれたが、生後まもなく母を病気で失った。しかし、祖母や父がCさんを大切に育ててくれたので、幼年時代は幸せだった（早期に対象喪失があっても、祖母がちゃんと母親代わりになってくれたため、この愛別離苦はそんなに深刻にならずに済んだと言える）。

しかし、小学校に上がる頃、祖母の死と父の再婚という二つの大きな出来事があり、Cさんの生活は変化する。それまで甘やかされて育っていた彼女は継母になつかず、以後継母との関係はずっと悪いままであった。しかしCさんは持ち前の気の強さで学童期、思春期を過ごしてきた（祖母の死と父の再婚という二つの対象喪失に会うわけだが、それで落ち込むより、逆に強がりの姿勢になっていったようである）。

さてCさんは、適齢期を迎えて、父の縁で結婚し、娘が一人生まれ、十年余りは順調で平穏な生活が続いていた。しかし、それも夫の浮気、事業の失敗という事件によって破れ、Cさんは娘を連れて離婚し、その後女手一つで働きながら娘を育てた。娘の方は、おかげで大学まで行き、資産家の長男と結婚することができた（ここでも夫との離婚という対象喪失があるが、娘との関係が深くそう圧倒されていない。むしろ逆境に会ってますます強くなったのかもしれない）。

うつ状態に陥る――筆者との出会い

このようなことで、Cさんと娘は大変仲が良く、結婚後も二人の関係は順調に来ていたのだが、数年前から娘の方が何故かCさんを疎んじるようになってきた。そしてCさんの方は、それに伴って何となく気分が沈み、体調が悪くなってきていた。

そんな中で、Ｃさんの別れた夫が亡くなり、何と娘がお葬式に出席するということが起きた。Ｃさんは、前夫のことを仇のように憎んでいたのに「そのお葬式に出席するなんて、何という裏切り行為だ」と思い、その時から夜が全然眠れなくなった。また、娘との電話でも恨み事を言ったり、干渉したりするので、ますます娘はＣさんから遠ざかっていった。

そんなことで、Ｃさんは、体調も悪くなり、食欲もなくなり痩せてきた。そこで、ある総合病院の神経科で睡眠薬をもらうが、あまり効き目はなく、量ばかり増えてくるので心配になった彼女は、筆者のクリニックを訪れた（いくつかの対象喪失や苦労に耐えたＣさんだが、娘の心が離れていくという愛別離苦だけは受け止め切れなかったと思われる）。

カウンセリングの開始――怒りと悲しみの表出

ここまで話を聞いた筆者は、うつ状態と判断し、睡眠剤を減らすとともに抗うつ剤を処方すると、いくぶん気持ちが落ち着いたようであった。そこで筆者は〈娘さんのこととかで、かなり気持ちが混乱しているようなので、カウンセリングを併用しながら、治療を続けた方が良い〉と告げて、カウンセラーを紹介した。

カウンセリングの最初で、Ｃさんは「娘は私の命だった。すべての愛情や父の遺産などをつぎ込んで大きくさせたのに、何故か数年前から私を疎んじ始め『お母さん、もう来ないでよ』等と言うようになってきて、とても悲しかった」と悲哀感情を訴えた後、「それと前夫のお葬式に行ったのが許せない。前夫は私達親子を不幸のどん底に追いやった後、別れてからも何の面倒もみてくれなかった。娘が修学旅行に行くお金がないとき、前夫のもとに借りに行ったが、結局貸してもらえなかった。そんな時、二人して泣いて『この世に身内と言えるものは、私とあなたしかいない』と誓い合い、前夫を親子共同の敵、二十年間も私達を捨てた人非人としてきたはずなのに、そんな男のお葬式に行くなんてどうしても許せない」「もうそんな娘とは縁を切る」と怒りや悔しさの感情も強くぶつけてきた。

そして、この悲しみや怒りの表出はそれ以降もますます強くなり、「娘は、実は前夫の血を引くエゴイストで恩知らずだ」というようなことまで言い出した。ただ、それは自分の方にも反転していき「いったい私は何のためにここまで苦労してきたのか、私の人生は一切無駄であったような気がする。夫には捨てられ、娘には裏切られ、私はただ一人寂しく死んでいくのか」「もう生きていたくない。死にたい」といったかなり強い絶望感、見捨てられ感、希死念慮を訴えた。

カウンセラーの方は、ただ黙って、しかしこのCさんのつらい気持ちに添いながら、じっと傾聴をこころがけたところ、少しずつCさんは落ち着いてきた。彼女は「今まで、苦労はいろいろあったけど、何とか乗り越えてきた。でも今回のこれはあまりにも辛いことだ。このことは悔しくて恥ずかしくて誰にも言えなかったが、ちゃんと自分の気持ちを言えて良かった。ずっとたまっていたヘドロを吐き出したようだ」と言うようになり、少しずつ落ち着いてきた（これは、娘という最重要の対象喪失に対する悲哀の仕事をカウンセラーを相手にしていると言っていいであろう)。

自己と自己を取り巻く他者との関係の見直し

さて、こうしたCさんの姿を見たカウンセラーは、まず娘さんとの関係に焦点を当てて考えさせたところ「どうも今までの私は、娘憎しということで凝り固まっていたと思う。少し反省している」「娘に対して『誰のおかげでここまで大きくなれたのか』といった恩着せがましいことばかり言っていたので、娘は少しうるさかったのかしら」「それに私はこうと思ったら一直線になる傾向があって、娘に執念深いと言われていた」というように少しずつ反省の言が出てきた（悲しみと怒りの表出の後の自己反省は自然の流れだろう。確かにCさんは恩着せがましかったわけで、客観的に見たら「娘がいてくれたおかげで、ここまで一生懸命働けてきた、生きてこれた」ということの方が真実に近いだろう)。

反省は続き「娘にしてみたら、そんな母親の押しつけ的な愛情にうんざりしていたのでは」「私は自分で、娘のレールを敷いてしまって娘の独立を奪ってしまったようだ」と言うようになり、さらには「私は継母にいじめられて育ってきたから、娘ができたら、ああもしてあげよう、こうもしてあげようと思い続け、娘を人形のようにしていたのだと思う」と洞察が深まっていった。

抑うつ感とカウンセラーの支え

しかしながら、自覚の深まりと共に「でももう私はこんなに老いてしまって、私が悪いとはいえ、娘に裏切られてしまって、もう望みがない」と一時的に暗くなってきた。カウンセラーは「関係の見直しのときには一時そんな気持ちになりますから」と支えていった。また娘から連絡のない寂しさに対しては、〈今は双方とも親離れ子離れの時期ですから、様子を見てあげてはどうですか？　見守ってあげるのも仕事ですから〉と言って待つことの大事さを強調した（自覚の深まりの時に、うつ的な感情のある方がより実感のこもっている確実な自覚になると思われる）。

自覚と改善

そうするとしばらくしてから、娘さんがCさんの誕生日にプレゼントをするということがおきた。これはとてもCさんを喜ばせ、「やはり、娘は私のことを思ってくれている。私が押しつけがましくしなければ、娘はこちらを向いてくれる」「よく考えると、娘が遠のいたように感じたのは、娘が子供のことや婚家のことで忙しかったのかもしれないし、私が年とってきたので寂しく感じていただけかもしれない」「それに、前夫のお葬式に行ってくれたのも、私の顔を立ててくれたのかもしれない」と、良いように取り出した。

さらに「私も、娘のことだけにかかずらわないで、自分の老後のことを考えていこう」となり、近所づきあいを始めたり、昔習っていた詩吟や俳句を再開しはじめた。

そんなふうに、娘と距離を置き、老後の見通しもついたところで、娘が孫を連れて泊まっていくということが出てきた。もうその頃には、薬は一切不要で、うつ状態はすっかり改善し、一人でやっていけるとなったので、カウンセリングと治療を終了した。

事例Cの解説

この事例Cは、娘との関係悪化をきっかけにうつ状態を呈した例である。このCさんは、娘と死別したわけではないが、「今までどおり、従順で、自分の方を向いてくれている娘を失う（娘からすれば当然の独立であるが）」という対象喪失・愛別離苦に出会い、それを受け止め切れなかったと思われる。

何故、受け止められなかったかというと、やはり娘と一体化する気持ちが強過ぎたため（これも事例Bと同じで自己と対象が未分化と言える）、娘との関係の悪化が自分の存在基盤をぐらつかせたということであろう。また今まで一応娘とのことは順調で、苦労しながらも努力は報われていたのに、ここへ来て自分の努力が否定された結果になったという点も大きな要因である（少なくとも、Cさん本人はそう思い込んでしまったと思われる）。

さらに老いのために、孤独を受け止めかねて、ますます娘に執着する結果になったということも、重大な原因と思われる（人生の最後にこういう辛い目に会うと、自分の人生のすべてが否定されたと総括されてしまいやすいのかもしれない）。

しかし、Cさんはカウンセラーの努力によって、いままで抑え込んでいた感情を表現でき、その結果悲哀の仕事とともに、自己の問題点や執着の強さ（これが愛別離苦の集諦なのである）を見直すことができたのである（滅諦に到達できたというわけである）。

この事例Cを見ていると、老年期の母の悲しみと、「あまりに執着するものは結局それを失うことになる」という教訓を、つくづく感じさせられる気がする。しかしながら、Cさんがこの悲しみに耐え、自分の執着しすぎるといった問題点を見直していき、娘との間に距離を持てるようになったことは、大変素晴らしいことだったと言えるであろう。

第3項　定年を機にうつ病になった男性——事例D

続いての事例Dは、同じく高齢者の治療例だが、男性で自分の地位や役割や能力に執着しすぎて、やはりうつ状態を呈した例である。

［事例D］初診時六十二歳、男性

定年後、出向するが不適応

Dさんは、大手企業に勤めていた頃は、真面目で熱心な働き者で、トップからも随分信頼されていた。ただ、少し真面目すぎること、融通性のきかないこと、予定どおりに行かないと苛々するといったことはあったのだが、よく仕事ができるということで、それらはあまり問題にならず、五十代には部長職までのぼりつめていた。

こういう状態で六十歳が近付いてきて、Ｄさんは当然重役として、会社に残れると思っていたようだが、案に相違して定年となり、子会社への臨時職員として出向を提案された。内心むっと来ていたが、おおっぴらに不満を言うわけにいかず、その提案をのんだ。

ただ、不幸なことにそこではあまり重要な役をもらえず、割と閑職的な役割しか当てられなかった。プライドの高いＤさんとしてはこれは我慢できないことで、それで苛々したり、また変に偉そうにしたりするので、対人関係でもぎくしゃくし、周りはだんだんＤさんを敬遠するようになった。前の会社で「部長、部長」と注目されていたＤさんにとって、このようなことは考えられないことで、毎日がだんだん面白くなくなり、またその会社への出勤も嫌になってきて、一年足らずで辞める事になった。

うつ状態に陥る

しかし、辞めた後、仕事一筋でこれといった趣味もないＤさんは毎日ごろごろするようになり、そのうち気分が沈み、また体調もすぐれず、睡眠も障害されてきたため、ある神経科を受診し、抗うつ剤をもらうことになった。これで一時はましになったのだが、すぐにまたもとのうつ状態に戻った。その後、抗うつ剤や安定剤の量が増えていったのだが、あまり状態は改善せず、眠気やふらつきやボーッとするといった副作用のみが強くなってきた。

それで、ある知り合いを通して、筆者のクリニックに奥さんと共にやってこられた。その時のDさんの様子は、いかにも疲れていて憂鬱そうな感じを漂わせていると共にどこか落ち着きなく苛々して怒りっぽい印象も感じさせられた。訴えの内容は、身体の疲労感や倦怠感、頭痛、めまい、ふらつき、眠気、胸の圧迫感、不眠、食欲不振といった多彩なもので、精神面では、憂鬱感、焦燥感が強く、意欲や気力も低下し、頭の働きも鈍ったような感じがし、死にたくなる程辛い毎日を送っているということであった。

薬の調節、カウンセリング、散歩療法等で改善へ

これを聞いた筆者は、まず身体や脳のことを調べないといけないと思い、身体的諸検査と、脳波やCT検査等をしたところ、やや高血圧気味で多発性脳梗塞が見つかった。それで筆者は、漢方薬や脳血流改善剤や脳代謝賦活剤などを処方すると共に、過量になっている抗うつ剤や安定剤を適正な量に戻した。

これで、頭痛、めまい、日中の眠気はましになり、身体症状も少し改善されたのだが、心のむなしさや憂鬱はこれで消えるわけではなかった。そこで、それについて話し合ったところ、①定年になったことが大きく、それによって自分の生き甲斐や自尊心が失われてしまったこと、それに重役になれなかったことの悔しさ、憤りがまだ尾を引いていること②次の子会社でうまくいかなかったことがさらにショックであり、腹立たしかったこと③子会社を辞めた当時は、多少とものんびりできるだろうという期待はあったが、これといって趣味がないので、毎日毎日が暇で暇で、それに耐えられなかったこと等が明らかになった。

そして、これらについては、しばらく、悔しさ、怒り、悲しみの混ざり合った形で、ぐちっぽく何度何度も繰り返し語られた（例・会社のつれない仕打ち、子会社での冷遇など）。ただ、繰り返し語られるなかで、本人は徐々に自分が重役、部長という役割・地位に執着し過ぎていたこと、子会社で自分は前部長ということを鼻にかけ、傲慢な態度を取り過ぎていたのではないか、もう老いて能力も低下しているんだからもう少し謙虚になってもよかったということを反省もしはじめた。

このように、うつ状態の背景として、地位や役割や能力や周りからの注目等に執着し過ぎることが、それらの対象喪失による愛別離苦を生じさせ、それを受け止められないでいたこと、といったことが明らかになってきた。

そこで、結局、今後の老後の人生設計が大事だということになったが、なかなか本人はその気になれず、毎日が寝たきりに近い状態であった。

筆者は、無活動→それを見てますます自分をだめだと感じる→意欲が湧いてこない→無活動、という悪循環を指摘した後、Ｄさんに散歩療法（苦しくても辛くても、朝夕三十分ずつ散歩する）を提案した。はじめは散歩しても、ちっとも苦しさやだるさがとれないと言ったので、「この散歩は、しんどさや苦しさをとるためのものではなくて、そういうことがあっても活動できる力や習慣を養うもの」と説明し、継続するよう説得した。それに応えて、何とか続けたDさんは三か月後には、毎日一時間ずつ続けられるようになり、むしろ楽しみになってきた。

気持ちも前向きになってきたDさんは、「趣味がないと言っていてもしょうがない。自分で作らないと」と言うようになり、写経を始めたり、西国三十三箇所巡りを奥さんとともに回ったり、また植木などにも打ち込むようになってきた。その頃には、もううつ状態はすっかり消えており、抗うつ剤も必要でなくなってきた。さらに前のように自分のことだけ考えるというのではなく、奥さんへのいたわりも出てきた。そしてDさんは「最近読んだ仏教書にも書いてあったが、つくづく執着し過ぎるというのは不幸な結果を招く」ということを、しみじみと述懐されていた。

事例Dの解説

この事例Dは定年をきっかけに、うつ状態に陥った喪失うつ病の一つだが、これには次の要因が絡んでいたように思われる。

①定年。
②重役になれなかったこと。
③子会社での不適応。
④地位・役割・能力への執着が強く、老いを受け入れられない。
⑤その結果、それらの愛別離苦や老苦が普通より強くなり、それらを受け止められなかった。

⑥定年後の準備ができていなかった（仕事だけが趣味ということと関係）。
⑦高血圧や多発性脳梗塞の存在。
このように状況因子（①②③）、性格的要因（④⑤⑥）、身体的要因（⑦）が複雑に絡んでいると言えるであろう。

他方で、治療や克服のポイントは、
①抗うつ剤だけではなく、脳血流改善剤、脳代謝賦活剤、漢方薬を利用したこと。
②カウンセリングで、うつの背景にある悲哀の感情をかなり出させ、悲哀の仕事を助けたこと。
その過程で、己の執着（愛別離苦の集諦）に気付いたこと。
③老後の生活設計へと目が向き出したこと。
④散歩療法。
といったことであろう。

以上、愛別離苦の事例を三つ見てきたが、つくづく、出会いは別れを常に含んでいること、この世は常でないこと（無常であること）を感じさせられる。すなわち、いかに愛する夫であろうと、子供であろうと、自分の地位、能力、若さであろうと、いつか別れねばならない。多分、それは頭ではわかっていても、なかなか心や身体は、別れの準備ができていないものである。

華厳経にあるような「一瞬は永遠である」とか、道元のように「前後ありといえども前後際断す」という考え方ができれば、一瞬一瞬を大事にし、「常である」という錯覚に執着しなくて済むのであろうが、凡夫にはなかなか難しいことである。

ただ、そうはいっても、この三例とも、愛別離苦に圧倒されている事態から、それを受け止められ、人格的にも成長されたのは立派と言っていいと思われる。

第4章　怨憎会苦と対人恐怖

第1節　怨憎会苦と対人恐怖

第1項　怨憎会苦とは?

今度は、愛別離苦とは反対の怨憎会苦について述べていく。人と会うことは誰しも喜びと同時に辛いものでもある。

ちょっと考えただけでも、「嫌われないか」「気を悪くさせないか」「迷惑をかけないか」「馬鹿にされないか」「嫌味を言われないか」「怒られないか」「不機嫌な顔をされないか」「冷たくされないか」「受け入れてもらえないのでは」「歓迎されないのでは」「劣等感を感じる」「馬鹿なことや恥ずかしいことを人前でしてしまうのでは」ということから、「好かれるのはいいが、つきまとわれないだろうか」「支配されて言いなりになるのでは」「何か嫌な頼み事をされるのでは? 断れない」「負担を背負わされるのでは」「最初、親切そうだが後で裏切られそうで恐い」「何を聞かれるか心配」「ぐちばかり聞かされて無駄な時間を過ごすのでは」といろいろな心配や不安が浮かんでくる。そして、このような心配や不安は実際現実のものとなってその人を苦しめることがある。

また、会う前や会っている時は楽しくても、仲が悪くなってくると会うのが辛くなる（冷たくなった元恋人たちや家庭内離婚の夫婦など、これはまさに愛好会楽が怨憎会苦になったとも言えるであろう）。

こうした心配、不安、苦しみを総称して怨憎会苦（会いたくない人に会わねばならない苦しみのことだが、もう少し広げて人と会うことに纏わる苦しみすべてと言っていいであろう）というのだが、今挙げた例でもわかるように、世の中は本当にこの怨憎会苦で満ち満ちていると言える（古代インドでも、この苦は代表的なものであったわけだから、人間関係が複雑化している現代ではよけい切実と言えそうである）。

第2項　怨憎会苦の背景——集諦としての好かれ願望

この怨憎会苦の背後には、もちろん、好かれたい、愛されたい、受け入れて欲しい、誉められたい、馬鹿にされたくない、恥をかきたくない、傷つきたくない、いじめられたくない、叱責されたくない、怒りや攻撃性を向けられたくない、劣等感を感じたくない、人より優っていたい、負担をかけられたくないといった欲望（集諦）があるわけである。ただ、こうした欲望と怨憎会苦そのものは、きわめて自然なことで、人間はこれを受け入れていくよりしょうがないのだが、大事なことは、この欲望や不安に執着すればするほど、怨憎会苦は強くなってくるということである。

第３項　怨憎会苦への対処

人と会うのも会わないのも辛い

したがって、この怨憎会苦とどう付き合っていくかは、人間一人一人にとって永遠の課題になってくるわけだが、これをどう扱うかは大変難しい。

例えば、人と会うのが辛いからといってまったく会わないでいると、つまり怨憎会苦のままに人と会うことを一切やめたら、必要なこともできず、生活は一層辛くなり、人生の味気なさは途方もなくひどいものになる。それから言えば、人と会うのも辛いが会わないのも辛いと言うことである。怨憎会苦を受け止めて、必要な出会いとほどほどの孤独を体験していければいいのだろうが、なかなか簡単なことではない。

心の病に落ち込んでいる患者さんなどには特に難しく、この苦しみに圧倒されて必要なときでも人と会えなかったり（うつ病の「人に会いたくない」という症状、統合失調症における自閉、対人恐怖、不登校や不就労の引きこもりなど）、あるいは無理にこの苦しみを否認して反動的にやたらと人と会ったり、不自然な会い方をしたりといったことが出てくる（一般にでもよく見られることだが、主体が圧倒されたり、精神的エネルギーが低下している場合には、特に、この苦を受け止め切れないわけである）。

納得のいく決断が大事だが難しい

理想的には、己の中にある執着と怨憎会苦の程度や有り様、さらには会うことの意味や必要性をよく考えた上で、適切な納得のいく決断（誰と、何処で、いつ、どんな形で、何を目的に会う、または会わないなど）が下せれば一番いいのであろう。それができると、人と会うことも孤独で居ることもどちらもそれほど苦でなくなる、むしろ楽しみになってくるのであろう。しかし、我々凡夫はなかなかそれができず、孤独も対人関係もどっちも苦しくてたまらないということに追い込まれることが多いのではないだろうか。

第4項　怨憎会苦の一つとしての対人恐怖

さて、ここでは、その怨憎会苦と関連して対人恐怖の例を挙げながら、人と会うことの辛さを考えていく。

この対人恐怖は、よく目にするありふれた病態で、特に思春期・青年期に多く（もちろん成人、中年でも発生するが）、京都大学の学生の三分の一は、対人恐怖心性があり、またある会社の調査では、対人恐怖のひとつである視線恐怖心性が思春期男女で四〇〜五〇％、赤面恐怖心性が女子で三〇％、男子で二〇％といった具合に大変多い。

ところで、正式に対人恐怖がどう定義されるか述べておくと、事典によれば「他人と同席する場面で、不当に強い不安と精神的緊張が生じ、そのため他人に軽蔑されるのではないか、他人に不快な感じを与えるのではないか、いやがられるのではないかと案じ、対人関係からできるだけ身を引こうとする神経症の一種」となっている。つまり、人に会うときの不安、緊張という怨憎会苦が強い状態になっていると言える。

ただ、繰り返しになるが、基本的にわかって欲しいのは、人に対する恐怖（嫌われるのでは、迷惑をかけたのではといった）は誰でも多かれ少なかれあるということで、これが病気とされるのは、「対人恐怖の程度が強くなり過ぎて、あってもかまわないと思えなくなり、日常生活にも差し支えるような状態になった時のこと」を言うのだと思われる。

この程度に関してはさまざまで、例えば、

①青年期に見られる自然と言ってよいような、あるいは恥ずかしさと変わらないような対人恐怖（これはむしろ持たないほうが鈍感と言っていいかもしれない）。

②恐怖感がかなり強くいつもそれが頭の中を占めているが、まだ何とか日常生活を保てている段階。

③対人関係などの日常生活に支障の出てくる段階。

④対人恐怖というより妄想（自分は嫌われているに違いないという不動の確信）に近くなって

いる段階。

というような四段階に分けて考えられる。

それから対人恐怖のなかに含まれるのだろうが、それに似た恐怖として、視線恐怖（他者の視線が自分に向けられているのではないかという被害恐怖と、自分の視線が相手を不快にさせているのではないかという加害恐怖）や赤面恐怖（人前での赤面やそれを知られることを過度に恐れること）や醜貌恐怖（自分の顔が変でそれで相手を不快にさせているのではという恐怖）や体臭・口臭恐怖（自分の体や口から不快な匂いを発散させ、相手に嫌われているのではと恐れる状態。ひどくなるとくさいのは当然でその確信に揺らぎのない自己臭妄想まで行く場合がある）などがある。そのほか、吃音恐怖、対話恐怖、書字恐怖、会食恐怖、発汗恐怖、独語恐怖など多岐にわたる。

第5項　対人恐怖を受け止められない要因について

考えてみれば、「人から好かれる、嫌われる」といったことへの執着は、自分の生き死に以上に切実な問題なので（境界例などはもっと強烈で、見捨てられ感に出会うと、すぐに手頚を切るといった自殺・自傷行為に及ぶ場合がある）、このような対人恐怖が生じて不思議ではないと思うのだが、問題は「こういう対人恐怖や怨憎会苦は当然なので、これを持ちながら対人関係を持ち生活していく」といったようになかなかならないのは何故かということである。

これに関しては、やはりそれまでのパーソナリティや歴史が関係しているようである。

ただ、実際の対人恐怖の場合は結構複雑で、個々の事例で違ってくるように見えるが、筆者の印象を断片的に言うと「それまでの対人関係が浅かった（浅いと親密な対人関係が持てない。親密な対人関係を持てていると少々嫌われてもいいとなるが、持てていないとそうなりにくい）」「喧嘩したり、嫌われてもまた仲直りするという体験に乏しい（嫌われることに対して免疫ができていない）」「逆にいじめに会って、その傷から立ち直れずに、自分は嫌われる存在に違いないと考えてしまっている状態に留まっている」「親や相手に合わせたりして、一見良好な学校生活・社会生活を営んでいるが、内心は自信がなく、周りから好かれることだけにきゅうきゅうとしている状態」といったことが浮かぶが、総体として共通することは「嫌われ恐怖」（逆に言えば「好かれ欲求」への過度の執着）というもっとも根源的な恐怖感を受け止めていくという主体性に欠けているという点にあるのではないかと思われる。

では、この対人恐怖という怨憎会苦にどう対処していけばいいか、これは事例を通しながら考えていこう。

第2節　対人恐怖の事例――事例E

［事例E］初診時二十四歳、男性

対人恐怖の歴史

Eさんは、カウンセリングを希望して筆者の元に来院した。その目的は対人恐怖の解決ということであった。

Eさんの対人恐怖の始まりは、中学二年のときで、髪の毛のことで、同級の女の子から「きしょい」と言われ、大笑いされた頃からである。この時から、笑われるのではないかという心配が大きくなり、人前に出にくくなりしばらく不登校に陥った。

不登校は一、二か月で解決したものの、絶えずびくびくした毎日を過ごすことになった（人に会うのが嫌という怨憎会苦に苦しみ出したのである）。

高校二年の時には、隣に座った不良っぽい同級生から「こいつ泣いている」と言われ、急に涙が出てしまい、それで皆からまたはやされるといったことが生じた。

高校卒業後、専門学校に行ったが、そこでも「からかわれているのではないか」「嫌がられているのではないか」という心配であまり勉強にならず、卒業してからも外出が恐くて（外へ出ると笑われるのでは、変に見られるのではという心配が強くて）働きにも行けず、家に引きこもったままでいた（このように怨憎会苦はますます強まってきて、彼はそれを受け止められず、生活に重大な支障を来しだした）。

もちろん、これではいけない、強くならないといけないと思って、空手を習いに行ったりもしたのだが、対人恐怖は相変わらずで、悶々としていたという（外面を強くしても、苦を受け止めるという内面の強さにはすぐ結び付かない）。

カウンセリングの開始——治療目標を現実的なものにする

ここまで、聞いたところで次の対話をした。

筆者〈大変困っていることはわかりましたが、カウンセリングでは、どのようなことをしてほしいんですか?〉

患者Ｅ「この対人恐怖を治して欲しいんです」

〈対人恐怖が治るというのはどんな状態になることなのかな?〉

「この恐怖感がなくなることです」（恐怖の消滅は不可能で怨憎会苦という苦諦を認識できていない）

〈そうですね。でも誰だって人間ならば、他者からどう見られているか、変に見られているのではないかと思って少しは気にしていると思いますが。もちろん、君の方が程度が強いでしょうけど〉

「そうなんです。ぼくはかなり程度が強いんです」

〈普通の人の何倍ぐらいですか？　ちょっと想像でもいいから教えてくれないかな？〉

「うーん……。一〇倍から二〇倍ぐらいかな」

〈そうすると、恐怖感が一〇分の一から二〇分の一ぐらいになればいいということですか？　ゼロにならなくてもいいんですね〉

「できればなくなって欲しいんですが、無理ですかね？」

〈どう思います？〉

「無理ですよね」

〈私もそう思います。それともう一つ、この恐怖感に負けずに、自由に外出したり自分のしたいことができるようになれば、それも望ましい状態と考えていいですね？〉

「そうですね」

〈そうすると、カウンセリングの目標は、この恐怖感の程度が普通の人ぐらいに減ることと、この恐怖感に負けないで生活できることと考えていいですか？〉

「そうだと思います」

対人恐怖の背景を聞く

ということで、治療目標が現実的なものになった後、対人恐怖の程度が何故こんなに強いのかについて話し合った。

それを要約すると、

①外へ出て、人に対して恐怖感を感じると、もうそれだけでだめだと思ってしまい、その恐怖感をなくそうなくそうとする結果、よけい恐怖感に目が行ってしまい、かえって恐怖感を強めているということ。

②やはり、中学二年の時の体験が大きくて、それをずっと引きずっているということ。

③ただ体験を引きずってしまっているのは、悪いほう悪いほうに考えてしまう傾向、過度に敏感な点、内気な点といった傾向が強かったためであるということ。

⑤よく考えてみれば、そうした傾向の背後には、「人に好かれたい」「人からいいように注目されたい」「人に負けたくない。いつも優っていたい」という欲望が根強く存在していたこと（その欲望への過度の執着という集諦が背景にあるということである）。

⑥現に、小学生のときは、皆を笑わすことに熱心で、皆の人気者になっていて得意であったこと。

⑦また自分の母親は、いろんなことに過度に神経質で、父親も会社のストレスを家に持ち込むほうで、家庭が緊張気味であったこと。自分のこうした傾向の形成は、両親の影響もあったということ。

等々であった。

また、彼の対人恐怖の対象は主に若い女性と同年配の若い男性ということであったが、それも探っていくと「若い女性に好かれたい」「同年の男性に負けたくない」という欲求が強すぎるということがわかってきた。

さらに〈もし対人恐怖がなければ、どういうことをしたいか?〉という問いに対しては「まずは外出、そして仕事や遊び、旅行、人との付き合い、特に女の子との交際」といったことであった。

こういうことがわかる中で、彼も徐々に「自分は嫌われたくないという気持ちが強過ぎるので、緊張や恐怖感が強くなり過ぎる」「緊張と恐怖があったらだめと思っていたのでかえってそれらを強めてしまった」「こうした恐怖感は、よく考えれば誰にでもあるのだから、それを持ちながら、自分のしたいこと(仕事や人との付き合い等)をしていこう」ということになってきた(もっとも、ここまで来るのに、同じような話し合いを何度も繰り返したが)。

外出時の恐怖を巡る話し合いと改善

それで、いよいよ外出を増やしたり、特に若い女性の多い繁華街を歩いてみることにした。このこと自体は良かったのだが、久しぶりに繁華街を歩いた彼は、対人恐怖を強く感じ、かなりしんどかったようである。以下の対話を次に記す。

〈どうでした?〉

「いや、もう全然だめでした」

〈というのは？〉

「地下街を歩いていたら、若い女の子が振り返るし、僕のガチガチに緊張してる姿を見て笑うんです。もう二度とごめんです」

〈それは大変でしたね。それで女の子達が、君に注目して笑ったという可能性は何割ぐらいあるのかしら？〉

「……そう言われて見たら、まあ、八割ぐらいかな」

〈八割と判断したのは、どういうことで？〉

「……うーん。何となくですね。やはり、気にし過ぎてるからな」

〈結局、はっきりしてないんですね？〉

「そう言われればそうなりますね」

〈言われている言われていないは別にして、はっきりしないことにこだわる方がいいんですか？放っておく方がいいんですか？〉

「放っておく方がいいのはわかっているんですが、それができないんです」（理屈はわかっていてもできないというのは、治療でも仏道修行でも同じであろう。しかしまず理屈から入ることも結構大事なのである）

〈そうね。放っておこうとしても、心の中に浮かんできますからね。ただ、放っておくというのは、行動する上で放っておくということなんです。つまり症状があっても、症状がなかった時と同じ行動をとっていくということなんです〉

「と言いますと？」

〈君はもし対人恐怖がなければ何をしていました？〉

「普通に外出していると思います」

〈そうですよね。だから、放っておくというのは、恐怖感を持ちながら、外出するということなんです〉

「わかっているんですが、恐くてできません」

〈別にしろとは言ってませんよ。ただ、そうした方が治りやすいと言っているだけで、するしないは君の自由ですよ〉

「わかりました。何とか頑張ってみます」

　ということになったが、彼の怯えは強く、外出はなかなかできない。しかし、繰り返し今までの話し合いを続けたところ、少しずつ外出が可能になり、また外出のたびに感じていた怯えについても、徐々に慣れていけるようになってきた。

　そして、次第に「対人恐怖はあって当り前なのだ」という認識を自分のものにし、治療を初めて三か月後には、アルバイトにまでいけるようになった。そして恐怖感の緩和のために服用していた安定剤も徐々に減らしていけ、四か月ほどで治療が終了した。またその後の報告では、女の子ともつきあえるようになってきており「先生が言われたように、自分の敏感なところを良いふうに生かしていきたい」とのことであった。

事例Eの解説

［Eの対人恐怖症状の発生とその構造］

①もともと神経質で過敏な性格であったこと。

②小学校時代は、周りと合わせることでなんとかやっていたが、中学時代に笑われたことで、一挙にかりそめの自信が崩壊した。

③また、好かれたい欲求、優越したい欲求も強過ぎたので、②の性格傾向と③の自信のなさが加わり、絶えず対人緊張を強いられ、それが強くなり対人恐怖となった（愛好会楽の欲求への過度の執着という集諦から、怨憎会苦という苦諦が生ずるわけである）。

④人に対する恐怖感を除去したい、対人恐怖を持つ自分はだめと意識するので、よけい意識が恐怖感の方に向いてしまい、恐怖感を強めてしまうという悪循環に陥った（森田[7]の言う精神相互作用のこと）（対人恐怖という怨憎会苦の背後にある集諦に目をむけず、すぐに苦の消滅だけを願うのでかえって苦が強まる）。

⑤卒業後も職に就かず、社会的自己実現ができず、いっそう自信のなさがひどくなり、これがまた対人恐怖を強めた。

［治療のポイント］

①治療目標を「対人恐怖の除去」という不可能な幻想的なものから、「対人恐怖の軽減と対人恐怖を受け止めていけること」といったように、現実的なものに修正できたこと（苦を受け止めながら生活することを目標にするということである）。

②対人恐怖は誰にでもあるということを認められたこと。

③対人恐怖が大きくなる一つの要因としての精神相互作用への気付き（苦を減らそうともがけばもがくほど、苦に注目し苦が増大するということ）。

④対人恐怖の背景にある歴史、性格、家庭環境、自信のなさ、優越欲求などの認識を治療者と共有できたこと（苦諦の背景にある集諦の認識）。

⑤対人恐怖を持ちながら、社会に出ていくということを、粘り強く指導したこと。

といったことが挙げられるのであろう。

以上、ここでも、欲求（例えば愛好会楽といった）への執着が、結局本人を長く苦しめたということになるのだろう。ただ、本人だけを責めるのは酷で、もう少し幼少の頃、家庭が安定して、両親や周りから受け入れられるという安心感を味わっていたり、また中学、高校で良い体験の方が多かったら、こんなに、執着が強くなくてすんだのかもしれない。それを思うと過度に執着しなくてすむためには、ある程度の欲求がほどほどに満たされているということも大事なのかもしれない（これはあらゆる心の病に通じることで、幼少期にほどよい満足を与えられなかった人ほど、心の病を発生しやすい〔もちろん与えられ過ぎもいけないが〕。そういうことから、精神治療も仏教も、欲求の否定ではなく、ほどほどの欲求充足の重要性を強調しているのである）。

そして、さらに彼を苦しめたのは、この怨憎会苦の背景や構造に関して無知であった、すなわち無明の世界にいたことも大きな要因であろう（これも他の心の病に共通するが）。ただ、彼はちゃんと、自分の苦とその背景を見つめ直し、無明の世界から脱し、智慧の光明に少しでも開かれていったのは、やはり立派なことだと思われる。

第5章　求不得苦とうつ病・ヒステリー

次は求不得苦という苦諦を中心に、うつ病とヒステリーの事例を取り上げる。

求不得苦とは、求めているものが得られない苦しみで、要するに思い通りにならない苦しみのことを指す。これは、先の愛別離苦、怨憎会苦と同じくあらゆる心の病の根本原因になるものである。

第1節　業績不振によりうつ病になった会社員――事例F

臨床場面でよく出会う事例としては、うつ病が挙げられるが、ここでは、苦諦の中の求不得苦と関連させて、この事例を紹介する。

［事例F］初診時五十歳、男性、会社員

Fさんは、もともと真面目で成績優秀、また勤勉なだけでなく人付き合いもかなりよいため、一流国立大学を卒業した後、大企業に就職。トントン拍子に出世し、四十歳の若さで地方の支店長に抜擢される。そこで少し苦労したことはあったのだが、持ち前の頑張り精神で業績をあげ、社内での評価を大いに高める（ただ、四十代後半から多少、高血圧を指摘されていた。これに関しては特に症状もなかったので、そのまま放置していた）。そんな中、景気が悪くなってきた影響もあり、都会のＯ支社の業績が悪くなってきたため、Ｆさんに業績不振の立て直し役といった白羽の矢が立ち、Ｏ支社の部長に命ぜられ栄転してきた。

優秀でかつ真面目なＦさんは、それに熱心に取り組んだのだが、うまくいかない。そこで、深夜まで活動するなど、必死に頑張ったのだが相変わらず業績は芳しくならない。それどころか、持病の高血圧が悪化し、血圧上昇と共に頭痛、めまいなどが出現し、二週間ほどの休養を内科医から命ぜられてしまった。

会社など休んだことのないＦさんにとって、これはかなりショックなことで、Ｆさんは再出社した後でも、集中力や意欲の低下、憂鬱感、身体の不調感、不眠、食欲不振といったうつ状態に陥り、内科医の紹介で、私のもとを訪れた（これは、かなりありふれた例であろう。「業績が自分の思うように上がらない」「身体や精神が自分の思うように機能しない」といった求不得苦〔思い通りにならない苦しみ〕の状態にあり、その苦を受けとめられていない状態であると言える。また、それだけでなく、頭痛、めまい、不眠、食欲不振といった身体の辛い症状は五取蘊苦を思わせる）。

これに対しては、いきなり苦諦の背後にある集諦を考えさせようとしても無理がある場合があるので、まずは抗うつ剤や抗不安剤の投与によって少し気持ちや身体を楽にさせ、自分のことについて考えられる状態になってから、このうつ状態という苦しみの原因について共同探求をはかるようにした。

その結果、Fさんは「業績は、個人が頑張っただけで上がるものではない。今のように全体が不況な中では特にそうで、自分は過大な欲求を持ち過ぎた」と反省した（ここでは、苦の原因である集諦に気付いている。Fさんは業績をあげようという欲求に執着しすぎたと言える）。

では何故それほどの過大な欲求に執着したのかということを本人と話し合うと「もともと自分は努力家で勉強好き、そしてその努力が今までは実って出世も早かった。もちろん苦労はあったが持ち前のファイトで切り抜けてきて、むしろそれらは自分の自信になっていた」「だから、今までは努力すれば通じていたのが、今回いくら頑張ってもだめなことがあるんだということを知らされた」「自分のこうした頑張り性格は多分に父からの影響が強いと思う」ということを述べた（ここでは、執着の背景として、さらに、本人のメランコリー親和型性格〔秩序に親和性があり、勤勉、良心的で、責任感が強く、仕事も正確、綿密を期し、完全癖や几帳面さが強いといった性格で、時にうつ病に陥りやすい〕、順調すぎた人生が明らかになってきている。これはすなわち、頑張るという訓練ばかりで、諦めるということの訓練ができていなかったことを意味する。

また本人の性格形成に父がかなり関与したことも語られている。さらには、周囲や社長からの期待といった状況要因や、立て直しがうまくいけば重役になれるといった密かな欲求も執着を強めたと思われる。このように、集諦といっても単純なものではなく多層的にいろいろな要因が絡んでいるわけで、これは今までの例と似ている）。

その後、今後の方針として「あまり過大な欲求をもたないようにすること」「人事を尽くして（それも無理のないように）天命を待つという姿勢を大事にして、結果に執着しないようにすること」を目標にしていきたいということになった（これは、苦の原因である欲望や煩悩をコントロールし、執着を断つことが必要であるという滅諦の境地に達することが、目標となっている）。その目標到達のため、「仕事はほどほどにする（例えば、七時で帰るようにするとか）」「仕事以外に健康にも気を配る」「家庭を大事にし、趣味や、仕事以外の生き甲斐を見つけていく」といったことに注意するということになった。こうして、Ｆさんの生き方は、うつ病を体験することで、かなりの変化がもたらされた。また、仕事をほどほどにしたからといって、業績が悪化することはなく、かえってあがったとのことであった。これは、仕事に一定程度距離を置くことで、かえってゆとりを持って仕事に当れたため、それが好結果につながったと言えるのであろう（滅諦に達するため、彼なりの道諦を実践した、あるいはし続けていると言える。何が何でも頑張るという形で執着するより、そういう執着を捨てる方がかえってうまく行くという逆説を現していると言える。ちなみに「努力すれば必ず達成できる」という考えを持つ人がいるが、これは大変危険な思想と思われる。もちろん努力の重要性を無視しているつもりはないが）。

そして、彼は状態が良くなった後、「自分は、今までいろんな困難もあったがうまく乗り越えてきた。こんなに思い通りにいかない壁に出会い、こんなに苦しんだのは初めてだった。それで一層落ち込んで、うつ病のようになったと思う。もし、こうした苦は誰にでも有り得るのだという考えになじんでいれば、そんなにこの苦に圧倒されなくてすんだかもしれない」と言っている（このように、日常頻繁に接するうつ病患者の症状と治療過程の中に、四諦が厳然と流れていることがわかったであろう。この四諦の教えは、うつ病だけに限らず、筆者の癒しの基底を成しており、この点だけでも仏陀に感謝したいという気持ちである）。

最後に、この事例について言っておきたいことが、二つある。

一つは、心の病は確かに辛く苦しいものだが、うまく行けば生き方を変えられるチャンス、成長の機会になるということ（ただしいつもうまく行くとは限らない、逆に自殺という悲劇に終わる場合もある）。心の病が生じたときは（身体の病でもそうであるが）今までの生き方にどこか無理があったのではと反省してみることが重要だということである。

もう一つは、この人のメランコリー親和型性格は、決して悪いということではなく、評価できる部分も多々あるということである（こうした人達によっていかに偉大な仕事がなされてきたかちょっと考えればわかることである）。問題は、その傾向が行き過ぎてしまうと病のようになるということなので、要はその性格の良い部分を生かし、危ない部分をどう防いでいくかということになるのであろう（これも実際にはかなり難しいということは言うまでもない）。

第2節　ヒステリーと求不得苦――事例G

第1項　ヒステリー（転換反応）とは？

もう一つ、求不得苦の例としてヒステリーの事例を挙げておく。

この事例について話す前に、ヒステリーがどういうものか説明しておく。ヒステリーは神経症の一種だが、それを一言で言うと「精神的葛藤が身体的症状として現れる病気の一つ」と言える。いわゆる、ヒステリックな態度という意味ではなくて、悩みや葛藤が体の症状として現れるという意味で、転換反応とも呼んでいいかと思われる。

ヒステリーの身体症状は、不安神経症や心気症で出てくる自律神経失調症状とは対照的に、主として随意運動系や知覚系の身体症状として現れる。具体的に言うと「手足が麻痺して動けない」「歩けない」「立てない」「声が出ない」「けいれんする」「目が見えない」「耳が聞こえない」「手足の感覚がない」といったことから、頑固に続く痛みやしびれといった症状である。

また、他の神経症でもそうであるが、特にヒステリーでは、症状によって得をするとか、症状によって相手を操作するといった疾病利得的な面が特徴的である。例えば辛いことが生じると痛みが出てきたり、歩けなくなってくるといった点である（ただ断っておくが、これは本人は意識して、わざと、やっているのではなく、無意識に無自覚にやっている。それから得と言ったが、それは目先の得〔①休養②免責③病気により周囲に暖かく接してもらえる④周りに注目してもらえるなど〕であって、長い目で見ると、社会生活の脱落になっていくから、本人の損になっていくことが多い。だから疾病利得という用語は目先の得ということに注目した概念・用語でいささか差別的である。患者がヒステリー・転換症状を呈するのは、本人なりの必死の緊急救助信号と捉えた方がいい。そうでないと本人に無用の罪悪感を与える〕。

それから、このヒステリー症状には、象徴的な意味や身体言語としての意味があることが多い。例えば嘔吐症状の背後には、呑み込まねばならないが、実は嫌なものに触れたくないという気持ちが、失立や失歩の背後には、立たねばならないが立ちたくない、または精神的に自立したくないという気持ちや葛藤があるようである。

こうしたことを端的に示す例としては、ヒステリー性難聴に悩む妻が夫の声は聞こえないが、治療者の声は聞こえるとか、面接中に辛い点に触れられてくると足が痛むといった現象である。

第2項　身体が麻痺してしまった主婦——事例G

［事例G］初診時三十三歳、主婦

妻、母と娘であることとの葛藤

Ｇさんは、二十六歳の時に酒屋をしているご主人のもとに嫁いできたのだが、家事と同時に店の仕事の大変さにもびっくりしてしまった。また子供はもう少し結婚生活を楽しんでからと思ったのだが、意に反して二人続けて生まれ、その育児でも大変であった。そんな時夫が店を拡張したりして、ますます忙しくなってきた頃、Ｇさんの身体は麻痺し、立ったり歩いたりすることが困難になったのである（失立、失歩という身体症状の背後にすでに、求不得苦〔ゆっくり新婚生活を楽しみたかったという欲求が得られていない苦しみ〕の存在が匂う）。

早速、いくつかの大病院で検査したが、結果はいつも異常無しであった。内科ではどうにもならないと、精神科にまわされた。ところが、本人は「私は精神はおかしくない。これは身体の病気」と精神科に拒否的であり、また精神科医の方も簡単に話を聞いて薬を出すだけで、症状はちっとも改善しないため、数回通っただけで中断してしまった。症状はというと依然頑固に続いており、特に午前中にひどく寝たきり状態が続いていた。

ただ、人のいない時、時々テレビを見に起きてきたりということがあったりして「どうもわざと寝ているのでは？」と夫に疑われ、夫から文句を言われたのをきっかけに、夫婦の不和もひどくなって、実家へ帰ることになった。ただ、実家へ帰っても症状は軽快しない。そんな時、知り合いからの紹介で私のクリニックへやってきた（症状の軽快が得られない、自分の辛さを理解してもらえないといった求不得苦の状態は続いているようである）。

さて、Ｇさんは実母に連れられて私の元を受診したが、明らかに精神科に連れて来られたことに不満そうであった。そこで私は〈病院にかかるだけでも辛いのにましてや精神科に、しかも自分の意志ではないのに連れてこられたら、それは辛いですよね〉と言うと、「そうなんです」と少しうなずいてくれた。

これは行けると思い〈ここは名前は精神科・神経科・心療内科となっていますが、悩み事のよろず相談所と考えたらいい。ここは援助するところで、精神科医は悩み事相談のプロですから〉と説明すると、また少し心を開いてくれたようであった。そして〈とりあえず事情を聞かせてくれませんか〉と言うと、少しずつ応じてくれた。そこでなるべく本人の身体症状や現在の生活や対人関係に焦点を合わせて詳しく聞いていくと、本人は堰を切ったように喋り始めた。

話は、症状の苦しさから、周りに理解してもらえない辛さへと続いたが、何と言っても夫への不満が一番強烈であった。それは「夫は優しくないし、私の言うことに何でも反対する。私は自分の貯金を主人につぎ込んだけれど、主人はそれを商品に使っただけで、ちっとも私に返してくれない。主人は、夜の三時頃まで遊び歩いていて、サウナ、スナックに行ったりするけど、私は全然楽しむことができない、ものすごく腹が立つ」といった内容のものであった。聞いていると、ちょっと自己中心的な部分もあったのだが、一切批評は加えずに、ひたすら聞くことだけに徹した。本人は喋っているときには、生き生きしていて身振り手振りが加わり、とても身体が麻痺している人とは思えないようであった（拒否的な人には、それを叱ったりせず、精神科受診の辛さを思いやることが重要で、またクリニックや病院は援助機関であるということをはっきり言う必要がある。もちろん、こういう働きかけをしても拒否がとけない人も多いのだが、Ｇさんは幸い、心を開いてくれた。そして、求不得苦の内容は「夫に優しくしてもらえない」「夫に理解してもらえない」「自分が楽しめない」という核心的なものに近付いてきた。それと、自分が理解してもらえる相手には運動機能が働くという点も大事なところである）。

そこで、治療者は、「お話を聞いていると随分辛そうですから、薬の助けでも借りて、話し合いを続けていきませんか」というと、承諾してくれたので、心身を楽にする安定剤を投与した。服用した結果、「少し、気持ちが楽になり、落ち着いた」というので、さらに話し合いを続けたところ、夫への不満はまだまだ続いたが、それを言い尽くすのと、並行して、徐々に自分の方にも目が向いた話し合いになってきた。つまり、子供をすぐに生んでしまったことの後悔（Ｇさんは「もともと、子供など欲しくなかったのに」と言う）、さらには結婚してしまった後悔が語られ、いつまでも娘時代のように自由にとびまわっていたい願望が表現された。しかし、同時にもうこの年になって、子供も二人生まれて後戻りできない辛さ、再婚できない辛さも訴えた。

そこで、治療者が「こんなに辛かったら、身動きが取れない、つまり身体が動かなくなって当り前ですね」と言うと、大きくうなずいたが、もうこの頃には症状が消えていて、普通に動けるようになっていた。そして、将来のことを検討したところ、やはり、妻として、母としてやっていくとの覚悟を固め、徐々に家事もし始めた。

こうなると、不思議なことに、ご主人に対しても「最近はよく家事を手伝ってくれるし、主人はやはりいい所の方が多い。考えてみれば、私のほうがわがままだった」と言うようになり、この頃治療を終了した。

事例Gの解説

投薬について――薬は、前精神科医が出したものとさして変わらない。だから、薬を単に出すというよりは、出すまでの準備作業の方がより大事だと言える。

求不得苦について――G本人の求不得苦は「娘のように飛び回っていたかったのにそれが得られない」というさらに核心的な苦として表明される。ここは愛する娘時代と別れを告げねばならない愛別離苦の感じもする。結局の結論としては、そうした苦を受け止めかねたことと、「娘であり続けたい気持ち」と「母にならねばならない気持ち」の葛藤を解決しかねたということで発病し、今それに気付く中、もう一度本当の意味での結婚をし直したと言えるかもしれない。

また、もう一つ大事な点は、良くなってくると夫への見方も変わってくるということである。だから、最初の悪口をあまり固定的に考えないようにしなければならない。

娘と妻との葛藤――それと、この事例で感じたことだが、女性の自立が多くなっている現在、娘でありたい気持ちと、妻、母であらねばならない気持ちの調和は、ますます大きな課題になってくるのだろう。

最後に、四諦の教えとの関連で言えば、彼女の求不得苦の原因（集諦）は、「娘のままでいたかった欲求への執着がとれなかった」ということになるようだが、もっと深く見ると「娘のままでいたい欲求」に無自覚であったことが、大きな原因であろう。そして、その欲求と母であらねばならない義務（これも広く見れば欲求の一つである）との葛藤が生じ、心が身動きとれない状態になっていたのだが、それにも無自覚であったため、代わりに身体の方が身動きとれなくなったのであろう。だから、彼女の滅諦（治療目標）は、その二つの欲求の存在をはっきり自覚し、その葛藤を解決することにあったと言える（別に娘のままでいたい欲求を持つことがいけないわけではなくその欲求はきわめて自然である）。そして、そのための道諦は、誰か（この場合は治療者）にそれらを語ることで、それにより気付きへの道が開かれるのであろう。

それから考えると、彼女だけでなく、我々も沢山の矛盾する欲求（仕事をしたい、勉強したい、家庭を大事にしたい、遊びたい、のんびりしたい、いろんな欲求を満たそうとしすぎて忙しくなり過ぎ健康を壊さないようにしたい等、また公にはできないような欲求もあるだろう）をかかえ、それらの中で葛藤し、その解決を絶えず迫られているのかもしれない。特に現代のように次から次へと欲望を刺激される時代にあっては特にそういうことが言えるであろう。

第6章　五取蘊苦と自律神経失調症

第1節　五取蘊苦

第1項　五種蘊苦とは？

第四の苦として、五取蘊苦を取り上げるが、まずこの苦について説明しよう。五取蘊苦の蘊であるが、これはskandhaの訳で「集まり」という意味である。蘊でもって、この現象世界を分類すると、色蘊、受蘊、想蘊、行蘊、識蘊の五つに分けられる。もう少し詳しく言うと、色とは物質や肉体のことで、受とは冷暖等の感覚や苦楽の感情、想はそれらをはっきりと知覚し表象する働きで、行とは意思その他の一切の心の働き、そして識とは視覚・聴覚・嗅覚・味覚・触覚・統覚などの六つの感覚器官より生ずる認識のことを言う。

要するに心身のすべての作用・働きを指すのである。そしてこういう心身は必ず欲望を持たされるから、それは煩悩（心身を悩ませ、かき乱し、汚す精神作用の総称）や執着を生みだす。この煩悩や執着のことを「取」と言うため、心身の作用があるが故の苦しみを五取蘊苦（五つの心身の作用に伴う煩悩や執着の集まりとしての苦しみ）と呼ぶのである。

もう少し、具体的に考えると、肉体を持っているが故に、それは変化や病気を被り、その変化を感じる感覚を持っているので痛みや苦しみを感じる。

また、肉体の苦しさは心の苦しさを必ず伴う。肉体の苦痛がひどい時などは「こんな身体無くなって欲しい」と思わずにはいられないほど心や精神が苦しむ。

さらに、それだけでなく、例えば、その痛み・苦しみを訴えて周りにわかってもらえればいいのだが、あまりたいしたことないと冷たくあしらわれると、一層精神が辛く感じるといった次第である。

要するに肉体を持ち、精神作用を有しているということは、必ず苦しい目に会うということなのだろう。

この五取蘊苦を、一番強く感じさせられるのは、末期癌の患者さんの痛みだろう。患者さんは、激しい痛みに襲われ、しばしば「肉体を持っていることを呪ってしまう」というぐらいになるようである（もっとも最近は随分痛みのコントロールが進み、患者さんは楽になってきているとも聞く）。

肉体というのは不思議なもので、性の歓喜の絶頂にいる時などは、肉体を持っていることの喜びを大いに感じるのだろうが、先のような重病にかかったり、容色に執着しつつもそれが衰えた女性（美女アンパパーリーの告白は痛々しい）などは、肉体の存在をうとましく思うだろう。

ここでは、そういう心身の不調和によって、さまざまな症状を来し、自分の肉体を持て余した自律神経失調症の患者さんを、五取蘊苦の一つとして挙げていく。

第2項　自律神経失調症とは？

自律神経失調症とは、身体に特別な異常（癌とか膠原病といった）がないにもかかわらず、いろいろな訴え（主に、全身倦怠感、めまい、頭痛、頭重感、動悸等）をし、背後に交感神経や副交感神経の過緊張・機能低下が関与している病態を指す。

自律神経は、それこそ身体のあらゆる臓器に影響を及ぼしているが、その主な特徴は自分の意思とは無関係（厳密にいうと少し関係するが）に、自律的に機能する内臓や内分泌器官を支配しているということである（だから自分の意思に随って動く筋肉系の随意運動神経系と区別される）。

自律神経は、また交感神経と副交感神経に分かれるわけだが、だいたいにおいて両者は、反対の作用をして、それで生体のバランスを保っている。すなわち、交感神経はどちらかと言うと闘う、逃げる、活動するといったエネルギーを出す方向（異化作用、向力動作用とも言う）に向かう。具体的に言うと交感神経が優位に働いている時は、脈拍の増加、血圧上昇、気管支の拡張、胃腸運動の抑制、頻尿、発汗といったことが起きやすくなる。

逆に副交感神経は、エネルギーを取り入れる方向（同化作用、向栄養作用とも言う）で、これが優位になり過ぎると胃腸症状（吐き気、下痢、腹痛など）、低血圧、徐脈といったことが出やすいと言える。

自律神経は、普段は二つの神経系がほどよく調和して働いているのだが、気掛かり、心配、不安、憂鬱といった精神的ストレス（精神的だけではなくあらゆるストレス）があると、バランスが崩れ、精神身体反応というような生理的変化が生じる。そして、動悸、呼吸困難、めまい、頭痛、疲労、食欲不振など多彩な症状をもたらす。

自律神経失調症には、さまざまなタイプがあり、心因がかなり関与するタイプと、そうでないタイプがある。また心理的原因が大きい場合のなかに、神経症的特徴をかなり有するタイプがあり、それはもう神経症と言っていいぐらいである。

自律神経失調症は、見た目にはひどい病気と見られないし、また特別な異常もない故、周りには「たいしたことはない。気のせいだ」ぐらいに見られがちだが、本人にしたら、辛い症状を強く感じさせられ、それこそ自分の肉体を持て余すといったぐらいに苦しんでいることが多い。

第２節　自律神経失調症の事例――事例Ｈ

以下、事例に沿いながら、神経症タイプの自律神経失調症とその治療を解説する。

［事例H］初診時四十五歳、主婦

Hさんは、治療者のもとへ、めまいやふらつきや頭痛や疲れやすさを訴えてこられた。また不眠、食欲不振、便秘も伴っていた。

話を聞くと一年ほど前からだということだが、どこの病院に行っても、精密な検査をしても「異常ありません」と言われるだけなのである。しかし、異常がないと言われても、相変わらず症状に苦しめられているので、医師にそのことを言うと神経科に行くように言われたので行ったのだが、「精神的なもので、気にし過ぎです。薬をのんだら治りますから」と言われ、薬（安定剤）をもらっただけとのことであった。薬をのむとほんの少しは楽になるのだが、症状は相変わらず続くし、薬をのんでいて大丈夫かどうか心配なので、それを聞いても、「大丈夫」と軽く言われるだけで、ちっとも安心できなかった。

それにだんだん薬も効かなくなって、症状が前より悪化したようになってきたのである。そして、日夜この症状に苦しめられ、自分の身体を持て余し、もう生きていくのが嫌になってくると思うほどになった。また夫をはじめ、周囲は「医者が異常ないと言っているから、心配ないので、気の持ちようでなんとでもなる」という言い方をするため、Hさんは症状で苦しむだけではなく、周りの無理解にも苦しんでいた（この周りの言い方は、一面で正しいのだが、弱って追い詰められている人に対しての「正しい言葉」は、しばしば、非常な圧迫になる）。

そんなことで、困りぬいている中、知り合いから聞いて私の元を訪れたのである。

治療経過

まず、治療者は〈いろいろ医者の所へ行っているのになかなか治らないのは辛い〉ということと〈自律神経失調症というだけで、症状の辛さをわかってもらえないのは、一層辛いのでは?〉と思いやると、ちょっと安心したようだった。

そこで、早速、症状の背景を探るために〈自分では、症状の原因について何か思い当ることはないか?〉と聞くと、「異常がないと言われても、これだけ症状があるし、これだけ身体の調子が悪いと何か悪いものがあるように思う。だから、もう一度内科や耳鼻科で検査した方がいいのではないか?」と聞き返された。そこで次のような話し合いになった。

治療者〈たしかに異常が無いと言われてもこれだけ症状がでてきて、ずっと持続するんだから何か悪いものがあるのではと心配しますよね?〉

患者「ええ、そうなんです。こんなこと前にはなかったですから」

〈それで、もし今度かなり詳しい検査をして、何も異常がなかったら、どうするんですか?〉

「いや、それでも心配です」

〈それじゃ、検査をしてその結果を見ても、あなたの考えが変わらないというなら、してもしなくても、意味がないようですね?〉

「……そう言えば、そうかもしれません」

〈あなたは、検査や医学に絶対の安心を求めていませんか？〉

「ええ、そうなんですが、無理なんでしょうか？」

〈よく考えてくださいよ。医学の検査は絶対ではないんです。検査にひっかからない重大な病気があるかもしれないし、医者が見落としている可能性もあるし、たまたまその時異常が見つからなかっただけかもしれないし、と考えていくと、絶対の安心を得るのは難しいですね。それでも検査しないよりはして何もないということが判れば相対的安心は得られますよね。それはそれでとても大きなことだとは思いますが〉

「そうですよね」

〈そうだとすると、どうですか。とりあえずの相対的安心だけではだめですか？〉

「そこが、不安で仕方がないんです」

〈でも、検査を繰り返して、絶対の安心に到達できますか？〉

「無理ですね。どうしたらいいんでしょうか？」

〈今、こういう気がします。検査をすれば安心は増えるかもしれないが、絶対の安心には到達しないし、お金と時間がかかるし身体の苦痛もあるので辛い。他方、検査をしないのも不安のままで辛い。どちらの辛さを取るかはあなたの決断ですね。どうされますか？〉

「どうしたらいいんでしょうか？」

〈私に決めて欲しいんですか？〉

「ええ、自分では決められないんです」

〈決断はとても大事な行動ですが難しいですよね。ただ、いずれにしてもこれを決めるのはあなたの仕事ですよ。でも、あなたの決断を助けるために私の意見を言います。私だったら、今までの検査を尊重して、しばらく様子を見ますね。あなたはどうされますか？〉

「私もそうします」

ということになった（神経症気味の自律神経失調症の患者は、自分の安全に関してとても敏感になっており、完璧な絶対の安心という不可能な幻想的願望に執着してしまう。だからここで医学は完全ではないこと、何回検査しても絶対の安心感は得られないことをまずはわかってもらうことが大事である。そして自分の執着〔集諦〕が、かえって苦を大きくしていることに気付いてもらうことも大事である。それと、今後の治療では、本人の決断というのは、治療的にはとても大事な営みなので、治療者は意見を言っても、決断は本人にさせる方がいいのである）。

さて、今度は症状を巡っての話し合いになり、患者が「いくら、異常がないといっても、こんなに症状があるのはおかしい」ということを盛んに言うので、治療者は〈確かに血流の変化や筋肉収縮などの生理的変化はあると思いますよ。そして、それらとめまいや頭痛といった症状は関係あるとは思いますよ〉と認めたうえで、いずれにせよ、症状を増強させているものを考えてみようということになった（治療者は、今までの周囲の人と違って、身体に変化や異常が起きていることを認めてあげている)。

そこでわかってきたことは、普通の人なら「異常ありません」と言われると安心して、もう症状や身体のことに注意を向けないのに、Hさんは、敏感で、悪い方悪い方に考える傾向があったので、症状や身体状態についつい注意が向いてしまい症状を増幅していたということである。彼女は、幸い以上のようなことに気付けるようになった。

ただHさんは「確かに症状を気にし過ぎていて、症状を増やしていた面はあったと思うけど、気にしないでおこうと思えばよけい気になるし症状も増える。どうしたらいいのか」と言うので、治療者は〈気になるのに気にするな〉と言っても無理だから〈症状が気になっても、それを持ちながら、今したいこと、するべきことをすればいいんです〉という話になって落ち着いた(自律神経失調症や神経症では、特に「〔異常は無いが〕症状を放っとけない」→「症状を除去して欲しい」→「症状を気にする」→「症状や身体状態に注意が向く」→「症状を強く感じる」→「症状が増強したと感じられる」→「症状を除去して欲しい気持ちが一層強くなる」といった悪循環に陥る。これは森田正馬の言った精神相互作用[7]のことだが、自律神経失調症では、この悪循環に気付いてもらい、治療目標を「症状を除去する」という幻想的なものから、「症状を受け止める。症状を持ちながら生活できる」といったものに変える必要がある)。

(仏教的に言えば、先の絶対安全への執着と同様、症状除去への執着が強すぎるが故に、よけい苦しみを増すのである。したがって症状と共に生きるということが、一つの治療目標、滅諦になるのである）。

　続いて話し合われたことは、もともと神経質だったので、ちょっとした心配でどきどきしたり不眠がちになったことはよくあったということだったが、何故四十四歳ぐらいからそうなったのかという話になってきた。本人に〈何か思い当ることはないか〉ということを聞いても「よくわからない」との答えである。

　そこで、その前後のことを聞いていくと、
①ひとり息子が、大学に合格して、下宿することになったこと。
②夫と二人きりの生活になったが、もともと趣味もあまりなく人間関係に乏しく、昼間はぼーっとした生活をしていたとのこと。
③息子は入学初期の頃は電話をくれていたが、最近はほとんど連絡してくれないとのこと。
④夫は仕事中心の人であまり精神的交流がなかったこと。
⑤それで、息子の養育や教育が生き甲斐になっていたが、その息子が離れたことと、連絡のないことで寂しい思いをしていたとのこと。
⑥息子が離れ、夫との間がこんなままで、いったい将来どんな生活になるのかしらと不安に思っていたとのこと。
等が語られていった。

　そして、こうしたことが、精神的に不安定にさせたが、あまりこんなことで不安がってはいけないと思っていたこともあって身体の症状に出たのではないかということが、話し合われた。

また、この中でもともと自分はひどく過敏で緊張しやすく、神経質で気にしやすい性格であり、あまり安らかな状態で過ごしてこなかったが、内向的なこともあって、あまりそれを人に言ったりすることがなく、内に貯める方のタイプだったとのことも話し合われた（患者さんに発症の原因を聞いてもわからないことが多いから、治療者はまずその発症の前後のことを中心にしながらその人の歴史、人間関係、生活の有り様を聞きながら、その人の精神状態に迫っていく。

Hさんの場合、夫との間の交流の乏しさ、子離れができていないこと、精神的自立がやや乏しいことなどがあり、息子の入学をきっかけに不安が強くなり、それが精神身体反応という形で身体の生理的変化を起こしたと思われる。そしてそれを抑え込んだのでよけい身体に出る反応は強かったと言えそうである。

それと、自律神経失調症患者の中には、自分の症状の背後に不安があるということに気付かない、あるいは気付いていても認めたくない人が多いということがあり、これを明確にしていくには、いきなり心理状態を聞くよりは、順序良く外的事実の方を整理しながら聞いていくことが大事だろう）。

（結局、このHさんも、先のうつ病の時の事例と同じく愛別離苦を受け止めかねたと言えるだろう。ただ、Hさんの場合は、精神面にも少し出たが、より身体方面にその影響が出たと思われる）。

ここまで聞いていて、治療者は、薬とカウンセリングと身体のリラクゼーションといった治療が必要と思った。

そこで、治療者は、〈今の身体症状の原因として、どうやら不安が大きな要素を占めていることがわかりました。この不安やあなたの抱えている問題点については、これから話し合って行きたいのですが、その前にあなたの不安や緊張を少しでも和らげることで、症状を軽くし、少しでも安らかに生活できるために、安定剤をのまれたらどうかと思いますが、いかがですか？　それに薬でゆとりが出てくると自分の問題も考えやすくなりますし〉と提案した。

「先生の話は、わかりますが、でも安定剤のむのは、こわいんです」

〈どういう点がこわいんですか？〉

「やっぱり副作用です」

〈確かに、多くなり過ぎたりすると眠気が出たりということはありますが、適切に処方すると、おおむね安全な薬ですよ〉

「それと、依存的になるのが心配なんです」

〈そうね。規定量を大幅に越えて、長期にのめば稀に依存が生じますね。今出すデパスという安定剤の場合は大量連用で千人に一人程度の依存が生じると、報告されていますが、規定量内しか出しませんので安心してください〉

「わかりました。少しのんでみます」

〈患者にとって、薬の副作用と依存性への恐れは深刻なものがある。この恐れのために、せっかく安定剤〔今の場合はマイナートランキライザー、穏和安定剤のことを言う〕で、症状の軽減や安らぎが得られるのに、それを逃している方が、しばしば見受けられる。

もちろん、副作用を極力少なくし、また副作用より効果の方が上回るためには、適切で適量の処方を工夫することが必要なので、そこは注意を要する。

また、薬をどこまでのみ続けるかという問題だが、その人の症状が軽減し、生活もでき、心理的問題も概ね解決してくれれば、少しずつ減らしていく〔一日三回の所に二回という減薬日を設けることから始めて、最後は一週間または一か月に一回必要な時だけといった形で〕。いったん、のみ始めると止められないと心配している人がいるが、止められないのは、ほとんどが自分の心理的問題を解決し切れていないせいだと思う。筆者の別の事例でデパスを、十五年に渡ってのんでいた四十五歳の会社員の男性が、カウンセリングを受けることで心理的問題を解決し、一年後にはほとんどのまなくてすんだ。もちろん禁断症状といったものもでていない。だから麻薬と違って安全な薬なのである。ただし、漫然と投薬するのではなく、いつも適切な処方を工夫し、今この薬のこの量が一番本人に役だっているのだということに心をくだかねばならない。要するに、薬は必要な時に必要な薬を必要なだけ服用すればいいのである）。

（ここでも、薬に対する絶対的安全への執着が見られる。しかし、薬をのまないでいたら絶対安全かというとそんなことはない。むしろ、心身ともに追い込まれて、一層苦しくなり、過度の緊張をかかえることで身体にも良くない。したがって、薬をのむのは恐いが、薬をのまないままでいくのも危険なのである。どちらの辛さをとるかという決断をするのが、本人の課題になるのである)。

さて、薬をのむことでHさんは、気持ちが楽になり、既に述べたような問題点への気付きがいっそう深まった。またカウンセリング的診察で、自分の課題が、子離れ、自立、夫との交流であることへの自覚も深めた。

しかし、これらは長年の問題が積み重なっていたので、簡単にはいかなかった。まずは、息子が離れていったことの抑うつ的な感情が徐々にあふれだし「息子が離れたことがこんなに辛いとは思わなかった」「もう私の生き甲斐はない」「将来、こんな夫とやっていく自信はない」「もう、どうしていいかわからない」と涙ながらに訴えることもしばしばであった（初期に良くなったように見えても、このように自覚が深まるに連れ、うつ状態に陥ることも多い。しかし、これは一見悪化したように見えるが、実は治るための一つのプロセスであるとも言える。自律神経失調症の治癒過程でうつ状態が出てくることはしばしばある。そこでは、前のBさんやCさんのように十分愛別離苦の苦しみを表出し、悲哀の仕事をすることが大事になる)。

ただ、こうした繰り返しの長い話し合いの後、徐々に過去から未来に目がむき出した。すなわち、本人はパートの仕事に出ることになり、そこでできた友達を通じてテニス（昔、学生時代にやっていた）を再開し出したりし、元気になってきたのである。また夫にも少しずつ言いたいことが言えるようになり（夫にも診察に何回か来ていただき協力してもらった）、家庭生活もそう苦痛でなくなってきた。

ここまでくると当初の身体症状はほとんどなくなっていたので、徐々に減薬を始め、計一年ほどで治療を終了した。

追加

なお、この例では、身体のリラクゼーションも、初期の頃から、積極的に取り入れた。これは主に呼吸によるリラクゼーションだが、どういうことかというと、長呼気呼吸法（出る息のみに心を傾け、できるだけ呼気の時間を長くするもの。また吸う時は自然に意識せずにおなかをふくらますだけにする。これで自然に呼気は長くなり、吸気は短くなるというパターンになる）ということを、指導実践させることで、結構、身体がリラックスし、自律神経失調症状も減ってきたのである（このリラクゼーションは、出息長、入息短のパターンの呼吸なのだが、これは実は仏陀が始めた呼吸法なのである。これは雑念を減らし、心身の苦痛を軽くしてくれるだけではなく、血液循環も良くなり、身体病にも効果があるとのことである。多くの患者さんは逆に呼気の時間が短いし、かなり浅いせわしない呼吸になっている。だから、まず身体からゆっくり落ち着かせるという方法が大事なのである。

仏教では、心を落ち着かせることを調心と言うが、調心のためには、まず調身〔身体を落ち着けること〕が必要なことが多く、その調身には長呼気呼吸法がいいのだ。

筆者個人もこの呼吸法を好み、特に瞑想中などは、一分間に二〜三回の呼吸になっている）。

事例Hの解説

［症状の発生、増大、固定のメカニズム］

さて、何故Hさんに「めまい、ふらつき」や頭痛といった症状が生じたのか、考えていく。

①Hさんはもともと内向的で敏感、神経質な性格であった。

②結婚後、夫は仕事で忙しく、いきおい、子供の養育だけが関心事になった（あまり趣味や他の生き甲斐や人間関係に乏しかったことも関係しているだろう）。

③しかし、唯一の生き甲斐であった息子が、離れることによって、心の中に落ち込み、将来の不安等が生じ、かなりのストレス状態になったと思われる（過敏な性格だからよけいそうであろう）。

④同時に、そうした不安や憂鬱を口にできないため、いっそうストレスはひどくなったと思われる。

⑤こうしたストレスが、自律神経のバランスを崩し、それが、脈拍、呼吸、血圧、血流などを変化させ、筋緊張（精神的ストレスや緊張に由来する）等も加わって、種々の精神身体反応としての自律神経失調症状（めまい、ふらつき、頭痛、不眠といった神経系の症状、便秘、食欲不振といった消化器症状、倦怠感といった全身症状等）が生じた。

⑥こうした自律神経失調症状に対して、器質的異常がないにもかかわらず、過度の心配をし、その除去を願う気持ちが強過ぎたので、精神交互作用が生じ、かえって症状を強める結果になった。

⑦この精神身体反応と精神交互作用はお互いに強化し合って症状の程度を強くし、それがまた本人の不安を強くし、それもまた症状を悪化させるといった複雑な悪循環に陥る。

⑧身体的検査も単なる異常なしだけでは、症状を説明することにならず、本人はわけのわからない病気になったという不安がつのっただけであった。

⑨安定剤の投与も十分な説明がないと不安のほうが先に立ってのめないか、のんでもあまり効果がないことになる。

［Hの治療ポイント］

①本人の身体の症状に関する関心を寄せ、本人の苦悩に対する共感（波長合わせ）。

②医学的検査は絶対ではないので、絶対的安心を得ることは不可能である。したがって、どうしても残る不安は自分で引き受けていくという覚悟が必要になる。Hさんは、このことを受け入れた。

③精神相互作用に気付いたこと。

④精神身体反応（自律神経失調症状）を起こしたストレスやその背景についての話し合い。

⑤カウンセリング的診察で自己の課題が明らかになり、それが達成できた（途中の抑うつはあ

る程度しょうがないことであるが、それを乗り越えたことも大きい）。
⑥夫の協力。
⑦薬の効用を知り、副作用や依存性に対する過度の心配を和らげ、薬をきちんと利用できたこと。
⑧呼吸法といったリラクゼーション。
といったことになる。

仏陀の癒しの観点から言えば、愛別離苦を受け止めかねたため、身体症状という五種蘊苦が生じ、その五種蘊苦を受け止めかねたため、ますますその五種蘊苦を強めてしまった、ということだろう。しかし、そうした苦しさを出発点にしながら、道諦（治療作業・治療法）を実践し、滅諦の境地（症状や苦があってもかまわない。症状や苦を持ちながら適切に対応していこうとする心構え）に到達できたのはとても立派なことだと思われる。

いずれにせよ、自律神経失調症といった、一見軽そうに見える病態でも、かなり本人は苦しみ、またその背景も複雑だし、さまざまな治療法を使わねばならないのである。

第３節　四諦からみた考え

Ｈさんは、子供に執着し過ぎたが故に愛別離苦を生じたが、あまりその苦を精神的水準で感じるよりは、身体面で感じるような症状（五取蘊苦の身体面での苦と言える）として感じた。

そして、それを巡って、症状除去への執着、医学的安全保障への執着等が生じ、かえって症状が増大し、不毛な検査の繰り返しが起き、それがかえって本人を苦しめたと言える。

またそれ以外に、周囲に理解して欲しいという願望に執着し過ぎたために苦しみが生じ、また薬を巡っても絶対安全の保証に執着し過ぎたため、うまく薬を利用できなかった。

治療は、まずこの苦や執着をわかってあげながら、この苦の背後に安全等への執着があり過ぎることに気付かせて行くのがポイントだった。またそれだけでなく、仏陀の呼吸法という調息・調身を使ったのもよかったのかもしれない。

第7章　中道にまつわる治療例——強迫神経症と摂食障害

第2章で、中道の大事さと、患者さんがしばしば中道からはずれる、中道を見つけられない、それを実践できないということを述べた。

ここでは、その代表例として、強迫神経症、拒食、過食の三事例を挙げ、その原因や治療過程を考察してみたい。

第1節　中道ができない強迫神経症——事例Ｉ

第1項　発病までの歴史

［事例Ｉ］初診時三十五歳、独身、女性

Ｉさんは、父母の夫婦関係が悪いこともあって、きわめて不安定な家庭の中で育った。というのは、父は銀行で要職についていたのだが、きわめて神経質な人で、家に帰ってからも、きちんと家が片付いていないと気が済まないし、また不潔にもすごく敏感で、よく家の掃除などに関して母に文句を言っていたのである。母もそれに負けずに言い返したりして、夫婦喧嘩の絶えない毎日だったようだ。

また、父はIさんに対しても厳格で、ちょっとでも、汚いことやだらしないことをすると、すぐに怒られていたため、びくびくしながらの毎日を過ごしていた。こんな父に対して、母の方はというと「気にしなくていいのよ」というだけで、Iさんを守ってあげるという態度をあまりとってくれなかったとのことであった。

ただ、Iさんは、学業だけはかなりできたため、何とか学校生活を続け、有名大学に進学できるようになる。ただ、父母の夫婦関係はますます険悪で冷えきってきた。

母は、父が一応かなりの給料をもらってくるので仕方なしに我慢していたのだが（事実、父は銀行では、その神経質な面がプラスに出たのか、有能な仕事ぶりだったようである）、弟も大学に進学して一人前に近くなってきたのか、父に前にも増してかなり向かっていき、言いたいこともどんどん言っていった。そのため、離婚ということになりかけたのだが、世間体を考え、父は銀行近くのマンションに別居するという状態になったのである。

第２項　発病以後

これが大学三年のときのことで、その後、Ｉさんは、無事大学を卒業し、大手有名企業に勤めたのだが、配属先の秘書課の上司がこれまた神経質で「ちゃんと手洗いをしないといけない」とかいろいろ細々したことを言われ、そこから不潔や手洗いを初め、いろいろなことを異常に気にするようになり、また何かの作業をした後、確認する回数が増えたとのことで、Ｉさんが言うには「これが病気の始まりだと思う」とのことであった（不潔恐怖、洗浄強迫、確認強迫の出現）。

結局耐え切れず、三か月間で辞めたが、すごい挫折感を感じ、また自分の甘さや弱さに対して非常に自責的になり、すごく落ち込んだとのことである。

その後、就職を捜したのだが、両親を見ていたので結婚は考えられず、一生勤められるところを捜そうと思いある役所に入った。そこでは、確認癖等の強迫的行動はあったのだが、何とか適応でき、男性との交際もできるようにはなってきた。

そして、結婚の約束をするのだが、何故か母が反対してつぶれてしまうということが、二、三回起きる。

そして、二十九歳の時、また、別の男性と結婚を前提にして付き合いだしたのだが、ここでも、母が反対したため（それも訳のわからない理由で）引っ込んでしまうと、彼から「君は母の言いなりになっている」と言われ、ショックを受けたとのことである。その後、これではいけないと思って、母に反抗するようになり、母との関係がギクシャクしだし、毎日喧嘩のようになった（なお弟は大学から家を出ており、さっさと就職結婚している。それゆえ、父の別居後は、母との二人暮らしであった）。

結局、こんなことで、三十一歳の頃より、独り暮らしを始めたのだが、今度はいままでの強迫観念に加えて、これまで潜在的にあった抑うつ感がいっそうひどくなり、職場まで休みがちになった。

また、それまでつきあっていた男性が、遠い所に転勤することになったのだが、母に邪魔されるのが恐いので、二か月に一度しか会いに行けなかったという事態が生じる。こうなると、彼の方も冷めてしまい結局関係は、またしても壊れて終った。

また不潔恐怖や確認強迫は、ずっと続いていたのだが、三十三歳頃から、不潔な男子職員がやってきてセクハラまがいの身体接触をされるようになり、いっそうひどくなり、それに落ち込みも強くなってきた。

それで、ある大病院の神経科に行ったのだが、あまり十分なことが言えず、また医師の方も「気にし過ぎだから、薬をあげましょう」と言っただけで、薬の方ものんでもあまり効果がなく、失望していた。そこで今度は、ある心理療法センターでカウンセリングを受けたりする。このカウンセラーは、話をよく聞いてくれ、少し落ち着いたのだが、話を聞いてくれるだけで、あまり具体的なアドバイスがなく、やはり根本の症状は、あまりよくならないため、本を見て私の元を訪れたのである。

第3項　治療経過

初回面接

初回面接では、ざっと歴史を聞いた後、「長年（十二〜十三年）症状に苦しめられていること」「いろいろ、治療やカウンセリングを受けるという努力をしているのに良くなっていないこと」を思いやった後、本人の求めるものを聞くと「この強迫症状がなくなること」というので、二人で次のような対話を行った。

治療者〈あなたの言う強迫症状とは?〉

患者「いろんなことが、気になってしかたがないんです。例えば、鍵をしめたか、ガスの栓は大丈夫か、電気のスイッチを切ったか、ちゃんと手を洗ったかどうか、それに職場ではちゃんと封をしたか、切手をはったか、書類の書き忘れはないかとか考えだすとあらゆることが気になってくるのです。それで、最近では週末でも家で寝込んでいる状態で、毎日とっても憂鬱なのです」

〈気になることがなくなって欲しいのですね?〉

「ええ、そうなんですが……無理なんでしょうか?」

〈そうですね、ちょっと、今からあなたにとって辛いことを言うかもしれませんがいいですか?〉

「ええ。はい」（少し、身構える）

〈今、気にされたことは、生きていれば当然という気がしますが。それに鍵やガス栓や電気のスイッチや封書等の確認は、生きていく上での必要なことのように思いますが？〉

「おっしゃることは、よくわかるんですが、私のは異常なんです」

〈異常と言いますと？〉

「なんというか、度が過ぎるんです。程度がひどいんです」（中道からはずれている）

〈普通の人の何倍ぐらいひどいと思いますか？〉（中道からの逸脱を対象化させる質問）

「うーん。十倍以上はひどいと思いますが」

〈十倍もひどくなってしまうのはどうしてなのか考えられますか？〉

「うーん。わかりません。やっぱり気にし過ぎなんです」（同じことをくりかえしているだけ。患者は、質問が手に余ると、こういう答え方になるので、答え易い質問に切り換える必要がある）

〈いいですか。例えば気にするのを取って欲しい、取って欲しいと考える人と、こんなのは気になって当然だと考える人と、どちらの方が、気になるのがひどくなると思いますか？〉（精神交互作用についての質問）

「前の方なんでしょうね」

〈あなたは、どうでした？〉

「それは、もう気になるのがなくなって欲しいとばかり願っていました」

〈そうすると、治療目標は気になって当然というように考えることではありませんか？〉

「それは、そうですけど、どうやったら、そうなれるんですか」

〈そうですね、例えばガス栓を締めたかなどは気になって当り前ですから、気になりながらどうすればいいと思いますか？〉

「わかりません。とにかく気になってしかたがないのです」（気になって当然と言いながら、まだ気になることの除去という不可能な願望を抱いている。理屈で少しわかっても気持ちの方はまだまだそうなれない）

〈それで確認を繰り返すんですね？〉

「そうなんです」

〈ところで、確認を繰り返して気になることがなくなりますか？〉

「なくならないんです」

〈それでも、あなたは今まで、気のすむまで確認しようとしていませんでしたか？〉

「ええ、でも、気がすみませんでした」

〈でもまったく確認しないのと、百回ほど確認するのでは、どちらの方が安心するというか、気になるのが減ると思います？〉

「それは、後の方でしょうけど、でもそんなことやっていたら、異常なことだし、第一時間がかかって生活できません」

〈そうすると、まったく確認しないで、行きますか？〉

「そんなこと、こわくてとってもできません」

〈そうすると、百回確認するのも、時間がかかるので辛い。他方まったく確認しないのも不安で気になってしかたがないので辛い。どっちをとっても辛いですね？〉

「ええ、そうなんです。いったいどうしたらいいんでしょうか？」

〈うん、そうなると、ゼロ回から百回までに限れば、一回の確認だと安心ができるかもしれないがまだまだ足りない、また十回ぐらい確認すると安心がふえるかもしれないが、時間がかかるのが気になるということで、やっぱり、どれをとっても辛い〉

「そうなんです、だからどうしていいかわからないんです」

〈どれをとっても辛いわけですから、どの辛さを選ぶのが自分にとって一番ましか決めることが必要になりますね？〉

「どれをとったらいいんでしょう？」

〈それ、私が決めるほうがいいの？　あなたが決断する方がいいの？〉

「……やっぱり、私ですね」

〈そうすると、何回ぐらいの確認が一番辛さがましですか？〉

「うーん。……二、三回ぐらいかしら」（ようやく、彼女なりの中道を彼女が決断したということだろう）

〈よく決断されましたね。そして結局そのぐらいを続けられると、気になって当然だという気持ちに近付いていくと思いますよ。そして気になることに対して、適度に確認しようということで、気になることを割り切れていくのではありませんか?〉

「そうなるよう、頑張ってみます」

ここまで、かなり長い引用になったが、ここで成されたことは、まず、強迫の構造を明確にした（①強迫の元である不安や気掛かりは、消失させることは不可能であり、回避することのできない人間的命題であること②確認や手洗いは絶対の安心をもたらさず相対的有効性しかないこと③強迫を消そう消そうとするとよけい強迫観念が強まること④「絶対の安心」という不可能な願いを求めて確認を繰り返す中で自分が異常な行動に陥っているという意識を持たされていること⑤問題点の中心は「相対的有効性でかまわない」という覚悟や決断ができないこと）ことと、二番目として、治療目標を設定したこと（①不安、気掛かりはなくならないということ、異常なことではないという認識を持つこと②相対的有効性でかまわないという覚悟をすること③不安を持ちながら確認を何回にするかは本人が決断すること）だということである（仏教的に言えば、強迫の原因が「絶対の安全」や「気がかりのなさ」に執着する点にあるということに気付いてもらい、そこからの脱却としての道諦、つまり中道を彼女自身に発見してもらったということになるであろうか）。

行動療法的接近や薬の使用

その次の面接では、「気になって当然」と言われ、少し気持ちが楽になったというものの、長年の癖が身に染みているのか、打ち切るという決断がなかなかできないようだった。そこで治療者は〈長年の積み重ねがあるので、簡単にいかなくて当然ですよ〉と思いやった後、〈理屈どおりにすぐいかなくてもいいから、確認する前に決断して確認したか、流されるままに確認してしまったかを区別するのは大事だから〉ということで、行動療法的接近（寝る前に今日一日の決断がどれだけできたか、○、△、×をつける）を採用した。

さらに、緊張がかなりまだ強いため、こうした自覚の維持や決断を助けるための補助的杖としの安定剤投与を提案したところ、これも受け入れた。

そうすると、少し改善し、確認行動は減ってきた。

夢利用——抑鬱感や不安感の夢を使っての探求開始

しかし、問題は解決したわけではない。強迫はましになったものの、三月末より、今度は、抑鬱感、意欲低下、疲労感が前面に出てきて、また何か言い知れぬ不安感も強くなってきたのである。それで、これはどういうことか、探っていこうとすると、あまり原因が思いつかないというのだが、夢を見るというので、夢を持ってきてもらうことにした（夢は無意識というか、神や仏といった超越者からのメッセージと言える）。

彼女の持ってきた最初の夢は「湖の中の船に妹と一緒に乗っていて、大事な紙を何度も落としかけるが、あやうく受け止める。目の前には鴨の一団が整列して飛んでいる」というものだった。彼女の連想は、「何故か、父や母を思い出す」ということであった。私の中には、〈湖という無意識の探求作業に、妹という分身と一緒に取り組もうと思うが、治療者との大事な契約書である紙をまだあやうく受け止める状態だから、まだまだためらいもあるのでは。それと鴨の一団はまとまりのある平和な家庭へのあこがれだろうから、彼女の連想はもっともだろう〉という連想が湧いたが、私が伝えたのは〈私も、鴨の一団から、家族を連想します。それと湖や治療への船出に少しためらっているのかな?〉と言うと「ええ、そうなんです。何が起きるかと思うと心配なんです」と言うので〈問題点を探っていく上でそういう不安は当然だと思いますが、私という同行者がいるから安心してください〉と言うと、一応安心したようだった。

そして、この一週間後にすごい夢を持ってくるのである。それは「殺された人が横たわり、犯人が身元がわからないように、顔をナイフでめちゃくちゃにする。また友人がその周辺に火を付ける。場所は家族がかつて住んでいた団地のような気がする」ということで、その連想は「母に腹が立つ。犯人は私で、殺されたのは両親だ」といったものだった。私は〈いよいよ、核心部分が出てきたな〉と思いながら〈底に秘めていた母への攻撃性や怒りを、ようやく夢の形で出すことができた。ただ、一人だと大変なので、友人という分身に手伝ってもらわねばならないが、火が燃えるほど怒りの炎が激しいのかもしれない〉〈ただ、めちゃくちゃにしたのは、母の顔であると同時に、表面上母に対しても誰に対しても従順にしていた自分の仮面だったかもしれない。いずれにせよ、これは怒りを初めとする自由な感情表現や自己主張の始まりになるかもしれない〉という連想が湧いた。彼女には〈すごく思い切った夢ですね。何かの転機かしら〉と言っておいたが、大きく頷いたようだった。

感情表現や自己主張ができるようになる

治療は、この夢が一つの転機になり、彼女は今までの歴史を、初めて詳しく語り出した（初診の時は、表面上だけしか聞いていなかった）。それが先述した発病までと発病後の歴史だが、内容のすごさに比べ語り方が淡々としていたため、そこを指摘すると「自分は感情を押し殺すところがある」と述べ、ちょっとショックなようだった。ただ、詳しく語った後、Ｉさんは、相当疲れたのか、次の回で「前回のカウンセリングが非常に疲れてしまって、放心状態となり、会社を休んだり、寝込んだり、非常な不安に襲われた」とのことだった。私が〈治療過程の一つとしてそういったことがよくあるし、あれだけのことを初めて語ったのですから、大変だったと思いますよ。それに今は外的な仕事より、内的な仕事の方にエネルギーが行っているので、仕事を休んでもいいんですよ〉と説明するとほっとしたようだった。

その後、「前回のカウンセリングの後、あれだけ疲れたのは、内にこもっていた感情が出てきたから」「今までは自分を守るために、気持ちを抑えてきたと思う。職場でも感情的な発言を抑えてきた。職場でも楽なところに替えて欲しいという欲求を抑えてきた」と言い、その後は夢を交えた今までの感情の表出と整理といったことが主な治療作業になったのである。

その夢の一つとして「深夜、夫婦喧嘩をしているので外で遊んでいる男の子を一晩預かる。そこは前に住んでいた団地で、知らないうちに女の子がもう一人増え、二人とも私が一晩面倒を見る」といったものがあり、それは「男の子は弟で、女の子は自分自身。両親が喧嘩といった勝手なことばかりしているので、自分で自分の面倒を見るよりしょうがなかった」ということを、意味しているのだろうか。いずれにせよ、こうした夢を中心に、さまざまな感情が表現されたのである。

それは、主に、父への気持ち（厳格で、口うるさかった。そのくせ、自分勝手で、自分の都合で子どもを叱っていた）や母への気持ち（そんな父から、母は私を守ってくれなかった。母も自分のことしか考えていなかった。それにある面で、父以上に干渉的で支配的だった）、それに、自己不全感と最初の就職の挫折感（こんな父母に育てられたので、私はいつもビクビクして自信がなかった。こんなので社会人になれるのかしらと思っていたら、案の定、最初の仕事ができなくて、やっぱりと思いがっくりきた）や結婚できなかったことへの後悔（いつも結婚というところで、母に潰されていた。母は私が幸せになるのを妬んでいたのかしら）といったことであった。

ただ、こうした感情表出の後、今度はその反動なのか、少し色合いの違う二つの夢を見る。一つは「父が暴力団に発砲され、私の家に助けを求めに来たが、私は川の底から石を拾い出すのに夢中で、父は死んでしまった。死んで行くときかわいそうに思った」というもので、話し合いの結果「ここでの父は、母でもある。父（母）は、強そうに見えたが内心びくびくしていて、誰かの助けを借りたかったのだろう。私は、今、父（母）に干渉されないで、自分自身の堅い意志（石）を見いだしていくつもりである。ただ、父（母）は悪いことをしていたし、私は父（母）の弱さを許せないという気持ちも強いが、一方で父（母）をかわいそうにも思う」とのことであった。

もう一つの夢は、「悪いことをした犯人が追われて、高い所から飛び降りる。その飛び降りた犯人を見つけた女の人が悲鳴をあげる。捜していた刑事二人が犯人と横にいた女の人を捕まえる」ということで、それは「犯人は前に付き合っていた人で、女の人は私。彼はせっかく高い所から飛び降りるつもりで私の所へ近付いて来たのに、私が戸惑っている。結局、私は付き合っているとき、真剣なのかどうかわからなかった。捕まえられたのは、はっきりしないという悪い態度を咎められているのだと思う。結婚できなかったのを母のせいにしていたが、実際は自分の意志がはっきりしなかったのも問題だと思う」という話になったのである。

その他の夢として「クリーニング代を返してくれと交渉している」「課長に、宴会には出ないとはっきり言っている」「お弁当は嫌だと言っている」「旅館の下働きを拒否している」といったもので、全体として自己主張がはっきり出ているし、彼女も「普段の自分とは随分違う」というように連想している。

感情表出後の改善。新たな男性との付き合いと婚約。治療終結。

彼女は、こうやって、いくつかの内的作業を行ったが、その後は「そんなにしんどくない。気分もいい。仕事も順調で六時に帰るようにしている（前は九時までいた）。強迫観念はほとんど気にならないし、手洗いや確認もない。こんなことは十二年間で初めて」とのことであった。

さらに、よかったことには、ある男性（職場の先輩。五、六年前、食事に誘われたことがあり、それから何となく親しかった。ずっと私のことを好きだったらしいが、あまり交際が深まらなかった。でも最近急に親しさが深まって、今は週に三回程二人きりで会っている。誠実な人で、その人といると、気が休まる。いずれ結婚するつもり）と付き合い出したとのことで、「母が反対しても自分の意志を貫く」と、はっきり言われた。事実結婚し、今幸せに暮らしている。

治療終結に当って、彼女が言うには「二十三歳の時に、強迫観念が出てきたのは、父母の姿を見て、自分はもう一生結婚できないと思い、仕事しかないと思っていたのに、その仕事がうまくいかないので、ひどいショックを受けたせいだと思う。それに父や母に対しての感情を抑え過ぎていたのだと思う。今随分自分が変わってきた。今の自分を受け入れられるようになってきた。今までのことを振り返ったら、この十二年間かろうじて適応してきたように思う。でも、今は調子はいいし、気持ちは安らいでいる。時に確認癖がでるが、全体としては振り切れている」とのことだった。

事例Ｉの解説

Ｉさんが、絶対の安全という不可能な願望に執着し、極端な確認癖に陥ったのは、程よい確認という中道を行けなかったからである。

中道をとれなかったのは、それだけ主体が未形成であったとも言える。また未形成であるが故に、強迫症状の背後に強い抑うつ感や自信の無さが横たわっていたと言える。この未形成さの背景にはもちろん、父母の問題点がある。

ただ、そうはいっても、彼女が十二年間かろうじて、社会適応ができてきたのはそれなりの強さがあったからだとも言える。

だから、比較的短期間の内に、いろんな仕事（自己の執着への気付き、中道と決断の重要さの自覚とその実行、感情表出と自己主張、自立等）を成し遂げ、症状から解放され、心の安らぎと結婚という内外の幸せを手に入れたと思われる。

第２節　拒食——食における中道からの逸脱

第１項　激増する摂食障害

さて、今度は、もう一つ、中道から外れていく恐ろしい病気として、拒食や過食といった摂食障害の事例を取り上げる。

最近は、この拒食や過食といった摂食障害が激増しているように思える。筆者の外来だけではなく、いろいろな専門機関でも相談が多くなっている。

普通、人間というのは空腹を感じると食べる、満腹になると食べ終わるといったようになっているわけだが、拒食・過食といった摂食障害になると、こうした自然の流れが破壊されて、いくら痩せ細っていても食べない、逆にいくら食べても終わることがないという恐ろしい事態になるわけである。まさにほどほどの食欲、ほどほどの摂食という中道から大きく逸脱し、心身とも悲惨な状態に追い込まれるのである。

第2項　拒食症とは？

拒食と過食は、摂食障害の両面を現し、この二つは同じ患者に同時にまたは交互に現れたりすることが多いのだが、ここでは一応、拒食症だけをまずは取り上げ、説明しておく。拒食症は、神経性食欲不振症とも呼ばれるもので、これには次のような特徴がある。

①標準体重のマイナス二〇％以上の痩せ
②食行動の異常（拒食、過食、隠れ食いなど）
③体重や体型についての歪んだ認識（痩せを認めない）
④発症年齢が三十歳以下
⑤無月経

ということである。

第3項　拒食症の事例――事例J

拒食症を理解してもらうために、後の事例でも、登場してもらうJさんのことを、少し報告する。

事例Jの紹介

［事例J］初診時十六歳、女性、高校生

Jさんは、高校一年当時、一五八センチ・五三キロだったのだが、友達から「ちょっと太めね」と言われたことをきっかけに、ダイエットを開始する。根が真面目なだけに、一生懸命にそれに取り組むと、二〜三か月ほどで、四六キロほどになったのだが、体重減少はそこでとまらず、五か月で四〇キロを切り出したのである。

さすがに家族は「痩せ過ぎ」を心配し、受診を勧めるが、本人は元気で活動的で、受診を嫌がる。

仕方ないのでほっておいた所、ますます体重減少はひどくなり、三五キロになったので、これはいくら何でもほっておけず、嫌がる本人を説得してまず内科を受診させ、その後、某精神科の受診後、私の元へやってこられた。

拒食症の方のパターンは、それこそ多彩なのだが、一応、今のような例が典型例と言えるだろうか。

拒食症の始まり

まず、始まりは、Jさんのように、ダイエット（節食）からというのが、ほとんどである。ダイエットのきっかけは、自分の容姿を気にするとか（太めと言われたりすると特にそうなる）、失意体験（成績低下、交友関係のつまずき、失恋など）とか、いろいろだし、また時にきっかけなど見あたらない場合もあるが、根底には「美しくなりたい＝痩せていることは美しい＝痩せたい」といった痩身願望があることがほとんどである。この美しくなりたいという願望そのものは、否定すべきではなく、むしろ良いことなのだが、問題は、「美＝痩せ」というように固定的に捉え、またこの痩せに向かって、それこそ、徹底的に執着してしまい、中道をはずれてしまうことが恐いのである。そうなると、健康を破壊するだけでなく、皮肉なことにかえって醜い体になってしまうのである。

もちろん、この拒食症の背景には、最近のダイエットブームが大きく影響しているし、また現代社会やマスコミの「痩身礼賛、肥満嫌悪」の風潮が、大きく横たわっていることもあるだろう。

だから、ダイエットなどは、若い女性であれば、だれでも考えるだろうが、ただ、一般の人はなかなかそれに成功しないし、成功してもある程度の理想体重になると、それ以上は痩せていかないのである。

ところが、拒食症の方のダイエットは、非常に極端で、また徹底的に執着してやるので、著しい体重減少を来すのである。

ダイエットから拒食への移行要因

それでは、何故、普通のダイエットで止まらず、極端な拒食に陥ってしまうのかは、それこそいろんな複雑な因と縁が絡み合うのだが、ここでは次の要因に一応整理してみた。

それは、①強迫性格②自信の無さ③目標の無さ④外観へのこだわり⑤親への反抗⑥成熟拒否⑦肥満恐怖と身体像の障害⑧認知・思考障害、といった点である。

これをもう少し、詳しく説明すると、
①拒食になる方の多くは、性格が真面目で、完全癖が強く、強迫的で、熱中しやすく徹底する傾向がある。要するに執着しやすいこだわりやすい傾向を持っているといえる。
②また、表面上はプライドが高いようだが、心の奥底では自信のなさや自己評価の低さが見え隠れしているようである。こういう時、ダイエットという困難な事業に成功していった場合、自己をコントロールできたことになり、勝者の喜びが得られることになるわけである。そして、こうした場合、痩せが自己評価を獲得する上での代理目標になるわけである（ある拒食症の方は、体重計を見ることが毎日の楽しみで、減っていくことを確認するたびにそれまで

失っていた自信を回復すると述懐している）。
③拒食症の方は、ある時、真に打ち込むものや、生き甲斐といったものを見失うといった体験をしやすいことが多いようである。そして、そうなると、ダイエットが格好の目標になってきて、②で述べたように、痩せが代理目標となってくるのである。
④他者（家族、友人など）との深い内面的交流が少ないため、内面を大事にするよりは、外観にこだわりやすいという傾向がある（②③④から言えるように、拒食症の患者では「痩せればすべてが解決する〔達成感や勝者の喜び、生き甲斐の達成、満足の行く外観等〕」「痩せれば幸せになる」という思いが強すぎると言える）。
⑤それ以外に、拒食が親への反抗や親を操作するという意味合いを含んでいる場合がある（拒食症に陥りやすい方は、それまでほとんど親に反抗したり自己主張したりしない素直で聞きわけのよい子が多いので、拒食が自己主張の第一歩ということになるかもしれない）。
⑥全員ではないが、拒食症の一部に「大人になりたくない」「子供のままでいたい」という気持ちが根強いことがある。これは、大人になって「肉がついて醜くなる」「大人の醜い現実に染まるのがいや」というような気持ちだが、特に母親に対するネガティブな気持ちが強い場合、（こんな母のような）大人の女性になるのはぞっとするといった形で成熟拒否を表す場合がある（特に拒食症の方は、中年の太ったおばさんのような体型を猛烈に毛嫌いするという傾向がある）（また表面上従順だが、心の底では、母親に対してネガティブな場合、よ

けい痩せという形をとって反抗したくなることがある）。

この成熟拒否は、また性への嫌悪とも結び付く。大人への嫌悪や性への嫌悪、肉体をもった女性性への嫌悪は、純粋さに憧れる思春期心性でもあるわけだが、拒食症の方はそれが一層ひどくなるわけである。
⑦としては、過度の肥満恐怖と身体像の障害があげられる。
一般に、思春期女性は平均体重以下であるにもかかわらず「まだ太り過ぎ」とか「もっと痩せたい」というように考え、痩せている有名タレントなどを理想像とする傾向が強いのだが、拒食症の方はこれが特に強いのである。

その背景には、身体像の障害があるように思われる。身体像とは「自己の身体の大きさや形についての内的視覚像」と言えるが、これが障害されているため、客観的には痩せていてもまだまだ太っていると考えてしまうのである。
⑧としてはいままでの繰り返しになるかもしれないが、摂食障害の方に見られる（患者一般に通じるが）独特の認知・思考法が関係している。それは、ガーナー[8]によると、
a．選択的抽象（事実を無視して些細なことから結論づける。「私は予定量以上に食べてしまったから駄目な人間」（絶対にこれからこれ以上は食べないでおく））。

b．過度の一般化（一つの結果を関係ない状況にまで一般化する。「太っていた頃には、御飯を食べていた。痩せたままでいるには、御飯を食べてはいけない」）。

c．極端化（結果を過大に考える。「一キロでも増えたら絶望」）。

d．オール・オア・ナッシング思考（「一キロでも増えたら無限に増え続けてしまう」）。

e．自分への関係付け（「皆がじろじろ見るのは私が太めだから」）。

f．迷信的な理由付け（「ニキビができるのは、ケーキを食べたせい」）。


といった考えをするというのである。

極度の痩せをさらに進行させる要因――⑨食欲低下と⑩家族の強制

⑨このような形で、極端な摂食制限が続くと慢性的な飢餓状態になる。そして、飢餓状態が慢性に続くと、今度は身体が病的な平衡状態に達し、かなり少ない摂食量でも生きられるように、身体が変化するのである。だから、自発的な食欲そのものもなくなって、ますます体重減少は進行するのである。ある患者さんなどは、さすがに痩せ過ぎを心配して、食べようと思い始めたのだが、その時は時すでに遅く、食べようと思っても、全然食欲が湧いてこず、食べられなくなっていたのである。

⑩後、家族の態度も重要である。普通、家族（特に摂食障害の家族）は娘の繊細で複雑な心理も知らずに、痩せている現象だけ見て、食べろ食べろと強制するだけだから、娘は当然反発してますます食べなくなってしまうのである。

激痩せによる身体の変化

激痩せになる要因は、上記のようなものだが、過度の痩せになると、身体にもいろんな恐ろしい変化がでてくる。

まず第一は、せっかく美しくなりたいという願望で痩せようと思ったのに、激痩せになると、非常に「醜いやつれかた」になってしまうということである（スタイルのよい女性は、ふくらむべきところはふくらんで、締まるべきところは締まっているという引き締まった印象を与えるが、それとは逆になる）。

どういうことかというと、激痩せになると、全身の筋肉が落ちてくるため、身体に凹凸がなくなる。バストはもちろん萎縮するし、筋力低下によって下腹部がだらっと膨らむということが起きる。それに肌はカサカサになり、張りがなくなる。また、髪の毛に艶がなくなってカサカサになったり脱毛も起きてくる。また皮膚のカサカサに加え、皮膚が黄色くなってきたり（カロチン血症）、産毛も生えてくる。中にはしわが増え、お婆さんのような外観を呈するときもある（美に執着し過ぎた結果、かえって美を失うという不幸な結果になるのである）。

それ以外に、低体温、低血圧、低血糖、低身長、徐脈、貧血、不整脈などが生じるので、非常に疲れやすく（中には疲れに負けずに反動的に活動的になる人もいるが限界がある）、失神したりしやすくなる。

後、食べないから、便秘になるし、また低タンパク血症になるから浮腫が起きる。

それから、月経が止まることは良くあることである（ダイエット中、生理不順になると明らかに危険信号である）。

その他、骨が脆くなる骨粗鬆症になったり、脳に萎縮が起きたりもする（せっかく美しさを目指しながら、痩せに執着し過ぎ、その結果、中道を守れず、身体を破壊して醜くなってしまう様は、不安神経症の人が、絶対の安全を欲しがる結果、結局は不安のとりこになって不安にがんじがらめになってしまう過程を連想させられる。ただ拒食症の方が悲惨な感じで、実際に体がこれだけ傷つくのを見ると胸が痛む。いずれにせよ「私は美しくないのでは？」という不安を受け止めながら、自分のできる範囲内で無理なく美しさを目指すということが大事になるのであろう）。

拒食の害を説明することの重要さ

ただ、問題なのは、この身体破壊の恐ろしさが、拒食症の人にはわからない場合が多いし、わかっていても無視するということがよく起きるということである。というのは、適切なダイエットというのは、ゆっくり時間をかけてしかも運動を適度に取り入れ無理なく適正体重に持っていくということだが、拒食症の人は上記の記述でわかるように、あまりにも焦っているし、また適正体重以上に目標を置いてしまうので、身体を醜く破壊してしまうのである。

でも、激痩せの恐ろしさを説明すると、歯止めになる場合もあるから、説明はもちろん必要である。

また、身体破壊の結果、死亡することもあり、これを伝えておくことも大事な作業である。有名なのは、カーペンター(9)の例だが、摂食障害での死亡は、一〇〜一五%に及ぶとも言われている。それは低栄養による飢餓死、合併症（低栄養による免疫機能低下のための肺炎、心臓疾患による突然死など）による死亡、自殺行為といったことが原因となるようである。

拒食症になりやすいパーソナリティ

ここで、少し、繰り返しになるが、中道を行けず、痩せに執着してしまいやすいタイプをまとめてみる。

まず第一は、前述したように、真面目、聞き分けの良い子、頑張りやとなる。なぜ、そういう子が、拒食に陥りやすいかということだが、こういう真面目な子は、いいところも多いのだが、時として深刻に考え過ぎて悩みを深くすることがあるのである。また融通性に乏しいから、環境の変化に順応しにくく、ストレスを受けやすいと言える（完全癖、強迫癖、神経質に通じる）。

また良い子というのは、いい面はもちろんあるのだが、他方で思いきり甘えたり反抗したりという経験ができていないということで、自己主張できない人間になる。それに人に合わせるというのは、結構しんどいことなのに、それをしつづけ、しんどさが増すことにもなる。しかし、その合わすしんどさを言えないものだから、よけいしんどさがひどくなるといった事態が生ずるのである（いわゆる、過剰適応ということである）。

したがって、表面上は良い自分だろうが、それは仮の自分であって、内部は①不満に満ち、ストレスや疲労が強く②寂しく③自信がなく④自立できていない、という問題が潜んでいることになる。

こういう子は、学校でも良い子で、友達に甘えたり、友達と喧嘩したりとかいうことがない。したがって表面上の付き合いはできても、深い付き合いはまったくできないということで、心の内部では孤立感が強くなるのである（それと悪口や嫌味を言い合ったりすることもほとんどない）。したがって、こうした点に関する心の免疫がほとんどないため、思春期になりちょっとしたことで、傷ついてしまい、それを修復しようとして、「美しさ」「ダイエット」というように目標が設定され、拒食に走りやすくなるのである（深い交流がないため、自分の内面を見られない、内面を大事にできないということも一因である）。

要するに、仮の自己（社会的表面的に合わせる自己）だけが発達して、真の自己（周りを気にせず言いたいことを言う、甘える、怒る、反抗するなど本音の自分）が未発達というように言ってもいいのだろう。それに付け加えて「仮の自己」と「真の自己」を自分の中でよく認識していないという気もする（ただ、「仮の自己」と言うより「合わせる自己」、「真の自己」と言うより「本音を出したい自己」と言ったほうがいいので、両方とも本当の自己と考えていいとも思う）。

だからその両方を統合しきれていないのだと思う。健康な人間であれば、この両方をよく認識しその葛藤を感じながら、適当にその両方を使い分ける主体性があるわけである。ところが、この種の患者は、その主体性が後退しているから、「合わせる自己」しか使えていない。だから、一見「合わせる自己」が発達しているように見えても、実はとてもあぶなっかしいと言えるのである（主体性の後退と中道からの逸脱がここでも関係していることを確認）。

それと自己愛の強いタイプも拒食になりやすいと言える。このタイプの人は、小さいときから可愛がられ、まわりからちやほやされていたことが多く、自分は美しくないといけない、可愛がられていない自分を許せない、絶えず周りからの賞賛が必要と感じていることが多い。もちろん、現実はこのとおりにいかないから、自己愛が傷つくことが多く、またそれに対する免疫もないから、すぐに傷つきに圧倒されて、過激なダイエットに走りやすくなるのである。

以上をまとめてみると、①強迫癖・完全癖②過剰適応（仮の自己と本音の自己との統合不全）③強すぎる自己愛、といったことが、拒食の危険の三点セットと言えるのかもしれない。そして、①は「ほどほど」といった主体的コントロールのなさ、②も自分を出せていない、③も「自分で自分を頼りにできない」（絶えず他者からの賞賛を必要とする）ということから、「自分のなさ」ということが、共通の特徴になるのかもしれない。

拒食症パーソナリティ形成の家族要因

今、挙げたパーソナリティが形成されるのに家族の要因は当然絡んでくるわけだが、それにはさまざまな型があるようである。それを挙げると、

①父の指導性の欠如、母親の神経症的傾向と過干渉（逆に母が活動的で育児はなるべく合理的にすませようと機械的に授乳、育児をする場合もあるが、いずれにせよ子供の主体性は発達しない）。
②父、母とも怒りや欲求不満を抑圧ないしは分裂・排除するといった否認傾向が強い場合もある。患者もまた、否認傾向が強くなり、家族は一見まとまりが良さそうだが、背後には大きな葛藤がひそむことになる（こういう点から想像されるように、患者は、過剰適応をしてしまう、表面上だけの良い自己を発達させやすい。否認が強いと影の部分が大きくなり表面上では「これで良い」と思い込ませようとしても心の奥底や身体は満たされていない。その結果よけい反動的に良い家族、良い子を演じようとし続けるのである）。
③家族成員間の境界が曖昧で、互いのプライバシーや意思や主体性が尊重されていない（①でわかるように、赤ちゃんや子供の気持ちに合わせられていない。子供の秘密の尊重は自己形成の第一歩になるのに逆の事をしているのである）。
④家族に、葛藤解決能力が乏しい（葛藤やその解決に向かう努力は自立や主体性形成に欠かせない営みなのにそれができていない）。
⑤育児のやり方が赤ちゃんに合わせたものでなく、自己本位になりやすい。神経症的な母だと育児はこうあるべきということにとらわれたり、赤ちゃんの状態を気にし過ぎて赤ちゃんが要求していないのに授乳を強制したりする。そうなると赤ちゃんは、空腹感などの自然なサ

インを見分けることに混乱が生じる（逆に空腹で泣いていても、授乳しないでいるという母も大問題で、これは愛情剝奪症候群と呼ばれる状態を引き起こす）。

といった特徴があるようである（もちろん、個々の家族によってさまざまだが）。

これでわかるように、こういう家族だと、本人の真の自立は難しくなるし（母の過干渉のため）、本音の自己が育ちにくいし（否認傾向による）、芯から満足して安心した毎日というのが送りにくいし、仲間形成もできず、自分の本当の心を見つめていくといったことも、難しくなってきそうである。

ただ、注意しないといけないのは、こういう家族に育っても、健全に発達する場合もあるし、また健康な家族であっても、拒食は発生する場合があるということである。だから、家族から成育歴を聞くときは、決めつけて聞くことのないようにせねばならない。ただでさえ、家族は罪悪感にさいなまれているから、思いやりの気持ちを持ちながら聞いてあげることが重要である。

事例Jを中心にした拒食症の治療について

拒食症の治療はもちろん簡単ではない。治療には、いろんな難関がある。

まず第一の難関は、今の説明でわかるように、痩せていても痩せを認めない、少し認めたとしても「これでいい」あるいは「もっと痩せたい」という気持ちの方が強く、まず、病気だとか治療が必要だとか認めないということである。

それから第二は、母を初めとしてあらゆる人間に不信感を持っているせいで、治療者に対しても警戒感がかなり強いことである。

先のＪさんだが、やはり、自覚や治療意欲に乏しかったので、当然母親に連れてこられることになった。

私は、型どおり、来院の目的を聞くが、沈黙したままである。それで、受診の意思を聞くと、当然なく「連れてこられた」と言う。私は〈無理に連れてこられて辛いですね〉と思いやった後、二人で受診の経過を話し合っているうちに「母は、私が痩せていることを心配はしているようだが、私は大丈夫」「周りから（家族だけでなく今までの内科医や精神科医からも）食べろ食べろと言われるのが辛い」と言うので〈そんなふうにやいやい干渉されると本当に辛いね〉と返す。

少し、話ができるので、しめたと思い〈体型のことが気になっているみたいだけど、どんな体型や何キロぐらいの体重が理想ですか？〉と聞くと、もちろん「スリムで、すきっとした体型」と言い（これに対しては〈スリムですっきりしているというのは気持ちいいですね〉と返している）、体重に関しては「いまでいい。これ以上ちょっとでも太るとこわい」と言うので〈少しでも太ると、限りなく太ってしまうと心配なんですね？〉と肥満恐怖を思いやってあげると、大きくうなずいたので、さらに〈食欲をコントロールできないのではという恐怖感があるのかな？〉と聞くと、これも「そうなんです」と肯定する（この辺は主体的コントロールのなさを話題にしている）。

そこで、少し内界に目を向けさせてもいいなと思ったので〈今一番困っていることは？〉とか〈今、どうなりたいのかな？〉とか〈体型を理想的なスリムな形にしようと思ったのはいつごろですか？〉といった質問をしていった（まずは急がば回れで、強制受診の辛さ、摂食強制の辛さを思いやり、次いで痩せ願望、肥満恐怖、コントロール不能の恐怖を思いやるという形で交流を計っている）。

カウンセリングの契約成立と限界設定

案に相違して、いろいろ話し出してくれたので、これなら治療契約が成立するかなと思って、長時間面接（カウンセリング）の提案をしたところ、承諾されたので、こんどはそれに伴う限界設定として「体重が三〇キロを割るなり、こちらから見て身体的に危険と判断したら、入院を考える」と言っておいて、この承諾も得た。

実際、Jさんの検査結果では、貧血と低蛋白血症が顕著だったのでちゃんと入院のことも考えておくということをしておかないと安心して治療に入れないわけである。

カウンセリングの内容

本人が、まず訴えたことは、「今自分がどうしたらいいのかわからない、やるべきことが見つからない」と言い、これが一番困っていることのようだった（目標のなさ）。

もっと聞くと、小学校の時は、有名私立中学を目指して一生懸命頑張っていたこと（この辺で本人の性格は、すごい頑張りやで強迫的なまでに熱中するタイプだということがわかった）、おかげで目標の私立中学には入学でき、中学時代は勉強に熱中していたのだが、高等部に上がった頃からだんだんと空しくなってきて、また「みんなは男の子とつきあったり遊んだりしているのに、何故私だけが面白くない生活を送らねばならないのか」と考え、走るのが速かったこともあって陸上部に入った（ここで、勉強は自分を十分満たしてくれる真の目標でないこと、空虚感を感じ自信を失ってきていること、代理目標として陸上部が出てきたことがわかる）。

しかし、残念なことにその陸上部でもあまりうまく行かず満たされることがなかったため、心の安らぎは得られず、たまたまその時同級生から「やや太め」と言われたのをきっかけに「ダイエットしてきれいに生まれ変わったら、何もかもうまく行く」と考えダイエットを開始したのである。根が真面目だから一生懸命ダイエットに取り組んだので、どんどん体重が減り出した。

最初彼女はそれに対して満足していたが、あまりにも減り過ぎて内心心配になってきた。しかし、そうは言っても、また太るのが恐いし、それに周囲が食べろと強制するのもいやだったし、また食べようにも、食欲が湧いてこないという状態で途方に暮れていたという状態だったのである。

そんな状態だったので、学校へ行くのもいやになってきて（プライドが高いので困惑しているところを見られたくなかったのも一つの要因かもしれない）、不登校も生じてきた。しかし、家で母といるとますます苛々してくるし、将来のことがとても不安になってきて、ますます追い込まれて来たということだったのである。

ここで、私は〈本当に好きなものは簡単に見つかるものではないこと〉〈真の目標が見つからなくても生きられるし、本当に自分が求めているものを見つけることを、今の目標にしたらどうか〉と言うと少し安心したらしく、ここで学校に再び登校し始め、体重もわずかずつ増加し出した（これは治療者にわかってもらったという安心感、目標が見つからなくてもいいという保証、食べることを強制されないという安心感があって、少しゆとりが出てきたせいで、自分の身体の現実を見つめる余裕が出てきたのだろう）。

家族背景と家庭内交流の促進、改善、目標形成、終了

その後、今度は家族への不満が強く出てきた。つまり、母親は神経質で不安をいつも感じていたらしく、ピアノや塾に通わせることに熱心で干渉してうるさかったこと（母は大学を出ておらず、その分自分の夢を子供に託したかったらしい）、父は反対に無関心で勉強ができていたらそれでいいだろうということで、あまり心の交流がなかったことを訴え始めた。

ただ、Jさんは、母親と面接に来ることが多かったので、母もこの点を反省し（というより前からうすうすは感じていたのだが）、もっとJさんの自主性を尊重するようになってきたし、Jさんと父の交流も計られてきた。その結果、Jさんは家でもっと自己主張できるようになり、今までとは違って家庭が安らぎの場所に変わってきたのである（自己主張が受け入れられ、交流が計られるということは、とても安心を与えるものなのである）。

その結果、本人は、将来への意欲も出てきて、大学へいってアメリカに留学するという目標を持てるようになってきた。

ただ、痩せ願望だけは結構強く、体重は四二キロ前後ぐらいで推移しているが、そんなに何が何でも痩せないといけないという強いこだわりはなく、まあまあの状態が続き、半年ほどで一応終了し、問題があればまた、再開しましょうということで終わった。

第４項　拒食症の他の事例――事例Ｋ

この事例Ｊは、拒食症の程度としては、軽いほうだと思うが、それでも、初期に治療拒否があるので、そんなに楽観は許されない。ただ、こういった軽いケースは外来で良く見るので、初期の対応を誤らないようにすれば、後はそんなに苦労がないかもしれない。

しかし、もっと別の例、例えば、激しい過食や行動化が加わったり境界例傾向が加わったりすると苦労が多くなってくる。

また、純粋の拒食症でも、家族の問題がもっと根が深い場合には、本人が退行症状を示す場合もある。Ｋさんも同じ拒食症に陥ったが、Ｋさんの母は知的には優れているキャリアウーマン（大学の先生）で、父も知的な職業についている家庭であった。Ｋさんの母はきわめて合理的な人で、Kさんの育児もなるべく合理的にやって無駄を省くという感じで（やや機械的で触れ合いのなさを感じさせるが）展開したが、Kさんは母の言うとおりずっと良い子で育ち反抗もすごい甘えもなく順調だったのである。

しかし、思春期に友人関係でのつまずきをきっかけに拒食になり、その治療過程のなかで、母への反抗（暴言・暴力・器物損壊など）や甘え（一緒に寝る、お風呂に入る、赤ちゃん言葉の使用など）が出現してきた。母はかなりとまどったのだが、治療者が治療の一つのプロセスですとの説明（幼い頃なかった、甘え直しや反抗のし直しという説明もする）で、それを受け入れていったところ、徐々にKさんは落ち着き、拒食症状も改善していった。

第5項　中道からの逸脱原因（主体性未確立）と、病気を契機に成長することの重要性

まとめてみると、拒食症に陥るのは、中道を大きくはずれた過度の摂食制限だが、その背後には、「美しい＝痩せていること」という固定的考えがあり、またその痩せに徹底的に執着してしまうことと、適切に食欲や体重をコントロールできないという主体性未確立がある。この主体性未確立は、思春期までは目立たないのだが、自立を迫られてくるその思春期になると、一挙に問題が露呈してくる。したがって、それまでの成育歴や現在のパーソナリティ（強迫傾向、過剰適応傾向、自己愛傾向で、これはいずれも自己未確立の現れである）や、家族の有り様等が問題に

なってくる。

しかし、逆にこういうことをきっかけに、主体性確立や中道実現や家族内交流の促進が可能になったりもすることがあるわけだから、それを念頭において治療に努力することが大事になってくるのだろう。

第３節　過食――中道からのもう一つの逸脱

第１項　過食症について

過食症とは？


今度は過食症について説明していく。

過食症は、大別すると単に過食症だけで推移するものと、拒食症の中で起きてくるものとの二つに分かれるが、臨床の実際では後者の方が圧倒的に多いようである。

拒食症だけで行く人は、変な言い方だが結構意志が強く（もちろん片寄り過ぎているわけだが）、体重減少を極度に貫徹するのに対して、過食症になる方は、途中で空腹に耐え切れず、過食に走ってしまうというパターンが多いようである。そして現在は、この拒食と過食をくりかえすパターンが一番多いように思える。

過食の精神病理について

過食には、いろんなパターンがあるが、ひとつの例を挙げてその精神病理を見ていこう。

①まず「太り過ぎている」という劣等感がある。

②些細なことをきっかけにダイエットを始める（ここまでは、前節の拒食症と同じ）。

③ある程度の体重減少（三〜五キロ）まで行くが、突然激しい飢餓感に襲われ、ほとんどやけ気味にむさぼり食う（ここが純粋の拒食症と違うところである）。

④その後、肥満恐怖が襲ってきて嘔吐する（人工的に）。

⑤そして、自責感、自己嫌悪、無力感、抑うつ感などに襲われる。

⑥（こうした抑うつ感のせいで）再びダイエットを始めるが、このような心理的不安定さと、飢餓感に負けてまた過食に走り、ますます抑うつ感が強くなるという悪循環を生む。

といったことが、一例だが、その他にもいろんなパターンがある。

過食症と拒食症の性格・背景等の違い

これは、さっき少し述べたことと関係するかもしれないが、まとめてみると、

①過食症は拒食症に比べ、飢餓感をコントロールしにくい。

②痩せ願望は強いが、目的を達成できず屈辱感と自責感にさいなまれる。

③未熟な甘えやヒステリー的な見栄が目立ち、衝動的である（拒食症の場合は比較的冷静に禁

欲的生活を維持できる）。
④内的空虚感をより強く感じやすい（拒食症の方が、防衛が強く、そうした感情を抑圧し感じないですむようにしている）。
⑤未熟性、自己顕示性、境界性パーソナリティ障害傾向（行動化しやすい）が目立つ（拒食症は禁欲性、強迫性、心気性、分裂気質が目立つ）。
⑥手がかからぬ良い子である点は共通しても、過食症の方が、他者志向的で俗っぽく時代の風潮や流行や風俗に敏感である。
⑦過食の方が分裂機制が強く二重人格のような感じになるが、拒食の場合は、一部がスプリットされるだけで全体的にはまとまりを感じる。
⑧怒りや破壊衝動は、過食の方に強い。
⑨過食の家族は、両親のパーソナリティが患者と類似しており、衝動のコントロールが悪く、未熟で互いに外罰的で攻撃し合い愚痴や不満が多い（拒食の場合は上辺だけの統合性はある）。

といったところだろうか。

過食症の身体変化について

過食症の身体症状は、過食後の自己誘発嘔吐や下剤・浣腸薬・利尿剤乱用による身体障害が主になる。これは、低カリウム血症を起こし、循環器系の症状（低血圧、不整脈など）や腎機能障害を来す場合がある。

またそこまでいかなくても、①嘔吐、下剤乱用→②低カリウム血症→③脱力感、疲労感、便秘→①嘔吐、下剤乱用といった悪循環が形成される。ここに過食が頻回になることで、①がまたひどくなるのである。

後は頻回の嘔吐と大量糖質摂取のための虫歯があり、吐きダコも生じる。

後、恐いものとしては、食道穿孔（嘔吐による）や胃破裂（胃拡張）による死亡も生じる。

もっとも、多くの過食症は、拒食症も伴っているため、両者の身体変化が入り乱れて、結構複雑な様子を示す。

第2項　過食症の治療例——事例L

Lさんの成育歴、病歴、治療歴

［事例L］初診時二十一歳、女性、大学生

Lさんの家庭環境から言うと、父は中程度の製薬会社の社長で支配的・権威的、母はその会社を手伝っていたが、夫婦仲は良くなく常に夫婦喧嘩が絶えなかった。父は絶えず子供たちに向かって「母のような女になるなよ」と言っていたそうである。

そのせいか、特に父親からの期待が強く幼い頃から勉強を強いられていたとのことである。父は恐くて逆らえなかったのだが、素直にしていたら問題なかったのでおとなしく従っていたとのことだが、母は父の強制からあまり守ってくれなかったとのことである。

こういう不安定な家庭環境だったので、すでに、小学六年の時、いじめをきっかけに拒食があり、入院体験をしている（これは、家がばらばらでやすらぎがないこと、父が恐くて本音を言えずしんどさがつのってきたことが原因だろう。この時はダイエットというより、家のストレスの表現の一つかもしれない）。

中学になると、またいじめにあい、さらには塾通いのストレスで、不登校となり、今度は、過食になる。しかし、肥満恐怖も強くすぐ嘔吐してしまう（この時、すでに①痩せ願望、ダイエット、それに耐え切れず過食という流れと②ストレスや心理的飢餓による過食という二つの流れがではじめている）。

高校では、クラブに入って気持ちを切り替えようとするが、父の反対でつぶれ、それでは勉強を生き甲斐にと思うが集中できない。そんな中、両親の別居騒ぎやボーイフレンドとのトラブルでの自殺騒ぎが出てくる。

しかし、以後は過食が出ながら勉強に精を出し、何とか合格する。しかし、是非、薬学部でということではなくて、父の勧めで何となく受けて受かったということだった。

そして、入学するが、それまでちょこちょこあった過食が、一回生の夏よりひどくなり、某クリニックで精神療法を受ける。少しはましになるが、先生の前で合わしているのがしんどくなって中断する。同時に過食、うつ、不登校がひどくなり、もうひとつのクリニックで治療を受けるが、そこでは登校を強制されたのでいやになって、また中断してしまう。

筆者との出会い

状態が改善しない中、Lさんは私の元を受診してきた。そこで、ざっと話を聴いた所、①家庭環境のしんどさ（両親のけんかと父親の干渉）②自己実現の挫折（クラブ、異性交際、志望に関して。これも父の干渉）③大学に入り、目標がなくなり、症状悪化という流れと④悪条件にもかかわらず、いろんなことに頑張るエネルギーを感じた。

それと共に、本人自身が父にあれこれ言う前に父の意思を先取りして、父や人に合わせてしまう傾向があるということや、また先述した仮の自己だけが発達しているのでしんどいのかなという感じもした。二人の治療者の中断に関しても、ついつい、医者に合わせて本音を出せない本人の傾向をよく現していると思われた（ただ、これは、今後治療の参考にかなりなると思った。その意味では、前の治療者には本当に感謝の気持ちが湧いてくる）。

カウンセリングで明らかになったこと

初診の後、時間がかかることがわかったので、審査期間（三回）で詳しく背景を聞いた後、カウンセリングに入った。その結果今までのことがわかると共に次のことがなされた。
①治療目標の合意（過食行動を止められるようになること、学校に行けるようになること、外出恐怖の解決、登校すると自分がばらばらになる不安の解決）。
②限界設定（過食、拒食がひどくなり、身体管理が必要な時は入院。自殺願望も強いのでその危険の増大の時は入院との提案と承諾）。
③過食行動の背景の共同探求（a．きっかけは他者との喋り辛さ、対人不安、憂鬱感、自分の足のむくみを見てイライラ、疲労、ストレス、b．そうなると悪いほうにしか考えられず、うつ状態がいっそうひどくなる、c．そうなると食べることしか考えられなくなる〔過去も未来も現在も自分もなくなってしまう〕、d．食べている間のことは覚えていないし意識がないような感じ、e．食べた後すごく後悔）を行う。
④過食のプラスの意味（苛々や不満や不安の解消、一時的逃避）の相互確認（これは、罪悪感の軽減と共に異常感の緩和にもなる）。
⑤過食に至った経過を丹念に追いながら、過食以外の道（過食に頼らなくても不安や不満を軽減させる道）を探った。その結果、例えば、過食したくなった時、思いきり泣いてみて、親に泣いている姿を見てもらってすっきりしたということが可能になった。また過食したくなった時、安定剤をのんで様子を見ようという試みもなされた（「過食を否定したり頭ごなしに「止めなさい」とする態度はもちろん反治療的だが、安易な過食礼賛も問題である。望ま

しいのは、過食の意味を理解しながら、過食よりもっと適切な行動はないかということを探ることである。これはすべての症状に通ずることである)。

⑥過食のきっかけになるストレスを増大させるものとして、合わせる自己(お笑いが上手で人を笑わしていたが、実際は満たされてなかった)の問題についての話し合いをした。本音を出せず合わせてばかりだとしんどいのがつのる、かといって本音を出すと見捨てられるのではないかという不安にかられる。どっちにしてもつらいわけで、この合わせる自己(仮の自己)と本音の自己をどう調整するかが問題で、それが主体性の育成や自立の促進でもあるといったことの相互理解がなされた(この辺りは、拒食症の治療とほとんど同じである)。

⑦自分の中にある、強迫傾向、完全主義、一直線傾向の問題。これらはプラスの意味もあるが、マイナスに働くこともある。これらと関係して「ほどほどの感覚」(中道の姿勢)が身についてないことやコントロールする力の弱さが話題になり、こうしたこととの解決が課題になる。

⑧母に思いきり甘えたい気が出てくるが、母は自分の気持ちがまったくわからないのではと心配するので、母親同席面接をして母親の理解を深めてもらう。

⑨将来のことについての話し合い(薬学部に対して不満であったが、話し合っているうちに別にそこに進んでも文科系的なこと、語学、文学、社会学などができないわけではない)で、方針を定める。

以上のことを話し合ったのだが、その結果、本人の過食は減り、登校できるようになってきて、気持ちの方も「自殺願望が減り、自己主張の必要性を感じ出した。表面的な自分と本当の自分のギャップに気付いてよかった」となってきたのである。

ただ、①傷付きやすい傾向②コントロール力が弱くてすぐ過食に走る傾向③悪いほうに考えてしまう傾向④家族の本人への理解がゆっくりであるということで、何回となく再発を繰り返した。ただ、繰り返したとしても、再発のたびに自己の問題に気付いていくということができてきて、①自立②主体性、特にコントロール力や傷付きに耐える力③自己同一性などがもっと育つことといったことが、本人の目標として同定されている。

まとめと解説

過食症の場合も、拒食症の場合と同じように、主体性の後退、自己の未確立が、問題になるようである。どちらにしても、さまざまな苦（美しくなれないのではという不安、対人関係での傷つき、空虚感、飢餓感など）を受け止め切れず、中道から大きく逸脱してしまう。だから、どちらにしても、自己の確立や主体性の回復が、大変大事なテーマになってくるのである。それと、Lさんは治療意欲がかなりあって、まだ過食症としては軽症だとは思うが、それでもこれだけの歴史があるので簡単にすぐ終わるということにはならないのではないかという感じである。

第4節　家族の対応について——事例M

第1項　事例M

両親との出会い

ここは対話形式で摂食障害の家族の対応を探ってみる。

〈ふたつの例（K、L）でも家族が相当重要な役割を果たしていたように思いますが、家族はどのように対応するのが望ましいんでしょうか？〉

「それは、一概には言えませんが、まあ一つの例として家族だけが通ってきて少しずつ改善した例を提示します。

平成七年七月、両親が、治療者のもとへ相談にきます。

当時、十九歳（短大一年）の娘さん（M）の相談です。

Mさんは、小学五、六年の時、デブと言われたことがあり、その後も容姿を気にするほうだったとのことです。

高校二年の時、やや太り気味になり、ダイエットを始めます。それが、かなり行き過ぎてしまい、三〇キロ（一五五センチ）ぐらいになってしまったため、入院となってしまいます。入院で少しは体重は増えたのですが、退院後はまた拒食気味で、三五キロぐらいから増えていません。

また内科医には通うのですが、精神科医には行こうとしません。

そして、家庭内では独特の食事の仕方をし、また親から見たらとても勝手な生活をするので両親（特に母親）とのトラブルが耐えません。それで困って両親だけが来られたのです」

〈それで、まず両親にどう接するのですか？〉

「まず大事なのは、両親の話をよく聞いて、本人の歴史に関する理解を相互共有した後、両親が何で一番困っているか、何を一番心配しているか、どういうことを知りたがっているかを明らかにし、両親の苦悩を思いやることから始めます」

〈それで、両親は何を一番心配したり困ったりしていましたか？〉

「まずは、体重が増えないことです。

続いて、本人独特の食習慣です。朝、カロリーメイト一枚、夜は、ハカリできっちり計った量の野菜をミキサーにかけたそのジュースだけです。そしてやたらと水を飲むのです。

その他、夜中遅くまで起きていること、入浴しないこと、ガリガリなのにショートパンツをはいたりして恥じらいのないこと、電気をいつもつけっぱなしにすること等です」

〈これに対してはどうするんですか？〉

「これに対しては、親の注意なぞ聞かない状態になっていると思われますので、まずは親と子の交流を計ることが大切です。それで、次の会話を母としました」

母との対話

治療者〈いままで、こうしたことに対してはどうしていたんですか？〉

母「一応、注意はしていたんですが」

〈それで、どうなりました？〉

「いっこうに聞こうとしません」

〈お母さんとの関係はどうなりましたか〉

「いや、もう毎日喧嘩のような状態です」

〈これから、どうするつもりですか？〉

「どうしたらいいんでしょう？」

〈注意せずに、まず見守る態度をとれば、習慣は改まらないにしても、両者の関係の悪化だけは防げると思いますが？〉

「でも、つい言いたくなってしまうんです」

〈それはわかりますよ。でも、注意したらどうなります？〉

「関係は険悪になりますね」

〈じゃ、どうされますか？〉

「一度見守るようにしてみます」

となりました。横で父も聞いていましたので、両親とも見守り路線を取ったところ、「こちらが、優しく接すると、向こうの態度も優しくなってきた。それにいろいろ話しかけてくるようになったと報告してきました」

〈続いてどうなったんですか?〉

母親ノート法の効果

「家族も、本人との関係の改善が大事だという自覚が生まれ出したので、今度は母親に、本人との会話をノートに書いてくるように指示しました。

これによって、母は自分がいかに小言を言っているかに気付かされたようでした。また本人のためを思っての発言が実は自分のいらいらや不安の表現でしかないことにも気付いたようでした。また治療者も、このノートに関して〈ここはこういう言い方をすると母の愛情が生かされるようだけど?〉と、注釈を入れたりして、どんな接し方が二人の関係改善にいいかお互いに考えました」

〈いい感じですが、この後は?〉

「やはり、本人の気持ちをある程度、両親が理解する必要があるので、肥満恐怖のこと、頭の中が食べ物のことでいっぱいであること、他に生き甲斐が見つからないこと、将来の不安があることなどを伝えておくと、それは両親はよくわかったようで、それを踏まえて話し合うことで、両者の交流はさらに深まりました。

その後は、釣りや旅行に誘ったりして（これも強引で侵入的にならないようにして、本人の主体性を尊重するようにして）いったところ、最初はあまり気が進まないようでしたが、あまり無理強いせずじっと待っているようにしておくと、時々は一緒に行くようになり、本人も結構楽しく過ごせたようでした。

そうこうしているうちに、本人の食行動はだんだんと普通のものになり（前は、こうしていないといけないということが、強すぎたとのことです）、一年後には体重は四五キロほどに回復し、将来も四年制の大学に編入して勉強を続けるといった形で目標ができ、今は普通の生活に戻っています」

第2項　家族相談のまとめと解説——執着から正しい接し方への転換

〈今の家族相談の流れをまとめると、

①まず、家族の話を聞き、家族の苦しみをおもいやり、家族との関係を持つ。
②家族から、本人の歴史を聞きながら、家族とともに本人の心理状態の理解に努める。
③家族と本人の関係の有り様について家族と共に理解を深める（母親ノート法の使用等）。
④本人に対する適切な接し方（相手の主体性や気持ちを尊重、意見は言うが押しつけない質問しても侵入的にならないようにする、誘っても強制しない等）を探っていく。
⑤親子の交流の促進。

ということになるんでしょうか？〉

「まあ、そんなことでしょう」

〈仏陀の教えとの関連で言えばどうなりますか〉

「このMさんの母、一般の母と同じように、娘を何とか普通に（母親の考えている普通だが）させようとする煩悩に取りつかれていると言えます。こういう煩悩への執着に振り回されると、相手の気持ちと逆のことになり、折角の願いや努力が悪い方向に向いてしまいます。そこで、まずは相手の立場を思いやって接していく。こちらの煩悩は少し横に置いて相手の気持ちを尊重し、相手との関係改善を考えることが大事となります。この母親は、治療者（筆者）との対話の中でそれに気づき正しい努力をしたので、前進していったのでしょう」

第8章　縁起と空

第1節　縁起と空について

縁起と空の教え

先に縁起と空の教えについて述べたが、重要なことなのでもう一度詳しく説明すると共に治療上の意義について記しておく。

縁起とは、因縁生起のことで、「他との関係が縁となって生起すること」という意味であり、因（結果を生じせしめる内的・直接的原因）と縁（結果を生じせしめる外的・間接的原因）がからみあって、果（結果）を生ずるということである。

これは仏教の根本的真理の一つで、物の有り様や、存在の真実を説いているとされている。私には、難しいことはあまりわからなかったのだが、これを聞いた時は「この世に固定的実体的なものはなく、すべてが関係の中で成り立っているのだな」と感じた。

それと、自分はある現象や事物を固定した実体として取り過ぎるので苦しむのだな」とも思った。考えてみれば、当り前のことかもしれないのだが、いずれにせよ、世界や人間はどのような因縁で構成され、またどのような因縁で動かされているのか、おおいに興味をそそられた。

十二支縁起について

縁起の中で、一番有名なのは、仏陀の説いた十二支縁起である。十二支縁起とは、釈迦が覚りを開かれた時に、人生の無常変遷に関して考察し、その原因を追求して十二支の系列を立てられた時に発見されたものである。これは、また有情（生命を持つもの）の生存のあり方を観察したものと言えるし、また人間（だけでなく生物全体の）存在の苦しみの原因を探求したものとも言える。そして、四諦の教えと同様、この苦しみの構造の探求とそこからの脱却をはかることが、釈迦にとっても、最大のテーマだったわけである。

ただ、この十二支縁起は、とても難しく、最初聞いた時はチンプンカンプンだったし、今でもあまりよくわかってはいないのだが、わからないなりに何か私の心を動かした教えでもあるので、少し私なりに考えたいと思う。そこでまず十二支について、説明する。

①無明――真実がわからないことで、この無明は、すべての煩悩・迷いの根源になる。したがって、十二支縁起では、苦しみの根本原因として無明があげられる。

②行――無明によって動かされた盲目的行為（諸行や修行の行とは少しニュアンスが違う）。

無明のままでいると無意識のままに行動し、悪い結果や苦を招くし、それらが積み重ねられる。

③識――感覚器官とその対象が接触することによって生ずる、心の認識作用を言う。眼識・耳識・鼻識・舌識・身識・意識の六識を立てる。こういう識があるので苦を強く意識するのである。

④名色――名とは精神的存在で、色とは物質的存在を意味し、名色は一切の現象的世界を指す。十二支縁起では、識の縁で生ずるもの、すなわち六識の対象としての、色・声・香・味・触・法の六外処すなわち六境を意味する（三世両重の因果によって、十二支縁起を説明する場合には、識が母胎に宿った最初の刹那の識〈結生識〉で、名色は胎児の状態、六処は胎児に眼・耳・鼻・舌・身・意の六根が発生完備する状態であるとされている）。

⑤六処――眼・耳・鼻・舌・身・意の六内処すなわち六根で、感覚器官や感覚能力を指す。感覚が鋭敏な人ほど苦を感じやすくなる。

⑥触――接触のことで、感覚器官（六根）とその対象（六境）と各認識（六識）が接触することである。いわば、感覚や感情、あるいは意思やその他の精神活動の起こる最初であり、それらを養い育てるからこの面をとらえて触食ということもある。いずれにせよ、根境識の三者の和合により、感覚や知覚の認識作用が生ずることを触という。生きていればどうしても何かと接触することになりそれが苦を引き起こす。

⑦受――触から生ずる苦・楽・不苦・不楽などの感覚をいう。皮膚や感覚で苦痛や快楽を感ずるものを身受といい、精神的に憂鬱感や苦悩を感じるものを心受（精神的受）という。触によって受動的に感じさせられる苦と言える。

⑧愛――渇愛のことで激しい欲求を指す。愛には欲愛、有愛、無有愛がある。欲愛は世俗的欲求で、有愛は来世における幸福を願う欲求で、無有愛は、存在のない虚無を希求する欲求であり、これも誤ったものと仏教は見る。まさに渇愛・貪り・欲求こそ集諦の根本で苦をもたらす。

⑨取――愛（欲）により生ずる誤った取着の実際行動。執着のことを指す。過度の執着は苦をもたらす。

⑩有――存在、生存のことで愛・取と共に未来の果が定まる位。生存することは苦をもたらす。

⑪生――有情が此の世に生まれることが生である。有情が生ずる時は、その人固有の知能・性格（執着傾向の程度など）等の素質を持って生まれる。生はまた無明の苦を引き起こす。

⑫老死――種々の苦（四苦八苦等）の代表としてあげたもの。生があるから、老死の苦を初め、種々の苦があるのである。

以上が、十二支ということで、これらが順番に生ずるということのようだが今一つ私にはよくわからない。したがって自分なりに次のように理解した。

まず、③④⑤が⑥のように集まり、⑦が生ずるのはよくわかる。例えていうならば、ある美しい人や物がいるとする。その時、「人や物を美しい、醜い等と感じる心の中での認識作用」（③の識）と「外部にある美しい人の存在」（④名色）と「美しい人を感じる知覚器官」（⑤六処）の三つが集まって（これが⑥の触）、美しい人との認識が生じる。ここのところは逆に、美人がいて（④）、美人を知覚し（⑤）、美人という認識が生じる（③）と考えることもできるかもしれないが、いずれにせよ、識、名色、六処、触は、知覚・認識の根本要素と考えていいだろう。

そして、美しい人・物の知覚・認識は当然快感を感じさせる。これが⑦受の作用である（もちろん、逆を感じる人も稀にはいるかもしれないが）。

続いて、人間は快感を感じると、それを欲しくなるから、⑧愛が生じ、それはまた⑨取の執着を生じる。逆に苦痛を与えるものを知覚した場合は、それを避けることに執着するわけである。

そして、このような、⑧や⑨の作用の結果としての習慣的力が、⑩の有なのだろう。さらには、このような有を持たされて生まれてくる結果、⑫の老死を代表とされる苦を持たされるということだろう（執着を持たされるから苦が生ずるわけである）。

ここまでは、なんとなくわかったのだが、問題は無明と行である。なかでも行が盲目的行為としたら、⑨の執着行動とさして変わらないのではないか、また認識も生まれていないのに行動があるのも変だなと思った。

そこで私なりに次のように考えた。すなわち、ここでいう行とはおそらく、③から⑨（もしくは⑫）までの、作用全部を指すのであろう。そして、それが、盲目的であればある程、例えば⑨

取や⑫老死は激しくなるということだろうと思った。

そして、そうした連鎖作用に無知であればあるほど（すなわち、初めの無明が強ければ強いほど）、盲目的な作用としての行がひどくなるわけである。

そこで、私なりの結論をまとめると、「③から⑫までの流れは人間としてきわめて自然なことである。しかし、そのことに気付いて少しでも執着をコントロールし、苦を和らげ、安らぎを得ようとする働きも自然に生ずる。しかし、後者のほうがより努力を要するものであることは間違いない。そして、その③から⑫の流れに気付かず、無明のままでいると、③から⑫までの行は、一層ひどくなり、また悪い作用ばかりになり、苦しみ煩悩は増大する」ということになるのであろう。

逆に、無明から脱すると盲目的な作用としての行も和らぎ、したがって愛（喝愛）や取（執着）もコントロールでき、老死の苦も少なくなるのではということだろうか？（これは、少しでも仏教を知っておられる方からしたら、ひどい邪見なのだろうが、今のところ、私としては、これで納得しておこうと思っている）。

十二支縁起と四諦の教え

ただ、この十二支縁起を考えてみると、これは四諦の教えを詳しく言ったものかなとも思った。それは、生や老死の苦諦の背後に集諦があるわけだが、その集諦（執着としての取）の背後には愛があり、またその背後に受があり、そしてさらにその背後には、識・名色・六処の触（集合）があるといった具合である。そして、そうした集諦や苦諦を強めるものとして無明があるわけで、この無明から明に開けることが、滅諦であり、その方法が道諦ということになるのだろう。

空の教え――無自性

さて、関係性の重要さを示すものの教えとして、今一つ大事なのものとして「無自性」ということを学ばせてもらった。無自性とは「あらゆるものそれ自体には、いかなる本性もないということで、すべては因縁によって成り立っているのであって、固定的な実体は存在しない」ということで、これは「空」と同義語である。

ただ、ここで大事なことは、空といってもそれは決して一切のものが無であるとか何も存在しないということではなく、固定的な形では存在しないということと、あらゆる存在物は、関係を離れて固有の性質を持っているわけではないということなのである。すなわちすべてが流動的で関係の中にこそ真実があるのだという考えなのである。

空と慈悲――空は慈悲や治療につながる

空というと「むなしい」とか「何をしても意味がない」という見方を取る人もいるようだが、それは「むなしさ」や「無意味さ」に捉われている姿で、真の空からは離れている。空は無ではない。もちろん有でもない。空は有無を超えているのだ。

空の思想をこのような「低級な虚無感」と考える人は、慈悲行や治療的営為のすばらしさ・楽しさをあまり理解できていないようである。

もう少し丁寧に説明すると次のようなことになる。
①過度の執着から離れ、自然な営みに入れると気持ちがとても楽になる（自分のしたいこと、できること、有益なことに無理なく自然に集中できる）。
②過度の執着から離れ、ほどほどの欲求・執着で動けるということは、空を悟っていること、空の悟りを実践していることにつながる（すなわち、「思うようにいかなくてもかまわない」と自然に覚悟できる。また思うようにいかない辛さを持ちながら、適切に行動できる）。
③自分は空であり、自分は関係の中で存在している。したがって自分の中には他者との関係も存在するし、ひいては他者がいる。自分とは「他者」と考えてもいい。
④したがって、自分が真に空の教えを得ると言うことは、他者も空の教えを得ることである。
⑤他者が仏縁により空の教えを得られたらそれは他者を楽にさせたことになる。すなわち、抜苦与楽という大いなる慈悲行につながる。
ということで、空は慈悲につながるということである。そして、慈悲の一つとして、心身の治療が挙げられるのである。

もう一度言うと、自分が楽になることは相手が楽になることで、他者が楽になることは自分が楽になることである。

くれぐれも悟りを自分だけの世界に閉じ込めないでおこう。しかし、もっと言うなら、空や慈悲や治療にもあまり過度に執着しないようにしていこう。

第2節　縁起と治療との関係――事例N・O

縁起の重要性と治療

さて、縁起の考えは関係の重要性を教えてくれ、空（無自性）の考えは、現象を自由に見ることの大事さと慈悲の重要性を教えてくれたが、両者は結局同じことを別々の側面から言っているということなのだろう。

これは、心の病の治療にとっては、とても大事なことのように思う。すなわち、縁起と空の教えによって、患者や治療に対する考えが随分柔軟になるからで、それが患者・家族に益するところ大だからである。

ここでは、それに類する例をいくつかあげてみよう。

病気になるかならないかの分かれ目――事例N

身体の病気でも、病気になるかならないかは、いくつかの要因（高血圧の原因としての、体質、遺伝、喫煙、肥満、運動不足、塩分の取り過ぎ、食生活、ストレスなど）が、関係するが、心の病も多くの要因が絡み合うのが、普通である。

ただ、そうはいっても、ちょっとした縁で、病気になるかどうか分かれる場合がある。これは、あらゆる心の病に言えることだが、ここでは、不登校（これを病気と呼んでいいかどうかは問題があるが）の場合を取り上げてみる。

中学一年の男子Ｎさん。彼は小学校の時、かなり優等生で、有名私立中学に入学したのだが、周りの生徒ができる子ばかりで劣等感を感じる。一学期は、何とか出られたのだが、二学期になる前に、疲労感、めまい、頭痛などを訴えたため、母親は大変心配した。それである大病院に行ったところ、かなりの検査が必要で、はっきりするまで休んでいるように言われ、三週間休んだ。結果は異状なしだったのだが、劣等感を感じている上に、三週間も休んでしまったため、ますます行けなくなる。その後、母親は行け行けとうるさく言ったため、ますます引きこもって、不登校は長引き、家庭内暴力のようなことになったのである。

そこで、考えて欲しいのだが、もしここで、その医師が「検査の結果が出るまで学校に行くのと休むのとどちらのほうがまだしもいいかな？」と問うなりして彼の気持ちを尊重したり、またその時の彼の背後に隠れている心身の不安・緊張に気付き、そのことを詳しく聴いてあげたり、安定剤でも投与するなりして、心身をリラックスさせたりすると、流れが変わったかもしれない。つまり、辛くても、行くほうを選び、行くときの辛さを安定剤やカウンセリング的接近で楽にしてあげるということで、彼は別に病気のような状態にならなくてもすんだかもしれない。

もちろん、逆のことも考えられるわけで（逆の場合の方が多いかもしれないが）、本人が休むことで心身の立て直しを計りたいのに、医師が「病気でもなんでもない。休む必要はない」と言い、親も同調してしまった場合、また引きこもり、家庭内暴力が出るかもしれない。

いずれにせよ、本人の気持ちを尊重しながら、本人の立場にとって最善のことは何かを考えていかないと無用の病気を作ってしまうことがある。

医師が作る無用の病気を医原病と言うが、いずれにせよ医師のちょっとした一言（「危ない病気かもしれませんね?」など）や説明不足、不適切な投薬や処置等が、そうしたことを起こしやすいのである。

ただ、今のは医師に限ったが、大きくみると①病気を発生させる準備要因②病気を発現させるきっかけ（縁）③病気が軽くてすむかどうか、ひどくなるかに影響する要因などは、あらゆるところに含まれている（ある人などは、待合室に飾ってある花を見ただけで、元気が出てきて立ち直りのきっかけになったということがあった。「一木一草、これすべて治療者」というように考えてもいいのではないだろうか?）。

診断・病名は固定的な実体ではない――事例O

心の病において、精神科医は、多くの場合診断をし、病名をつける。これ自体は当り前のことで有益でもあるのだが、これにこだわったり固定的に考えてしまうとあまり治療上、有効なものにはならない。

診断・病名がどれだけ流動的なものか例をあげる。例えばある精神科医が、家族に連れられてきた青年Oさんを診察したところ、固く拒絶的である。家族から話を聞くと「見張られている」「監視されている」「悪口を言われている」ということで、昼間からカーテンをして部屋に閉じこもって独り言をぶつぶつ言っているというので、その精神科医は、幻覚妄想状態にある統合失調症だという診断をつけ、薬を出す。

ところが患者は薬を飲まず、状態はますます悪化するため、家族は別の精神科医を受診させる。今度の精神科医は患者に対して、積極的にしかし侵入的にならないように気をつけながら「何か恐いのかな？」「どうしていいかわからなくなってるのかな？」「誰も信用できなくなっているのかな？」と患者の琴線に触れるような話掛けをすると患者は口を開き初め、幻聴体験や被害妄想体験を話しだす。その精神科医はなるべく本人の気持ちが安らぐようにこころがけながらその体験について話し合い対策を考えていったところ、相当疲れていることが合意されたので薬をのむことを納得し服薬に応じた。

その後話し合いが続いていく中で、幻聴や妄想は少なくなり、代わりに「周りが気になってしかたがない。気のせいだと思うが心配で仕方がない。それにこんなことで仕事ができなくて憂鬱で仕方がない」となったのである。これは、もう神経症やうつ状態の症状である。そこで、どんな病名か聞かれた精神科医は、患者・家族に「前は統合失調症的部分が優勢だったが、いまは神経症的部分（気にし過ぎる点）が優勢で、うつ的部分も少しある」「ただ、そうした病的部分だけではなく、それらを治そう、仕事に出たり、社会復帰をしたいという希望や、ここで話し合いができるという健康な部分もある。そして病的部分は、人間の弱点の現われでもあるから、それらを克服するようともに考えていこう」と説明した。

ここで、この青年が、統合失調症だったか、神経症だったのか、うつ病なのかを議論することはあまり治療上、有益ではない。

大事なことは、人間の心（身体もだが）は、健康な部分と病的な部分（例えば、神経症的部分、うつ的部分、心身症的部分、統合失調症的部分、依存症的部分、境界例的部分など）があって、少しでも病的な部分が増えて、生活に支障などが出てくると病気と呼ばれるだけで、健常者と病者の間に境はなく、程度問題だということなのである。

そして、診断で注意するのは、

a．今この患者の健康部分はどの程度か、病的部分で優勢なのはどれとどれかといったところを診ること。

b．診断は暫定的で仮のものであっていつ変わるかわからない（優勢部分がどう変わるかわからない）ということに注意し、その時点で最適なことをするということ。

なのだろう。

ここで、見たように、病状や診断は固定的なものでなく、時間や関係性（治療者の交代といった）によっていくらでも変わり得るということである。だから病名は固定的な実体ではないし、無自性なのである。

これにもう少し付け加えると、少しの症状だけで病名をつける医師と詳しく見て診断する医師では病名がちがってくることがある。（抑うつ感、意欲低下を訴えた青年を最初の医師はうつ病と名づけたが、あとで見た精神科医はリスト・カットや薬物依存、治療者への理想化と幻滅によるトラブルなどを見て、境界例と診断した）。

また、双方とも詳しく見ても、精神科医の間で、診断の不一致率というのは結構高いものなのである（その時の患者の状態・特徴と精神科医の精神状態や個性によって、患者のどの部分を感じ、それをどう整理したかは、結構違ってくるものなのである）。

さらに言うと、ある医師にはあまり症状を出さないが、別の医師にはかなり症状をだすとか、医師によってはどんどん妄想を聞いて掘り起こしてしまうといったこともある。

こう考えると、まさに症状・診断・病名は、患者と治療者の合作と言える（もう少し付け加えると家族や周囲の人の対応も病状に変化を与えるから、患者を取り巻く全体と患者との関係による合作と言える。だから、病状も患者も無自性なのである）。

だから、ある病名が決まってがっくりきた（特に統合失調症などで著しい。統合失調症と言われ、a．人格の全部を統合失調症と誤解する、b．統合失調症的部分が固定化され、永遠に続くと誤解する、c．人生に絶望したり、結婚も就職もできないと可能性を狭く限定してしまう、ひどいときには自殺まで追い込まれるといったことになる時がある。家族も同じように考える時があり、患者のすべてを病気と見、またそれを固定的にとらえやすい）ということにならないように、病名を固定的に考えずに絶えず、健康的部分を増やす努力をすることが望ましいと言える（後でも、述べるが、筆者にはこの健康部分が仏性で、固定的な考え方を無明であり過度の執着であると思える。すると、治療とは、仏性と無明・過度の執着との戦いということになるのかもしれない）。

原因は多様で流動的である

さて、病気そのものが固定的自性的でないこと、関係の総和に過ぎないことはわかったと思うのだが、それをさらに示すために、病気の原因について述べたいと思う。患者・家族は、しばしば「この病気の原因は何ですか?」と問うてくる。そのことについて話し合うと、彼らが、病気を固定的に考えているだけでなく、原因も一つや二つに限定して固定的に考えている姿に出会う（追い込まれている方というのはどうしても固定的に考えやすいのかもしれない）。

しかし、心の病の原因はそんなに単純なものではない。

試みに、まだ精神医学の中では、そう複雑だとされていない（統合失調症などと違って）うつ病の例でも、いったん原因を考えだすとかなり複雑なことになってくる。

ここで、以前に述べたEさんのことを考える。Eさんが、うつ状態に陥った直接の原因は①初めて会社を休んだこと、だが、その①をもたらしたのは、②過労と③高血圧である。②の原因は、④会社の業績不振もあるが、⑤頑張り過ぎる本人の性格や⑥出世欲⑦転勤したて、といったことなども絡んでくるだろう。また、多くの人は、休んだだけでうつ状態にならないのに、なぜ彼は、そうなったかを考えると、⑧本人のメランコリー親和型性格や⑨順調希求姿勢がでてくる。これだけでも多様だが、こうした本人の性格をもたらした要因、さらには高血圧の要因なども考えると、両親の性格や体質や成育歴まで問われ、そしてまたその祖先は？と考えていくと、原因は一層複雑なことになってきて、まさに時間的にも空間的にも、無限の網の目の中にいるような感じになる（これでわかるように、簡単なように見えても、どれもこれも複雑な連鎖を成しているわけだが、まさに華厳経に言う「一即多、多即一」を連想させられる）。

それから、考えると、心の病という事象は、種々の因と縁が、複雑に絡み合い、到底単純な因果律や自然科学の図式では律し切れないものだということがわかる（一部の家族の方の考える「先祖の因縁説」は、部分的に正しいところもあるが、あまりにも単純過ぎる。したがって治療の方も、先祖供養だけではだめで、自己を磨いていくとか環境を整えるといったことをせねばならないと助言する必要がある）。また、この因や縁の種類と程度、持続時間、有り様、それら相互の関連の様態などは、個々の事例で非常に差があることも容易に理解できることだと思われる。

したがって、ある心の病の原因を記述しようと思えば、それはほとんど物語のようにならざるを得ないと言える。そして、治療において大事なのは、なるべく正確に真実を踏まえ、役に立つ物語を発見していくといったことになるのだろう（ただ、真実といっても、それは関係の中で変わっていくことだから、物語の内容も固定的なものでなく、治療の進展と共に変わっていくことは言うまでもない）。

（原因が、治療の進展と共に変わっていく例としては、やはり不登校の例が挙げられる。ある不登校・家庭内暴力の高校生は、「俺をこんなに駄目にしたのは家族だ」と言い、そのことで、本人だけでなく家族も治療者もそれを認め、その上でどうするかを考えていったところ、徐々に立ち直っていったが、立ち直って再登校して言うことには「あんなに親のことをひどく言っていたけど、実は自分の方にもかなり問題があった」と自分の側の原因も認めたのだ。原因も物語も無自性であって、時間と御縁で変わってくるのである）。

治癒や予後を左右するもの

さて、心の病にかかっている患者・家族にとって、原因も大事かもしれないが、最大の関心事は、治るかどうかということである（これは、また「（治るとしたら）いつ頃治るか？」「どこまで治るか」「（治る治らないは別にして）将来どうなるのか」という問いにつながっていく）。

さて、治るかどうかということだが、これに関して筆者は「人間は弱点や煩悩を持っているから常に病的部分を少しは有しているので完治は有り得ない」「だから治るとは、治癒段階が、理想型（神や仏しか実現できないような）にいくらかでも近付くということである」という立場を取っている。つまり一般健常人と言われている人も部分的に病的であり、完治していないのである。人間は永遠の寛解状態にあるのである。

そこで、治癒段階が上がるかどうかに関してだが、これまた原因に優るとも劣らないほどの複雑な要因が絡んでくる。簡単に整理しても、①本人側の要因②家族側の要因③治療者側の要因④本人を取り巻く対人関係・社会関係の要因といったように分けられる。そして、①②③に共通するものとしては、病気の原因の自覚の程度、治療意欲の程度、ほどよい熱意、適切な行動等が挙げられるだろう。ただ、同時にそれらを左右するものとしては、④と絡む運・不運の要因が挙げられるだろう。また目に見えないものとして、それら全体を左右する霊的な良縁・悪縁が挙げられるだろう（だから、信仰は病気の治療にとって重要である）。

結局、全体を考えると、治癒段階が上がるかどうかは、運と縁によるということだろう。だから治療者としては、なるべく、良運・良縁を引き寄せ、悪運・悪縁を遠ざけるようにするということが大事なのだろう。

それから言うと、精神医学の教科書を読むと、予後の項が載っているが、これらもやはり参考にはなっても、絶対的・固定的なものではなく、関係の網の中で左右される無自性なものなのである。

治療法について

治療方法も、患者・家族の知りたいところだが、これも一定のものはない。例えば、一般的にうつ病患者は、励ましてはいけないと言われているが、慢性で長期化している場合、励まして毎日散歩に行かせた方がいい場合もある（励ましていけないのは、休養に意義のある場合だけで、だらだら休養になるとかえって患者さんを落ち込ませる）。

不登校は、登校刺激をしてはいけないと言われているが、ある場合には頑張って登校させることで本人が自信を持てる場合がある。また、子供の気持ちに立ってと言われるが、ある場合には対立する（テレビを自室に置きたいという子供に親が対立して置かせなかったところ、親を尊敬しだした）方が、治療的な時もある。「何故？」という質問は患者に負担をかけるだけだからしない方がいいと言われているが、ある場合に丁寧に「何故？」を聞いていき、患者が原因を理解できて良くなる場合もある。統合失調症は、一生薬を飲まねばならないと言われているが脱却した人も少なからずいる。

こんな例を挙げていきだすと、おそらく切りがないだろう。だから、治療法も無自性で、御縁によってくるのである。

（さて、ここまで、病気も病名も症状も原因も予後も治療法もすべて、無自性〔空〕であり、それらは御縁という関係の中で決まってくると言ったが、だからといってどんな考えでもいいというわけではない。精神医学や臨床心理学の本の中には、病状や原因や予後や治療法などが書いてあるから、それらは参考にした上で、なるべく患者・家族と共有でき、患者・家族の役に立つ考え〔あくまで仮説と幻に過ぎないが、それでも無いよりある方がはるかに良い〕を見つけ、試行錯誤を繰り返しながら、治癒段階を上げるようにしていけばいいのではないかと思われる）。

第9章　応機説法と治療・カウンセリング

第1節　応機説法

第1項　応機説法の要約

第1章第2節第5項で応機説法について少し述べたが、今度はもう少し詳しく解説する。

仏陀の教えの理解や実行の難しさ

さて、仏陀が、四諦、中道、縁起という素晴らしい考えを悟ったのはいいことだが、一般の衆生、特に追い込まれている患者・家族達はなかなかこうしたことを理解できない。また、一般論としては理解したとしても、いざ自分のことになると、自分自身の苦の原因が執着にあるということを認めなかったり、また理屈ではわかっていても、なかなか執着を滅することを始められなかったりということがよくある。

こういう事情もあったのか、仏陀も「自分の悟った教えは、他の人には到底理解できるものではない」と考え、なかなかその素晴らしい教えを説こうとしなかったのである。

しかし、このまま放っておいたら、衆生は苦の中に沈むだけである。梵天はこうした事情を考え、何度も仏陀に勧めた結果、ついに仏陀は「法を説いてもわからない人もいるかもしれないが、法を説くことで救われる人がいるかもしれない」と考え、法を説く決心をするのである。

そしてここが私の最も感心するところだが、仏陀は素晴らしい法を説いただけでなく、なかなか法を理解しにくい衆生のことを思って、法の説き方自体に素晴らしい技術を発揮したのである。

第2項　応機説法の詳細

人を見て法を説く

その技術としてまず取り上げられるべきものとしては、先に取り上げた「応機説法」（対機説法とも呼ぶ）があるだろう。応機説法とは、その場に応じて適切で必要なことを説く、またはその人に応じて法を説く（「人を見て法を説く」）といったことだと思われる。

このことを示している個所として、スッタニパータに出て来る仏陀の説法を取り上げてみる。仏陀は、マーガンディヤというバラモンの質問（「もしもあなたが、多くの王者が求めた女、このような宝を欲しないのであるならば、あなたはどのような見解を、どのような戒律を・道徳・生活法を、またどのような生存状態に生まれ変わることを説くのか）」に対して「マーガンディヤよ。わたくしはこのことを説く、ということがわたくしにはない。諸々の事物に対する執着を執着であると確かに知って、諸々の見解における（過誤を）見て固執することなく、省察しつつ内心の安らぎをわたくしは見た」と答えている。

ここのところは大変大事な処だと思う。つまり「このことを説く、ということがない」ということは、何も説かないと同時に、何でも説くという自由性であり、また執着を離れた説き方なのである。そして、仏陀は相手に応じて、またその場に応じて、自由自在に説く内容を変えていったと思われる。

これは精神科臨床においてもきわめて大切なことである。というのは、今までにも述べたように、実際の臨床やカウンセリング場面では、本当に患者一人一人に応じて、解釈する内容が違ってくるからである。例えば、軽はずみに行動する人には慎重な態度の必要性を、慎重過ぎてまったく動かない人には多少冒険でもして動く必要性を、怠けている人には労働の必要性を、働き過ぎの人には休息の必要性を、他者に責任転嫁ばかりする人には自己反省の必要性を、自分ばかり責め過ぎる人には共同責任を自覚することの必要性を、また薬が必要なのに薬を怖がり過ぎている人には薬の有用性と安全性を、あまり必要ないのに欲しがる人には中毒といった危険性を説くといった具合である。

このように応機説法というのは相手の足りない点を補い、出過ぎている点を引っ込めるというところに繋がり、常に相手の状態に応じて法が説かれるということになるのである。

また、同一の人物に対しても、その時その時の状態や関係性において接し方は変わってくる。例えば、関係がまだ浅い時は、患者に受容的に接するが、深まってくると相手の問題点を積極的に取り上げ話し合うといった点である（もっとも、境界例など、相手にすぐ苦を移してくるような人だと、最初から、きっちり枠を作って接するべきだが）。

もう一つの例だが、ある若い女性患者が、統合失調症状態にあって、幻聴に左右され、独り言をぶつぶつ言ったり、被害妄想に振り回され、大声で妄想の相手である隣家に怒鳴ったりしていた。こんな時は「そんなに独り言を言ったり、大声を出したりしたら、周りからどう思われると思う？　信用なくしませんか？」という形で、もっと周りのことを、気にするように働きかける。しかし、落ち着いてきて、幻聴や妄想から脱却した後、今度は「周りの人に悪口を言われているような気がしてしょうがない。そんなことはないと思うけど周りから変に見られてるようで気になってしかたがない」というように、訴えのレベルが上がった場合（前は、間違いないというように現実離れした思い込みがあったが、今は「現実にはそんなことはない」と現実を踏まえている）、「気になるのは仕方がないから、それはそれとして、気になることを放っておくことが大事なのでは」というように周りのことを無視するよう働きかけるといった具合である。

相手と共に考える、相手に考えさせる

この応機説法と同じく、仏陀はまったく相手と共に（相手のレベルに合わして）議論や考えを

進めていったようである。このことに関して、ウィンテルニッツ[10]は「仏教文学史」(印度文学史第2編)の中で「仏は外見上、まず全然反対者の立脚地に立ち、反対者と同一見地から出発して、同じ議論の方向、時には同一述語まで使って以て、不知不識の裡に反対者を、反対者かれ自身と全然反対なる見地に伴いゆくのである」と述べている(仏教カウンセリング、藤田清より引用[11])。

これでわかるように、仏陀は常に①相手の立場に立つこと②相手のレベルや言葉で考えること③知らないうちに相手に考えさせ反対の立場に導くこと、を考えていたと思われる(これは正にカウンセリングでいう受容、共感、相互検討ということで、治療の根本だろう。つまり、自分の側に相手を引き寄せるのではなくて、常に相手の立場にということだろう)。この「知らないうちに考えさせる」という点については、先のベック[1]の考えと同じである。

第2節　治療場面での応機説法

第1項　うつ病患者——事例P

相手に考えさせることの有用性——病気質問に対して

このような仏陀の態度は臨床でとても有用である。というのは患者は治療者に多くの質問をしてくるが、そのほとんどは簡単に答えるよりも、患者に返して考えさせてあげる方が、はるかに患者の役に立つのである。

その例として、例えば、患者が「この状態は病気なのでしょうか?」という質問をしてくるとする。この時、治療者は直接これに答えるよりは「病気かどうかどういう点で気になるんでしょうか?」と問い返す方が治療的に有効な場合が多い。どう有用かは後で説明するとして、ここでは、うつ病患者Pとの対話例を挙げてみよう。

患者「先生、いったい私は病気なんでしょうか?」

治療者〈その質問はとても大事な問いですね。ちょっと一緒に考えていきましょう。その前に、病気かどうか気になるのはどういう点でなのか、教えていただくと助かるんですが?〉

「うーん。そう言われるとどう答えていいか……そう、もし病気だとしたら治療せんならんですね。それを知りたいのかな」

〈では、治療が必要かどうかに話を絞りましょう。今、あなたは苦しく辛い状態ですね?〉

「ええ、確かにそのとおりです」

〈その状態から、一人で抜け出せそうですか?〉

「いや、いろいろやってみましたが駄目でした。夕方、いやいやながらテニスをして身体を疲れさせたら眠れると思ったのですが、全然駄目です。寝よう寝ようとしても頭は冴えてくるし、明日の会社のことが心配になるし、昼間も憂鬱で気力がなくて苦しいですが、夜はもっと苦しいです」

〈ということは、一人では解決は無理だから、専門家と相談しながら解決を図ったほうがいいということですか?〉

「ええ、そうですが、いったいどうすればいいんでしょうか？」

〈例えば、薬で心身の疲労を取り、気分を明るくし、休養しながら、二人であなたの問題を話し合っていくということは、いかがですか？〉

「それは、いいと思います。そうすると私はやっぱり、病気なんでしょうか？」

〈やはり、そこが気になるんですね。治療が必要なことはわかられたようですが、なお病気か気にするのはどういう点ですか？〉

「病気にかかるなんて、しかも精神の病気にかかるなんて、自分はなんと弱い人間、なさけない人間のように思えるんです」

〈その気持ちはこちらによく伝わってきます。ただ、病気は弱いからなるとは限りませんよ。病気というのは、今のままだと行き詰まりがくる、少し軌道修正したほうがいいというサインでもあるんです。だから、これを機会に自分を振り返ってみると、一段とあなたは大きくなるように思われますがいかがですか？〉

「それもわかるんですが、どうしても自分が弱い駄目な人間のように思えてくるんです」

〈そうですね、よもやこんな状態になるとは思ってもいなかったんでしょうからね。それでいかがですか？　自分で弱いと思っている点を見つめられる人と、見つめていかない人とどちらの方が、強い人間になっていく可能性があるんでしょうか？〉

「そうですね、見つめることは大事なんですよね」

〈では、今後どうされますか？〉

「この際、ゆっくり休養を取って考えて行きたいと思います」

（この患者は、薬で睡眠、休養を取り、うつ状態から抜け出していった後、自分の問題点〔仕事一筋、完全癖、休養が取れない点、真面目すぎる点、自責的な点、過剰適応〕を見つめていく中で、自分の良い点は伸ばし、具合の悪い点は修正していこうという形で、仕事に復帰した。病気かどうか気にしていた点は、良くなるに従ってほとんど話題にならなかった）。

ここで、見られてよくわかるように、治療者は全部質問ばかりして（必ず？で終わっている）、患者に考えさせようとしている。その結果、病気かどうか心配している背後の問題点として「治療が必要かどうか」「どんな治療をするのか」「病気は駄目で弱い証拠か」といったことを気にしていることが浮かび上がってくる。そして、それに対しても、治療者がヒントを与えながら、患者に考えさせ、患者が納得できる方向へと導いていっている。

だから、質問にすぐ答えず、応機説法のように相手（患者）に考えさせる方が、①質問の背後に隠された核心的問題点が明らかになりやすい②大事なことの理解・認識が、患者自身のものになりやすい③患者が納得する方針が見いだしやすい、といった利点があるように思う。

第2項　統合失調症に対する応機説法の例

この「病気かどうか」という問いは、統合失調症が絡む場合、一層深刻なものとなる。患者

〈統合失調症かどうかは別にして、統合失調症的体験を持った、あるいは持ったと気にしている人〉は、おそるおそる「先生、私は病気なんでしょうか？」と聞いてくることがある（おそるおそるになるのは、それだけ怯えが強いと言える）。そこで、こちらが〈病気かどうか気にするのはどうしてかな？〉と聞くと、そこで、患者は「実は自分が統合失調症かどうか気にしていた」と告白することがある。

治療者が続いて〈何故統合失調症かどうか気になるのか？〉聞くと、患者は「統合失調症だと、気が変なわけだし、普通の人間からはずれてしまうし、治らないし、廃人になってしまうから恐い」と告白することがある。

この告白でわかるようにここが一番患者の恐れているところで、こうした病者自身が持つ偏見が一番問題なのである。治療者はここで「もし、統合失調症があなたの思っているような病気だったら大変怖いわね」と病者の恐れを受容しながら、「統合失調症は、普通の人間が共通に持っている弱点が積み重なった状態で、治らないことはないですよ。治るかどうかはさまざまな要因が関わっているので、宿命と考える必要はないですよ」といったことを説明しながら、病者を恐怖と偏見から解放するように努めるのである。

これでわかるように、患者は「病気かどうか」を問うが、核心は統合失調症への偏見であり、怯えであったのである。だから、この核心の怯えが手当てされれば、問いそのものは重要でなくなるのである。ここでも問い返して考えさせることは、仏陀の説法のような心霊的変化とまではいかなくても、患者の心境を、すこしでも良い方向に改善させられる可能性を秘めていると言えるだろう。

第3項　相手の怒りに対する応機説法

今日怒りを相手（治療者や家族など）のせいにする「境界例を初めとする難事例」が増えてきているが、その治療のポイントも仏陀のように怒りを本人に返していく作業になるように思われる。その境界例に対する具体例だが、境界例患者が、怒りをずっと治療者にぶちまけるとする。そのうち、境界例だから、治療者に何とかしろと言ってくる。その時、怒りの内容や原因や対策を一緒に考えていった方がいいかどうかを聞いて、その承諾を得たうえで、怒りについて本人に考えさせていく。そしてそれに対する適切な対策も考えさせていくというのが、重要な作業になるのだろう。患者から、怒りを向けられたとき、時として治療者は動揺し、また自分が悪いのではと感じさせられることがあるが、多くの場合、怒りの元は患者にあることが多いので、徐々にそれを本人に返していってあげることが大事になるのだろう。

第4項　応機説法と火宅の喩え

法華経に見る火宅の喩えとは？

応機説法を具現化する喩え話として、今度は法華経の中に出てくる二つの喩え話を取り上げる。

一つは、法華経の譬喩品に出てくる「火宅の喩え」（三車一車の喩えとも言う）である。どういう話かと言うと、ここに一人お金持ちの長者がいて、彼のおおぜいの子供たちがその大きな家で遊んでいるうちに、周りに火事が起こり、その家が火に包まれるといった話である。長者は火事に気付いて、家（火宅）から出て行くが、子供たちを火宅に置いてきたことに気付き、もう一度戻り、子供たちに「家が火事になり、出て行かないと焼け死んでしまうから、早く出ていきなさい」と言った。ところが、子供たちは、いろんなおもちゃで遊んで夢中になっているため、長者の言うことに全然耳を貸さない。

困った長者は一計を案じた。それは、子供たちが、日頃、羊の車や鹿の車や牛の車を欲しがっていたことを思い出し、子供たちに向かって「外に出て行けば、おまえたちが日頃欲しがっていた、羊車、鹿車、牛車があるよ」と、呼びかけたのだった。そうすると子供たちは我先に家を飛び出し、一応火事から救われたのである。

そこで、子供たちが、さっきいった三種類の車を要求したところ、その長者は最初に約束した三種の車ではなくて、もっと素晴らしい大きな一つの車（七宝作りで、欄干があって、宝玉で飾られた、足の速い真白な牛の引く車）を与えたのである。もちろん子供たちは大喜びである。前の車が用意されてなかったことに対する不満はまったくなかった。

以上が、火宅の喩えという話の概要である。これは、表面的に見れば、三種の車を与えるという嘘の約束をしたことになるが、結果的には、火事から抜け出せ、また三種の平凡な車に代わって、素晴らしい大きな一つの車が手に入ったわけだから、嘘が役に立ったわけである。

仏陀は、この喩え話しを引いて「人間たちは、ちょうどこの燃えさかる家といった世界にいながら、快楽や欲望のために右往左往していて、なかなか火宅からという欲望の世界から出られない。そこで三種の乗物（声聞乗、縁覚乗、菩薩乗）で人間たちの心を引き付け、欲望の燃えさかる火宅の世界から脱出させ、大白牛車という一仏乗を与えたのだ」と説いている。

火宅の喩えから、治療への連想

さて、私がこの仏陀の喩え話を聞いた時、患者がよくなるためには、多少の嘘（というより、真実に至る方便か）をつかねばならない時もあるのかなと思った。

臨床での例を挙げる（もっとも、これは厳密には嘘といっていいかどうかわからないのだが）。例えば、患者さんはよく「先生、私の病気は治るんでしょうか？」と聞いてくる。この際、私自身は「どういう点で治るかどうか気になるのか」とか「治るかどうか自分ではどんな感じがしますか？」とか「治ると思える点と、そう思えない点を挙げてくれますか」といったことを聞いていくことを普通するが、かなり落ち込んでうちひしがれている人には「大丈夫です。通っていれば、原理的には良くなりますから」という保証を与える時がある。

これは、厳密に言うと絶対に正しいかどうかは、わからないのである。というのは未来の予後は、先述したように、無数の運と縁が関わってくるから、厳密には「どうなるかは、はっきりしない」というのが正しい。

ただ、患者がこの「治る」（法華経の喩えで言えば子供の欲した三種の車）ということにひかれて、通い出した場合（すなわち火宅から外へ出ていく）、その分だけ活動力がつくし、治療者との話合いもでき、自分に対する自覚も深まっていくわけである。だから、最初患者は治るということを「この苦しみや不安がとれるのだろう。通院したら、とれるに違いない」と考え、通い出したとしても、このように活動力や検討力がつき自覚が深まってくると、最初の願い（苦悩や不安の除去）が満たされなくても、文句は言わないのである。

要するに、患者は「不安や苦悩の除去」という小さな車の代わりに、「それらを引き受けていく」という大きな車を手に入れたことになるのである。すなわちそれが真の治ることであったと考えられる。

以上の例以外に、神経症やうつ病の患者に散歩を命じたり、統合失調症の患者に「テープの掘り起こし」を指示したりといった方便を使う時が臨床の場面ではよくあるのである。

しかし、どのような方便が、目の前にいる患者に一番良く合うのかといったことは、なかなか難しいことで、これを見つけていくのが、治療学の一番重要な課題の一つかもしれない。

第10章　無明と精神病——ある統合失調症患者の治療例

第1節　無明とは？

いままでも無明について触れてきたし、また心の病はどれをとっても無明との関係が深いと思われるが、特に精神病（主に統合失調症）や境界例においては無明が問題になってくる感が深いので、この章では「無明と精神病」、次章では「無明と境界例」という形で、無明と心の病の有り様を考えていく。

無明とは、先述したように「真実がわからないこと」「真実に暗いこと」を指す。これは、avidya の訳で、vidya が智慧・知識・学問の意味だからそれがないということである。

真実が見えないと、当然迷い苦しむわけだから、苦しみの根本として無明が置かれるわけである。

第2節　無明と心の病

心の病においても、多かれ少なかれ、患者は無明の闇に覆われている。例えば、今まで見てきた事例でもわかるように、彼らは、自分の苦は感じていたとしても、その有り様を正確に認識し、またその原因となる執着（集諦）を十分自覚することはできていなかった。

また治療目標（滅諦）についても幻想的であることが多く、治療法（道諦）もわかっていなかったと言える。つまり、心の病の治療においてもっとも大事となる「自覚」（つまりは vidya のこと）が、十分でなかったということである。

ただ今までの人は、神経症圏やうつ病といった状態だったから、だいたいは自分の方から治療者のところへきて、また治して欲しい気持ちも強いので（当初の治療目標にずれがあっても）、治療者との話し合いが何とかできた。そして話し合いの中で、ある程度持っていた自覚や治療意欲が深まるなり増大するなりし、その流れの中で、治療促進的行動（道諦のこと）を取れるようになったし、治療終了時には、病気になる以前より、無明の闇が晴れていったように思われる。

第3節　無明と精神病

ただ、精神病状態（ここでは主に統合失調症状態を指す）では、この無明がかなり深く、それゆえ、治療も難渋することが多い。

第1項　自覚のなさと無明の根深さ

精神病における無明の有り様を言うと、それはまず自覚のなさの強さと根深さである。その自覚のなさを、まず、四諦に関することで見ていくと、彼らは、はためから見たら苦を感じているように見えても、「自分は苦しんでいない。困っていない」と否認し、病院へ行くことを勧めると「自分は病気ではない」と拒否的になることがよくある。だから、滅諦や道諦はおろか、最初の苦諦から自覚は困難になるのである。

また、自分が苦しんでいることを少し認めても、「それは周りから、陥れられたせいだ」と、被害妄想的に相手のせいにすることがよくあるため、集諦の認識にまで行くのはかなり困難なのである。もちろん、治療が進んでくると、少しずつ自覚は出てくるのだが、それでもその歩みはゆっくりで困難が多いことがしばしばある（だから、四諦に関する無明の程度は、神経症状態にある人と比べて、かなり強いと言える）。

第2項　思考・検討の後退

無明と関連するのだろうが、精神病状態に陥っている人は、ちゃんと物事について考えたり、自分を見つめたりということがなかなかできないし、またそういったことを嫌がる（ビオン[12]が言う「思考への憎悪」と同じこと）。

それと関連するが、話したり書いたりすることはまとまりがないことが多いし、ほとんど相手のことをかまわず喋り、特に主語や目的語等がよく抜けた会話になるので、治療面接の時に何度も聞き返さないといけなくなる。

健常人は多少とも、相手が自分の話を理解しているかどうかを気にしながら話すが、精神病状態にまで落ち込んでいる人はそうした「他者配慮性」も欠けているのである。

第3項　現実の知覚・認識の歪み——妄想や幻聴など

思考力の低下は、認識や判断力の低下を招き、それは被害妄想のような形を取る。例えば、自分がぐらつき自信がなくなってくると周りから何か言われているのではないかという気掛かりや危惧を人間はしばしば抱く。しかしこの時、自分の思考・判断力が後退していないと「そうかもしれないが、証拠もないし、自分の思い過ごしだろう。放っておこう」となる。

ただ、判断力が低下していると、気掛かりや危惧といった感情面に流されてしまい、「悪口を言われているかもしれない」→「たぶん言われているだろう」→「きっと言われているに違いない」となり、危惧を絶対化してしまう。そして「家族もきっと悪口を聞いているに違いない」と思い込むと、そのことを家族に言ってしまう。その結果、家族から被害妄想とされ病院へ行こうということになるのである（この時、自分の中では被害妄想的に思い込んでいても、周りに言ったら変に思われるから言わないでおくというようになったら、まだ判断力は働いていると言えるかもしれない）。

同じく、思考・判断力の低下が強いと、自分の中の思い（「自分は駄目な奴だ」という思い）が、自分の中のものと認識できず（ということは知覚できず）、外から「駄目な奴」と聞こえてくる（言われている）と体験することになる。これが幻聴である。

ここらあたり、第２・３項の部分は、自覚・意識がほとんど働いておらず、気掛かりといった煩悩だけにふりまわされている状態と言える（神経症状態の方はまだ、知覚・認識・思考・検討といった意識の働きができるのだが）。

第４項　対人関係面での不信感、引きこもり、相互性のなさ

同じことを対人関係の面で見ると、この判断力低下のために、悪いほう悪いほうにしか考えられず、人への不信感が強くなるし、また無明も相まって、困っている状態なのに援助を求めないといった状態になる（病識の欠如と言われる点）。

また、不信感や自信のなさやいろいろな理由から内にこもることが多くなる。そのせいか相手がどうなっているかとか配慮があまりできず、また会話のほうも「相手の話を正確に聞き取る・理解する」とか「自分の話を相手に正確に伝える」といったことが、困難になる。

まさに随煩悩の不信と、善作用の信の欠如が大きな問題になるのである。

第5項　行動のコントロール力の低下

無明は行動面まで影響するから、その場その場の感情で動くことが多くなり、軽はずみな行動が時としてでる。ただし、統合失調症状態にある人はおとなしい人が多く、家族に信頼感を十分は持てないにしても依存していることが多いので、外に向かっての危険な行動は、わずかにしかない（この点から言えば、変に力や頭は働くが、自分の欲望執着に対して無明でいる「ある種の一般人」の方が、汚職やその他いろいろな犯罪を犯す可能性が高く、より危険な存在かもしれない）。

第6項　統合力の低下

人間の気持ちは、もともと複雑で、いろいろに分裂しているのが普通である。ただ、それをある程度統合しているため、一貫しているように見えるだけである。統合失調症状態になると、この統合力が低下するので、精神が分裂していると見られるのだろう。

第7項　無明感情（脱落意識）の強さ

統合失調症状態にある人は、苦の否認が強いと言ったが、背後には加藤清が言うような、無明感情が横たわっていることが多い。無明感情とは、「自分は大変な病にかかっているという業病感」であり、またそれは「自分はどうにもならない」「誰からも相手にされない」「生まれてこなければ良かった」「生きていても辛いだけ」「誰からも普通扱いされない」「普通の人間でなくなった」という脱落意識であり、どのような肯定性・受容性にも達することのできない絶対廃棄の感情だと考えられる。

ただ、統合失調症状態にある人は、あまりにこれが強く、意識面の機能や信が低下しているためそれらを表明したりできにくい。彼らがこれを表明できるようになるには、統合失調症状態からある程度抜け出した時に、初めて口にできることが多いのである。

しかし治療者が、この無明感情の存在を良くわかって接するかどうかが、その後の治療の正否を決めると言っていいほど重要な点である（神経症状態、うつ状態、健康状態の人もある程度、この無明感情を感じているのだが、その程度は軽いと言ってもいいかもしれない。しかし釈迦のように無明感情を強く感じている健康な人もいるので、一概にはそう言い切れないかもしれないが）。

第4節　精神病治療と無明からの脱却

そうなると、精神病状態にある人の治療は、当然今挙げた問題点の改善（無明から明に開ける、信の回復、意識面の強化、無明感情からの脱却等）になってくると思うが、それは治療目標であると共に、また治療の手段や基礎ともなるのである。

第1項　統合失調症状態にある男性Qの五年間の治療例

［事例Q］初診時二十四歳、男性

両親との出会い

まず、筆者を最初に訪れたのは、Qさんの父親（大学教授）と母親で、某精神病院入院中の次男Qさんのことで相談に来た。相談内容は「今、入院中だが、段々悪化していっている。もっといい病院はないか？　カウンセリングといったことはできないか」といった、かなり難しい性質のものであった。いずれにせよ、即答することは不可能なので、何回かの面接で詳しく話を聞いた。その内容要約は以下のとおりである。

両親から聞いた事例Qの要約

Qさんは、もともとおとなしく内向的で、外で遊んだりスポーツをしたり、友達と遊んだりするより、家で静かに勉強する方を好んだ子だったが、内心では負けず嫌いでプライドの高い面も持っていたとのことである。

ただ、勉強ができたせいか、有名進学校を卒業し、大学も一流のところに入る。しかし、大学時代もあまりサークルに参加したりせず、勉強ばかりで、それに大学は、離れたところなのに自宅から通学し、そのせいか友達はほとんどいなかった。

大学卒業後、大企業に就職したが、そこで初めて家から離れ、寮生活となった。

ただ、最初の勤務から挫折の連続だったようである。仕事の呑み込みが悪いし、テキパキこなせない。当然、上司の注意を受けることになるが、それがとても辛かったようである。また、人の中になかなか入っていけず、昼休みなども一人ぼっちであったし、寮生活も大変苦痛だったとの事である。

当然会社に行きづらくなってきたが、そのうちQさんは「職場の皆が自分を陥れようとしている」「まわりから悪口が聞こえてくる」（いわゆる、被害妄想や幻聴だろう）ということを、母親に言うようになり、母は心配しだした。そしてそれは段々ひどくなりついに会社に行けなくなり、また寮にも居れなくなり家で過ごすようになる。

ただ、家に帰ってきてからも状態は悪化し、「周りや近所が気になる」「盗聴されている」「会社に狙われている」「誰かが覗きにきている」と言いだし、昼間からカーテンを締め切る生活となり、一日中ぼーっとして寝ている毎日となった。最初、疲れていると思っていただけの母は、これは大変と思い父に訴える。

仕事で超多忙であった父もこれは放っておけないと感じ、某精神科診療所を受診させる。そこではっきりしたことは言われず「仕事のストレスでかなり疲れている状態です」とのことで、安定剤の投薬をうけた。それで、少しましになったのだが、ぼーっとして意欲のない状態はあいかわらずで、四～五か月もすると、今度は「死ね、死ね」の声が聞こえ、何回か自殺企図が生じ、今度は某精神病院に入院となった。

入院先の主治医は、両親の質問に対して「これは病気で、病名は統合失調症」「原因はよくわかっていないが、持って生まれた体質・気質が大きい」「治るかどうかだが、三分の一は治る、三分の一は十分治らないが社会生活ができるところまでいけるかもしれない。三分の一は治らずに入院も長くなる」と明確に答え、両親がそれではQさんはどうかと聞くと「最後の治りにくい部類に入る」と言ったとの事である。薬に対する反応性が悪いというのが、その理由だったが、それを聞いた両親、特に母のショックが大変なものであった事は言うまでもない。

その後、実際に主治医の言ったとおり、なかなか状態は改善せず「声が聞こえてこわい」「死にたい」と言い、ベッドに臥床しているだけの生活が続いたため、入院四か月後に、両親が知り合いから筆者のことを聞いて来所したとのことであった。

両親との話し合い

両親が話し終わった後、改めて「何を一番聞きたいのか」と聞くと、「本当に病気なのか」「病気としたら病名は何か」「原因は?」「治るかどうか」「治療法は?」といった切実な質問ばかりを向けてきた（患者・家族が、こうした質問をしてくるのは日常的なことで、こうした基本的五大質問にはちゃんと、患者の治療の役に立つように答えていく、もっと正確にいうとそれらを役に立つように考えさせてあげる、あるいはその答えを共同探求するということが、重要である。もっとも、これらの質問は根元的であるが故にそんなに簡単に答えられるものではないが）。

筆者が、こうした質問（特に病名に関する質問）に対して、「何故、それを聞きたいのか」と返していくと、家族の持っている恐れ・偏見（統合失調症だと狂気、治らない、宿命）が出てきたので、その偏見・誤解を解く作業をすると同時に、治るかどうかは「本人や家族や治療者の自覚と治療意欲といったものなど多くの要因が絡んでいる。なるべくそこから治療促進要因を引き出し、治療妨害要因を減らすようにしていけばいい。したがって、治らないとは断定できない。多くの困難が予想され、またどこまでいけるかわからないが、治っていく可能性はある」と、答えておいた。また病状や原因については「本人に会わないとわからない」と言った（患者・家族の質問にすぐ答えずに、問いを返して考えさせていくやり方は、仏陀の応機説法から学んだ事である。この方が背後の恐れや考えをより明るみに出し、対話が深まるということがこの例でもわかると思う）。

続いて「今の病院は、薬物療法だけで全然良くならないどころか悪化してきている」「カウンセリングなどの他の治療法があるのでは？ ここでやって欲しい」と訴えるので、「今の主治医が一番の責任者だから、その主治医と良く相談し、その主治医が、ここでカウンセリングを受けてもいいというなら会ってみましょう」ということになった。

Qさんの登場――家族による性急な退院、治療契約、自発性のなさ

一週間後、Qさんは家族に伴われて来院した。Qさんは、無表情でほとんど自発性がなく、こちらの質問にもほとんど答えられなかった。ただ、かなり聞き出すと、かろうじて「声がなくなってほしい」（幻聴のこと）との発言は出てきた。

ただ、カウンセリングの件は、両親の話によると「主治医から『他でカウンセリングを受けるんだったら退院して欲しい』と言われ、退院の方を選んだ」ということだった。驚いた筆者は、三者に自殺の危険の可能性を説くと共に、自殺をしないという約束を本人とし、また外来やカウンセリングだけでやれるかどうかわからないこと、入院の必要性が生ずるかもしれないということ、とりあえず家族が目を離さないことを了承してもらい、通院とカウンセリングを開始した（このような思いがけないことは、臨床で稀ならず生ずることがあり、この時は上記のような説明と指示が必要である）。

面接開始後、筆者は本人の気持ちを聞こうとするが、あまり返事をせず、黙して語らずという

傾向が強いようであった。また、同伴の親から聞いたことを本人と話し合おうとするが、これに対しても受け身的ではあるが拒否が強く「カウンセリングはいつまで続けるんですか」と、治療に対しても否定的であった。かなり突っ込んで聞くと、時に「声（幻聴）の苦しさ」を訴えるがそれを検討しようとすると「もういいです」と回避的であった。「楽になりたくないの」と聞いても「これは、周りから悪口を言われ、嫌がらせされているからしょうがない」「それに自分の考えが漏れて、周り全部に広がっているから、身動きできない」（被害妄想とその関連の考想察知という症状）とのことであった。

そして、将来に関して聞いても答えないか、答えても「声が聞こえる限り、考えが漏れていく限り、どうにもならない。一生入院しておくよりしょうがない」とあきらめ的な言い方であったし、家でも「死にたい」ということを訴えたりしていた（要するに、苦を感じてはいるが、苦を見つめていこうという気にはまったくなれず、苦や無明感情に圧倒されている状態だと考えられる）。

症状（幻聴・妄想）に対する積極的働きかけ

ただ、こうした拒否の背景に何か助けを求めている本人の雰囲気を感じたので、積極的に、声（幻聴）のことについて取り上げ話し合おうとした。その結果、半年後には少しずつ話に応じるようになってきた。ただ、声（幻聴）に対する実在的確信は強く、この点を巡っては繰り返し働きかけた。その結果「できれば声に左右されず、自分の意志で行動できればいい」という発言が生じ、また「声が減って欲しいし、考えが漏れるということもなくなって欲しい」ということも言い出したのである。

やや治療意欲の芽だけでも出てきたのか、この話し合いを続けると、「どうも声は実際に聞こえるというより、幻聴かもしれない」「漏れているかどうかは、はっきりせず、自分の恐れだけかもしれない」という発言も出てきた。ただ、このような自覚は少し出てきたのだが、あいかわらず、声（幻聴）の恐怖は強かったため、家への引きこもりは強かったのである。

そこで、この恐怖に少しでも慣れていくため、本人に家族同伴での外出を勧めたところ、本人はかなりためらったが、家族が積極的に動いてくれ、外出が少しずつ可能になってきた。本人の恐怖は根強かったのだが、この外出で、案外外へ出ても大丈夫かなという感じを持ったようであった（カウンセリングは、いつも母の運転する車で来ていたので、街への外出というのはほとんどなかったのである）。

外出可能になり、自覚も深まる。しかし、自殺未遂

その後、本人は少しずつ外出が可能になり、同時に、声や知られている恐れは、幻聴や妄想であるとの自覚が前よりもまた強くなってきた。そしてその幻聴や妄想の背後に、自分の怯えや傷つきやすさ、対人関係が恐いこと、プライドだけは高いのに内心では自信のないこと、引きこも

りがちな傾向があることに気付いていった。

ただ、自覚と同時に、「自分は一流大学を出て、せっかく大企業に就職したのにすぐ挫折した。考えてみれば、自分は人付き合いがまったくできないし、まったく駄目な人間だ」といったことを主とする、絶望感、憂鬱感が強くなり、自殺未遂（大量服薬）を起こしたのである。そこで、筆者は「自覚が高まってくると、いままで見えてこなかった（または見ようとしていなかった）自分の弱点が見えてきたり、また将来のことも悪いほう悪いほうに考えるということで、死にたい気持ちにもなる」と言い、治療過程の中ではよく起きてくる一つの現象だからということと、「それはむしろよくなってきていることのサインですよ」と説明した。同時に死にたくなった時は、口に出して言うようにと働きかけたところ、少しは反応するようになってくれた。

アルバイトに行く話と二度目の自殺未遂

このような中、自覚、外出、治療者との話し合いが増える中で、将来のことについて話し合ったところ、やはり社会復帰したい気持ちが見られたので、まずは簡単なアルバイトから始めようということになった。しかし、実際の実現にまではかなりのためらい、迷い、どうせ俺は駄目だ（もともと駄目だった上に、こんな精神病にかかってしまってという気持ちが強かった）という気持ちが強く、実際に、バイトに行く段になって、また大量服薬をしてしまった（ただ二回とも大量服薬という形の自殺行動で、これは成功率はきわめて低い。だからこうした成功率の低い自殺行動をとるということは、どこかに救助願望を秘めているのだと考えられる）。

この自殺未遂の後、本人は社会に出ていくことや人の中に入っていくことの恐さ以外に、こんな病気にかかってしまってという絶望感が強いようだったので、ここで本格的に病気について話し合った。その結果の要約は①人間には健全な部分と病的な部分があること②この病的な部分とは、辛さや苦悩を受け止められない部分であって、Qさんの場合、それが就職での挫折の結果、強くなった③この病的部分は、心に浮かんだことを外部の音だと勘違いすること（幻聴）、思い込み（妄想）、否認、拒絶といった統合失調症的部分、絶望感や憂鬱感に代表されるうつ病的部分、周りを気にし過ぎたり恐がり過ぎたりする神経症的部分に分かれる④いずれの病的部分も、誰もが共通に持っている人間の弱点の積み重なりである⑤今後は、この健康部分を増やし、病的部分を減らすように努めていこうということになり、また同席していた両親もかなり納得していたようであった。両親はそれまで、病名は何かということにしつこくこだわっていたが、これ以後病名に関する質問はなくなった（病気や病名や見通しの説明は、本人がそれについて話し合える状況になってから話し合うのがいいように思われる。ただ一回の話し合いだけで、本人が十分納得したわけではなく、これは何度も繰り返す必要がある）。

アルバイトに行き始める。運転免許取得

この自殺未遂とその後の話し合いで、少しふっきれたのか、彼はようやくアルバイトに行き始

めた〈筆者の治療開始後、二年半目〉。ただ、行き始めても緊張が強く「一流大学を出て、大企業に入ったのにこんな所でなんで働いているんやろ？」といったことを、周囲から言われているように思い、行き辛くなったが、話し合うと「それは自分の怯えと変なプライドの現れに過ぎない」ということに気付き、そうした怯えに慣れていこうということになったのである。

ただ、過敏さと緊張しやすさ、人の中に入って行けない傾向はあいかわらずで、何度か辞めるという話になったのだが、そのことを相互検討し、本人の決断を待つとやはり行くということで、一年ほど続いた。またこの頃、自分は学校の勉強はできたが、人生や対人関係の勉強はできていなかったという話し合いがなされている。そんな中、本人は、正社員の職を求める気持ちが強くなってきたが、同時に自分のこの性格では、会社員としてやって行けないのではという恐れやあきらめも強かった。その中で、筆者が〈無理に人と付き合わなくても最低限の付き合いでいいのでは。その方が人に煩わされなくて、自分の時間を持てる。仕事も対人関係のなるべく少ないところを選んではどうか？〉といった形で、内向性や孤独の価値を強調するような意見を述べたところ、本人は「今まで人付き合いができないことにひどい劣等感を感じていたが、そんなにそのことを思わなくてもいいのかなと感じた」という形で返してきた。

また、彼はこの頃、筆者の勧めもあって、運転免許を取得した〈取得まではかなり困難があったが〉。これは彼の自信にかなりなったし、また動く自分の部屋ができたということで、自由に移動しながら人に煩わされないということを手にいれたと言って喜んでいた。

正社員として就職

そんな中、彼は、コンピューターの勉強を始め（ディスプレイに向かうだけだと対人関係は少なくてもいい）、その後、父の奔走もあって、ある企業への就職の話がでてきた。そこは、コンピューター画面に向かう仕事が多く、あまり人に接しなくてもいい職場環境であるとのことであった。これに対してQさんは、就職したい気持ちと、はたして正社員として勤まるのだろうかという不安や、またここが自分にふさわしいという気持ちと、こんな小規模の会社では自分のプライドが許さないというためらいの気持ちが交錯し、ずいぶん迷ったが、結局そこに行くという決断ができ、就職した。そこは、はたして彼に合ったようで、現在は楽しくやれているとのことである（このことに関連して、初期の勤務が落ち着いてくると共に、彼は「自分であまり考えることのなかったこと。重大な決定の時も母まかせにしてきた」ことを述べ、決断の難しさをしみじみと感じているようだった）。

最後に、出会ってから四年半経った今、現在は話すことも少なくなっている。ただ、結婚できるかどうかという不安が時折、出てきている状況である。

（薬の方は、当初は統合失調症的部分に効く抗精神病薬が中心だったが、徐々に抗うつ剤が加わり、後半の主役は神経症的部分に効く抗不安剤となった。さらに一年前からは、まったくの無投薬となっている。一応、悪くなり、不安・緊張・苦悩を受け止められなくなった時、服用しようという約束になっている）（追記。この後、結婚もし、子供もできて、幸せに働き生活している。

薬は、三～四年に一回もらいに来る程度で、定期的服薬はしていない）。

第5節　統合失調症状態の原因・治療――事例Qを中心に

第1項　発病の直接原因は？――きっかけとなるストレス（発病の縁となる苦）

直接の発病原因

直接の発病原因を探ってみると、まず浮かんでくるのが、①上司からの叱責・注意②職場不適応だが、それ以外に、③初めて親から離れたこと④就職（モラトリアムから離れ、初めて社会人としての責任を背負わされる）も、発症要因として考えられる。

しかし、これらは誰でもが、経験する事態である（もちろん、①や②は人によって程度が違うだろうが）。問題は、Qさんが何故それを受け止められなかったのかということである。これは、上記①から④に関しての苦が、彼にとってはまず普通の人以上に強く感じられたということが考えられる。

彼は、状態が改善されてきてから（すなわち神経症的部分や健康部分が優勢になってきた時に）、「今まであまり怒られた経験がなかったのですごいショックだった。特に人前であったのでとても恥ずかしかった。何か悪意があるのではと感じてしまった」「大学までは人の中に入らなくても良かったのに、会社に入ると人付き合いをせねばならないので大変だった」「それから初めての寮生活も耐え難かった。今まで、家で自分の思うようにやれていたのが、そうならなくなった。集団生活はとても嫌だった」「本当を言うと、社会に出て責任を持たされるのが自信がなく恐かった」「これでもまだ、仕事がうまく覚えられたら良かったけれど、会社の仕事は学校でやっているのとは大違いなのでうまくいかず何が何だかわからなくなってしまった」と述べた（こうしたことは統合失調症的部分が優勢な時は、なかなか自覚できていないし、ましてや話しもできないことが多い）。

Qさんに出現した苦

今のことを仏陀の四諦の教えでまとめてみると、Qさんは求不得苦（思うように仕事が覚えられたり、人の中に入っていけるという欲求が得られない苦しみ）、愛別離苦（いままで慣れ親しんでいた家族やモラトリアムの状態から離れてしまった苦しみ）、怨憎会苦（会いたくない上司や会社の人に会わざるを得ない苦しみ）を、強く強く持たされてしまったと言えるだろう。

第2項　Qさんの発病準備――苦を受け止められなかった原因と統合失調症的部分が強くなった原因

それでは、一般の青年に比べ、苦が大きくなり過ぎたことや、苦を受け止められない原因だが、それは病歴を読んでも明らかなように、彼の性格や歴史が関係してくる。それは、「発病準備性」という言い方をしてもいいのだが、ざっと拾い上げただけでも、おとなしく内向的な点、対人関係を避ける点、友人がほとんどいなかった点、内心ではプライドの高い点（プライドが高いと傷つきやすい）、親元から離れた経験がない点などが挙げられる。こうした傾向が強ければ、責任ある対人関係を持たねばならない仕事や、自主的判断を求められる社会生活に慣れることができず、それらを大変苦痛に思うと同時に、叱られたり揉まれたりする経験のなかったQさんとしては、そうした苦を受け止められないのも無理はないだろうと思われる。

ただ、もうひとつの疑問としては、苦を受け止められなかったのはいいとしても、何故、うつ病や神経症や心身症の部分等が強くならず、統合失調症的部分だけが優勢になったのだろうか？

これについては、上記の傾向と重なるが、

①自分の世界に閉じこもることが多く、自分だけの勝手な幻想に耽ることが多かった。

②母を初めとしてあまり人に甘えることをせず、むしろ不信感・警戒感が強かった（「母との情緒的交流が十分でなかった」と、治療後半で述懐している）。

③現実と触れ合うことが少なかった（これや①の傾向が強いと、現実認識の力が落ちる）。

④対人関係が乏しいため、自己の心の有り様を見つめにくい（普通は他者を鏡として自分の心を見ることを学んでいくものである）。

⑤自分で考え、自分で決めていくという主体性が育っておらず、自己確立ができていない。

といったことが挙げられるかもしれない。

すなわち、自分の中で苦しさや不安が生じるが、④のために、その苦しさや不安を見つめることができない。また、苦に耐えることもできないことも加わり、それは容易に人のせいにされ（投影傾向が強いと言える）、また①の幻想傾向も加わり、被害妄想化される。また自分の不安・苦悩が排除され、それを外側からの声（幻聴）として感じる。

そして、現実認識の力が育っていないため、そうした「妄想」や「声」を容易に現実のものと信じ込む。だから、それを病気であるとの明確な認識が持てない。さらには、②のため、神経症のように人（治療者）に頼ることもできないので、自分の方からも医療機関に行けず、治療・カウンセリングにも拒否的となるのである。

ただ、以上は筆者の勝手な仮説であって、今後の治療の推移によってどう変わっていくかわからないし、他の専門家の意見を聞いてまた修正することも、もちろんありえる（つまり、この仮説は無自性であり空なのである）。ただある程度の仮説を持っていないと治療の方針が立たないので、上記のような見立てをしたわけである。もちろん、こうした仮説は、なるべく柔軟で役に立つものであることが望ましい。

第3項　統合失調症状態になりやすい要因

（注：なお、筆者は統合失調症的部分というのは思い込み・勘違い・引きこもり等といった人間的弱点であって、人間共通に程度の差こそあれ誰でもが、持たされていると考えている。だから、

統合失調症が発症するとは、統合失調症状態が出現することで、それは誰でもが持っている統合失調症的部分が、生活に困るほどに目だって優勢になってきた状態のことを指すと考える）。

さて、Qさんに関する仮説とは別に、ここでは、一般の統合失調症状態に移行しやすい要因（発病準備性）のことを考えてみよう。これには無数の研究があるので、主要なものを挙げる。

1　病前性格

まず、取り上げられるものとしては、先ほどから問題になった病前性格についての研究である。これも多くの研究がある、筆者の目に留まったものとして、アリエッティ[3]の言う「分裂病質型」という性格傾向である。これは「他者との関係を不快に感じ、孤立し、無関心で、あまり情緒をあらわさない。しかし心底は非常に敏感であり、そうであるがゆえに、対人状況を避け、自分を目立たなくさせ、次に対人関係にまつわる不安や怒りといった情緒を見ないように抑圧する。そして「何もしないこと」が良い子なのだという考えを発展させ、悲観的な見方を身につける。また対人関係の敏感さにより、他者を「自分を脅かす人」として捉えてしまう」といったものである（ただアリエッティは、それ以外に激動型性格〔ストレス状況になると、極端に従順になったり、逆に極端に攻撃的で欲求を突きつける、孤立した無関心さを装うこともありどのような行動をとるかは予測できない〕も挙げている。また、他の研究者によっても、いろいろな性格パターンが挙げられているし、それに病像〔破瓜型、急性型、妄想型等〕によっても、性格は違ってくるのであまり決めつけてはいけない。なかには、性格はあまり関係ないという人もいるぐらいである）。

また統合失調症者の病前傾向として「自己の脆弱性」「自己主張の少なさ」をあげ、幼少期に「①明るさや活気がない②控え目で引っ込み思案③自信がなく、おどおどしている④孤立⑤言行不一致」という傾向が、一般児童に比べ程度が強かったという意見もある（今あげた傾向と、Qさんの性格がかなり似ていることがよくわかると思うが）。

2　ストレス脆弱性

この性格傾向とならんで、統合失調症状態に移行しやすい要因としては、ズビン[14]が言っているストレス脆弱性があげられる。これはストレスに弱く、ストレスに会うとすぐ統合失調症状態に移行する脆弱性を現す。この脆弱性は多くの場合、遺伝要因、発達要因、生態学的要因、学習要因、内的環境要因（神経伝達物質の障害）が複雑にからみあって形成されるとされている。

3　他の要因

またそれらとも重なるが、統合失調症の発症と関連のあった事象として①妊娠中のウイルス感染②分娩期の異常③乳幼児期の汎成長不全・神経統合機能不全・集中力不全・受動性、母親が入院する等の事情で生ずる養育剥奪、母親の養育不良（過保護、一貫性欠如、隠された敵意）や行動障害（異性関係）、④小児期の注意・情報処理機能障害、⑤学童期の問題行動（感情が抑制できない、級友から拒否されるなど）⑥青年期の思考連想の浮動性、家族内情緒環境の歪み（コミュニケーションの歪み、感情的言動、批判的言動）等も挙げられる。

これで見てもわかるように、結局、統合失調症状態が発現するまでは、相当複雑な要因が絡んでいると言えそうである。

第4項　発症要因の重層的複雑さと業の問題

今までの流れの中で、統合失調症状態発現には、主に苦境・ストレスといった縁と病前性格・ストレス脆弱性という因が働いていることがわかったと思う。また、この性格や脆弱性といった要因が形成されるのも、またさまざまな因や縁が絡んでいるということもすでに述べたとおりである。

ただ、問題は、こうした統合失調症状態発現準備性（脆弱性）をもたらす個々の要因の発生についても、またさまざまな因と縁が絡んでいるという事実である。

例えば、前項でも述べたように脆弱性をもたらす一つの要因として、家族の「過保護・過干渉、一貫性のない養育態度、子供の気持ちに沿わず母自身の不安や感情だけで動いてしまう接し方」といった養育態度があるということがあげられている（ただ、家族の養育態度は発病と関係がないという説もあるし、事実こうした養育態度の元で育った人でも統合失調症状態になっていない場合も多いのだが)。

こうした養育態度が、本人の主体形成を妨害し、逆に脆弱性を形成するということだが、ではこうした養育態度はどういう事情で生じるのだろうか?

この点をQさんの場合で探ってみると、そのような態度形成の背景には、またその母、父なりの歴史・事情の絡み合いの存在が見えてくる。例えば、この間の事情を説明するに当って、Qさんの兄との比較を行ってみる。兄はQさんと違い統合失調症状態を発現していない。これは、兄が生まれた頃は、母も父も忙しく、兄にはあまり手をかけることなく育てたので、かえって兄はのびのび育ち自主性のある子になったと言えるかもしれない。

反対に、Qさんが生まれた頃は母は時間ができたため(父はますます多忙が続き母は寂しく感じていたためもあって)、Qさんの養育に必要以上のエネルギーをかけ(それもQさんの気持ちに沿うというより、自分本位の気持ちで)、結果的には、本人の自立性や主体性の獲得を妨げたと言えるかもしれない。

こうしたことが、このような養育態度の形成要因になっていると考えられるが、ここでまた幾つかの疑問が出てくる。

それは、Qさんがもともと手のかかる弱い子(例えば、よく泣き、神経質で、授乳・摂食も難しかった、といったことが治療面接の過程で明らかになっている)であったので、母親がそういう養育態度を取らざるを得なかったのではないかということである。この可能性は大いにあり、子供の素質的弱さと母の不適切な過剰養育の悪循環が、本人の脆弱性をさらに増大させていった可能性はある（逆に非常に不熱心な養育態度も、統合失調症状態発現に関与するとも言われている。ということは程よい熱心さ、中道をいく熱心さが理想的なのかもしれない）。

また、今一つの疑問は、すべての母親が父の多忙・子供の素質的弱さという苦境に置かれた時、全員がQさんの母親のような過剰で不適切な養育態度を取っただろうかということである。これは、もちろんそういうことはないのであって、その意味では母の性格が問題になってくる。この点で、Qさんの母の性格だが、やはり神経質で不安過剰で、また気掛かりや心配をコントロールできず、その時の感情で動いてしまうという不安定な性格であったと言える（治療過程の中で明らかになってきたことである）。

ただ、ここでまた疑問が生じるのは、そのような母の性格は、いかにして形成されたのかということである。これを考え出すと、またさらに母の歴史を探り、母の性格形成の因縁を探求する必要が出てくる。そうすると、母方祖父母はどうだったのか、その先祖はどうだったのかという形で、無限の過去にさかのぼらねばならなくなる（ただ、これは母だけの問題ではなくて、「父の不在」であれ「Qさんの素質的弱さ」であれ、それらが形成されるのはまた複雑な因と縁が絡んでいる）。

したがって、厳密に考えると、無限に広がる網の目状の因縁連鎖の一つの帰結として統合失調症状態があると考えられる。

仏教的な考えを入れると、前世を含む今生での無数の身・口・意の業の積み重ねの結果として、発病準備性がもたらされ、それがまた業となって、統合失調症状態という結果がもたらされたと考えられる。

第5項　業の取り扱い・業の生かし方

ところで治療者は、統合失調症状態が出現してしばらくしてから、患者に出会い、その業に直面せざるを得なくなるわけだが、この無限に複雑な業をどう扱えばいいかという問題が生じる。このことはまた後で論ずるとして、重大なことは、統合失調症状態が発現した後、一番罪業感に苦しみ、それを治療者に訴えてくるのは、家族特に母親であるという点である。

母親達は、異口同音に「私の育て方が悪かったのでしょうか?」とか「遺伝でしょうか?」と聞いてくる。この時どう答えるかはケースバイケースだが、一番基本に流れる考えは、「無畏王子経」に出てくる釈迦の基本方針で、それは「真実でしかも役に立つことを、時と場合に応じて述べていき、役に立たないことは、好ましく思えることであっても言わない」(詳しくは川田洋一[15]「仏教医学物語（下）」参照のこと）ということである。

それでは、役に立つ対応とはどのようなものかということになるが、これもその場その場で多様である。まずは、母の言う育て方の悪さとはどのようなものなのかを、できるだけ母親の身になって詳しく聞いていくということになる（ここで、母親の悪い方に悪い方に考える傾向に気付かせ、過度の罪悪感を和らげることができるかもしれない）。

　続いて、過去の養育の歴史の再構成の中で、気付いていったいくつかの点を今後にどう生かしていくかという点に焦点を絞る。この時の基本になる考えは、プロテスタントの神学者ラインホルド・ニーバー[16]の祈り「神よ、変えることのできるものについて、それを変えるだけの勇気を与えたまえ。変えることのできないものについては、それを受け入れるだけの平静さを与え給え。そして変えることのできるものと、変える事のできないものを見分ける知恵を与え給え」である（日野原重明「病む人の祈り」より[17]）。

　ただ、母の深い罪業感は簡単に和らぐものではないので、それに対する思いやりは大切である。しかし、母が徐々に変わることで本人も良くなってくると、罪業感は軽くなるようである（この点で、Qさんの母は、治療過程の中で、自分の過保護的態度を変え、バイトであれ運転免許であれ、就職であれ、なるべくQさんに決めさせるように変わっていっている）。

　業というと、父母を含む先祖達が犯した多くの前業（行為・カルマ）の結果だからあきらめなさいという、理不尽な現状肯定を無理やりさせる手段に使われることが時としてある（精神科医も、業という言葉を使わないにしても、治らないからあきらめなさいという人がいる。ただ、その言い方はどれほど本人の役に立っているのだろうか？　害にはなっていないのかと心配になる）。

　これは、まさに反治療的であり、仏性の開発を目指す仏の道に反することだと思われる。まさに業とは、福本憲應[18]の言うように「（仏教によると）、人間の世界は、私たち自身によって作り変えていくことができるとしたのが『業』の基本的考え方であります。ですから、作り変えていくべき現実としての政治や社会、そして私自身が当然問題にならざるをえないはずで、（業には）自由で主体的な行為という意味も本来的に内在していたのです」といった、建設的で前向きで主体的な性質もあるのである。

したがって、その人の業を考えた場合、その業の有り様や形成に関与した因縁を探りながら、その業を変化させ、主体的に生かせるような工夫が必要なのである（この点で、病気平癒と称して、先祖供養を勧める人達がいるが、先祖供養そのものは悪くないにしても、それに現実の自分を変えていこうという行為〔正業〕が伴わないと、意味はあまりないと思われる）。

では、この業をどう生かしていくかについては、次の治療についての項で述べていくことにする。

第6節　治るとは？

第1項　治るという六つの基準

治癒の定義

Qさんは、不幸にして「統合失調症状態発病準備性」という大変な業を多く担わされたことになり、ここが、いわゆる普通の人と差ができたところである。ただ、幸運なことに紆余曲折はあったが、今のところ治癒の可能性に向かっている（今後、どうなるかはもちろんわからないが）。ところで、この治癒ということであるが、一体「治る」とはどういうことだろう？　このことについて、筆者は「苦」を受け止められると健康で、受け止められないと「病的状態」となるということと、「受け止める」ことの六つの基準について述べたことがあった。

しかしながら、現実には「受け止められている状態」と「受け止められていない状態」の間には、無数の段階があり、完全に常時受け止めることなど、人間には無理で、神仏でもない限り不可能だと思える（もっとも神様でも煩悩の強い神がいて病的状態を示す神もいるが）。だから、現実にはかなり健康に近い状態から、かなり病的状態に近いところ（病的状態が、相当強い人でも少しは健康的部分が残っているものである）までを行きつ戻りつするのが、実際の姿だろう。

完治は理想型

したがって、拙著[19][20]にも書いたように、統合失調症状態にある人も、神経症状態が優勢になっている人も、一般人と言われている人達も、完治というのはありえないわけで、いつも病気の部分を少しにしても有しているわけである（統合失調症は寛解する〔症状が軽くなること〕だけであって、完治はないと言われているが、健常人と言われている人も、完治はないのであって、等しく永遠の寛解状態に置かれているのである）。

もう少しその例を挙げれば、我々は苦境に立たされたりしたとき、憂鬱になったり自己否定的になったりするし（うつ病的部分）、いろいろなことを不安に思ったり気にし過ぎたりするし（神経症的部分）、また人のせいにしたり被害的に考えたり勘違いしたりしやすいし（統合失調症的部分）、胃や身体の調子が悪くなったりするし、安眠が妨げられやすい（心身症的部分）、またそれ以外にも具合の悪い反応を、軽度ではあっても起こしているということであろう。

したがって、より現実に即して考えるならば、ほとんど健康部分が見られないような状態から、かなり健康部分が優勢になっている状態（自覚・他覚症状が見られない、自覚が十分、不安・緊張等に圧倒されていない、不満耐性が十分、充分な自己肯定感、自立した社会生活・仕事・対人関係が可能、他者からの意見が聞け、適切な自己決断もできる、満足感と安らぎ、充分な自己検討能力と感情表現力）の間にいくつかの治癒段階があるということであろう。

そう考えると、結局、治療とは治癒段階をいくらかでも上昇させていく営みであり、治るとは、治癒段階が上昇していくことを指すと思われる。

第2項　さまざまな治癒段階

ところで、今出てきた治癒段階だが、これは人によって、いろいろなパターンがあり、一概にはまとめにくいと言える。

二つの治癒段階モデル

ただ、例を挙げておくとわかりやすいので、まず、幻聴・妄想の治癒段階を提示してみよう（ただ、以下も一例で、幻聴・妄想の段階ですらさまざまなパターンがあるのは言うまでもない）。

①患者が、幻聴・妄想のなかに入り込み、拒絶的で、話し合うことすら不可能だし、まったく社会生活はできていない。
②幻聴や妄想について、少しは話し合うことが可能になる（治療者との交流の芽生え）。
③幻聴や妄想が少しは病気かなという自覚がでてくる。
④幻聴や妄想を具合悪いものだという認識が強くなり、治療も積極的になる。
⑤幻聴や妄想にとらわれた行動がなくなり、治療者以外にはそれを訴えなくなる（したがって周囲はそれが消失したと見る）。
⑥幻聴や妄想の構造や原因に対する理解が進み、それらが人間に共通する弱点から生じたものであると正しく認識でき、その弱点をある程度克服できている。
⑦薬に頼らなくても、上記の認識と健康状態が保てている。
⑧治療者に頼らなくても、健康部分優勢の状態が続く。

といったことが、一つ挙げられる。

それから、もっとわかりやすい社会適応に関した治癒段階を挙げると、

①（精神病院の）保護室にいる。

②閉鎖病棟にいる。
③開放病棟に出られる。
④退院できたが、何もしていない。
⑤デイケアやグループ活動に参加できる。
⑥作業所に通える。
⑦職業訓練学校に通ったり、アルバイトのような簡単な仕事ができる。
⑧本人が満足行く仕事（常勤職など）につく。
⑨それが安定して持続。
⑩薬や治療者に頼らなくても、⑧や⑨が可能になっている。
ということも挙げられる。

これ以外にさまざまな治癒段階モデルがあるわけであるが、その人その人なりの治癒段階はどのようなものか、仮説をいろいろ考えていく事が、治療的創造性を豊かにすると思われる。

事例Qの治療経過や治癒段階について

それでは、Qさんがどのような治療経過を辿ったかについて、きわめて図式的であるが、段階的に示してみると、

①拒否、回避、苦に対する否認傾向に混じって、絶望感（無明感情）や苦しさの訴えも時折混

じる状態（だから、Qさんは自分の苦を全面否認したり全面投影しているわけでなく、いわば半否認・半投影している状態と言える。ただ、いずれにしても無明感情に圧倒されて治療意欲が出てきていない）。

②幻聴・妄想について少し話し合えるようになり、症状の消失を望み始める（治療意欲の芽生えか？）。

③幻聴・妄想の自覚が少し出てくる。

④外出が可能になりだす（幻聴・妄想へのとらわれが少なくなってくる）。

⑤幻聴・妄想の原因に関する自覚が深まる。

⑥最初の自殺未遂後、筆者に自分の思いを言えるようになる（信頼関係の深まり）。

⑦アルバイトに行く意欲が出てくる（社会復帰の芽生え）。

⑧二度目の自殺未遂後、病気についての自覚が深まる（安心感と希望の増大）。

⑨アルバイトに行けるようになる（社会復帰の開始）。

⑩孤独の価値の認識と運転免許取得の自信。

⑪正社員就職の決断。

ということになりそうである。

治癒段階上昇可能性と仏性

今、三つの治癒段階を挙げたが、実際には治癒段階の上昇が難しいことが多い（華厳経に見る十地の段階、唯識にみる五位の段階、空海の言う十住心の段階ほどではないにしても、治療現場にいると、同じくらい難しく見えてくる）。かなりの治療努力にもかかわらず、閉鎖病棟から出られなかったり、退院後無活動で過ごしていたり、自覚や治療意欲がなかなか出ず、また出ても再び無自覚状態に逆戻りすることもある。また途中で不幸にして、自殺で終わってしまう場合も経験させられる。

ただ、もちろん、治癒段階が上昇する場合もあるわけだが、一体この差はどこから生ずるのだろうか？

筆者は、このことを考えると、やはり先ほどから出ていた業の深さやその有り様が、まず頭に浮かぶが、それと共に、一闡提や唯識に言う五姓各別の中の無姓有情が連想させられてくる（特に、かなりの難治例にあったり、いくら治療的工夫を重ねても前進しない、それどころか逆に悪くなっていく場合にはなおさらである）。一闡提とは、「仏教の正しい法を信ぜず悟りを求める心がなく、成仏の素質・縁を欠くもの」とされ、無姓有情とは、多川俊映[21]によれば「所知障（自分の考えを正しいと思い込む法執から生ずる障害）や煩悩障（我執から導かれる煩悩）を断ち切る資質がなく、永遠に円満な心の安らぎを実現することができない部類」とされる。

仏陀は「一切衆生悉有仏性」を、説いたのに、何故こんなひどい差別をするのかと言いたくなるが、現実には一闡提のような人がいたわけで、これに目をつぶることはできなかったのであろう。

そうすると、世の中には、仏性（精神医学的には、健康部分や治療促進部分に相当すると筆者は考える）のある人・成仏できる人（すなわち治癒段階を上昇していける人）と、そうでない人（すなわち悟りからや治癒から見放された人）に分けられてしまうということになるのだろうか。それでは、前者の患者はいいにしても、後者の患者・家族はどうしたらいいのであろう。やはり、「治りません。あきらめなさい」ということで、無理やり納得せねばならないのだろうか。

これに対して、筆者は、まず治療というものが「仏性の開発」だと考える。別の角度から言うと、治療は、治癒促進要因（仏性の具体的現れである八正道・善作用・六波羅蜜等）と治癒妨害要因（唯識に見る六つの根本煩悩や二十の随煩悩等）との戦いであり、治療者の役目は、もちろん、治癒促進要因を応援することとなる。そこで、浮かんでくることは、その人に仏性があるかないか、またあったとしてもどれくらいあるかは、仮説（これを、固定的に考えると一種の妄想になってしまう）としては考えられるが、実際のところはやってみないとわからないし（厳密に言えば、やってみてもわからない時がある。治療者が無能であれば、せっかくの仏性も開発されず、結局この患者には、仏性や治癒可能性はなかったとされることがある）、仏性の有無にこだわらずに、できる範囲内で仏性の開発を目指すということになるのだろう。

この点について、勇気づけられるのは、貞慶の次の言葉である（多川俊映[21]からの引用）。まず彼は「心広大の門に入らんと欲すれば、わが性堪えず、微少の業を修せんと欲すれば、自心頼み難し」（心のやすらぎを望んで、仏の世界に至ろうとする気持ちはあるのだけれど、自己をまじまじと見つめてみると、その志を完成させるだけの資質が私にはない。ほんのわずかの仏教的項目だけでも行じたいとは思う。しかし、つらつら思うのだが、自分の心というものは、実に頼りないものだ）ということで、まず、自分に仏性の資質というものがほとんどない、自分こそ無姓有情なのだ、と述べる。しかし、その後で「愚なるを持って還って知んぬ、大乗の姓あることを」（ただ、自分の愚かさをというものを本当に凝視し得たとき、かえって仏に等しい心のやすらぎを実現できる身であることが知られるのである）と述べ、自分が無姓有情だと気付くことが仏性の開発の出発点としているのである。だから、自分はつくづく、仏性から見放されていると嘆いている人は、そこを仏性開発の第一歩にすればいいのであろう。

趙州が「犬に仏性があるか」と聞かれ、「ない」と答えたのも、仏性があるとかないとか論議していても、役にたつものでは「ない」ということや、「ない」から仏性開発を目指せるのだというように考えてもいいのだろう。

ただ、このように仏性開発が重要であって、仏性の有無など重要でないとなったら、別に仏性という言葉も無姓有情という分類もいらないように思えるが、多分人間はある種の目標がないことには、修行を怠るので、一つの到達目標として仏性という概念が出てきたのであろう。

したがって、仏性があると自他共に認められている人でも、仏性開発の修行を怠れば、一闡提であるし、自らを無姓有情と定めていても、仏性開発にいそしめば、仏性があるということなのである（だから、仏性開発を怠らないようにと戒めるために、一闡提や無姓有情の考えも出てきたとも感じられる）。

これは、臨床でも同じことが言え、「治る」という診断をもらいながら、治す努力を怠ったため、病気のままが続いたり、「治りにくい」と言われても、治る努力を続けた結果、治っていった（治癒段階が上昇した）例はいくらでもある。

結局、仏性や治癒可能性が少なく、業の深い者ほど、仏性開発の修行に励む必要があり、また励む機会を与えられているということになるのだろう。そして、治療者の役目は、仏性開発の重要さを知らない人にその素晴らしさを教え、また仏性開発を投げ出してしまっている人をいかに励ますかということになってくるのであろう。

第3項　仏性（治癒可能性）の開発は、いかにしてなされるか
――事例Qの治療ポイント

それでは、この仏性開発（治療）はいかに成されるか。事例Qを参考にしながら、述べていく。

①家族との出会い――Qさんの場合は入院中であったが、そうでなくても、統合失調症状態の場合は、自覚・治療意欲に乏しいため（すなわち、無明の闇が濃すぎるため）、家族が最初に治療者を訪れることが多い。この時は、家族の苦悩を思いやると同時に、家族の質問に答

える必要があり、また家族の偏見を正すと共に、家族が正しい認識と見通しと安らぎを持てるように導くことが大事である。そしてここでの応機説法は、家族だけではなく、本人にこそ重要である。

②拒否・回避姿勢に対して――統合失調症状態の場合、初期では特に拒否的姿勢が強い場合があるが、それは怯え・不信感・疑い・絶望・無明といった煩悩に支配されているせいであろう。しかし、表面の拒否や不信の背後に、援助を求めている魂の声を聞くことが大事である（患者の「死にたい、死にたい」という声が、実は「生きたい、生きたい」と聞こえるようになることが大事である）。

したがって、患者を苦しめている幻聴・妄想を積極的に取り上げ（本人の気が進まなくても）、相互検討の場にのせるべきである（神経症の場合と違って、統合失調症状態といった精神病水準では、治療者が受け身だけだと治療が進まない）。

③精神病理の共有――このように積極的に働きかけていく中で（もちろん本人の魂の深い傷つきを配慮しながらであるが）、本人の中に、善作用の第一である「信」（治療者への信頼感だけではなく、自分の病気や治療の理解も含まれる）が、生まれてくる。

そして、それと並行しながら、幻聴や妄想の構造や原因についての理解の共有を試みる（治療者だけがわかっていても仕方がない）。

④現実復帰の働きかけ――幻聴・妄想の背後に「怯え」があり、またその背後に「傷つきたく

ない」「安全でいたい」という欲求への執着（集諦）があることがわかった。しかし、この集諦ゆえに引きこもり・社会的脱落といういっそう辛い苦に出会うことになる。そうだとすると、この怯えに慣れていく必要が出てくる。治療者は、患者の状態を考慮しながら現実への復帰という、患者からしたらまことにしんどく恐ろしい作業を助けていかねばならない。

⑤脱落意識への手当と病気の理解の共有――統合失調症状態にある者は、病気や治療の必要性といった正しい自覚が深まってくるにつれ、今まで背後に秘めていた、業病感（大変な病にかかっている）や脱落意識（普通の人間でなくなった）や絶望感・自己否定（自分は救われない、生まれなければよかった）をも自覚しそれを訴え始める。

それを加藤[22]は無明感情と呼び、鎌田[23]は絶対廃棄の感情と呼ぶが、この無明感情の発現は大変危険な状態でもある。いわば、光の部分の自覚だけではなく、影の部分の自覚も生じるわけだが、統合失調症治療で、最も辛いし恐いのは、良くなるにしたがって、自殺の危険性が増えてくるということである（Qさんの場合でも二回自殺未遂を行っている）。

この無明感情に対する手当であるが、やはり、自分に起きた体験が何であったのか、何故にそのような体験が起きたのかということに対する理解の共有を徹底するということが重要になると思う。それは、辻悟[24]の言う全貌的理解であり、患者自身の物語の再構成（ユング[25]は、精神医学は物語論であると言っている）になるのであろう。これにより、患者は、自分の体験が人間共通の弱点（煩悩）の積み重ねの結果ということを理解し、脱落意識から抜けだすと思われる。

そして、それはまた無明感情から出発しながら、無明から明に突き抜けていく営みになるのであろう。
⑥病状説明や病名告知について——同じく大事な事として、「自分の心の全部が統合失調症的状態で占められたのではなくて、健康部分もあるし、また病的部分も、神経症的部分やうつ病的部分もあるということ」を理解してもらい、統合失調症的部分を相対化させる必要がある。これは「もう自分は統合失調症にかかったので、一生終わりである」という絶望感を和らげることになる。
したがって病名告知に関しては、単に病名をつけて終わりというのではなくて、病状を含む心の有り様や今後の見通し（健康的部分と病的部分の戦いで、どれくらい治癒段階が上昇するかの鍵は、患者・家族・治療者達の自覚と治療意欲にかかっているといったこと）についての、真実を踏まえた役に立つ説明が必要である。患者は良くなってきてから、病名のことを話題に出してくるが、家族は最初から病名を聞きたがる（というより、統合失調症かどうか知りたがる）。

この時は、家族に対しても同様の正しい理解をしてもらい、統合失調症に関する偏見を正し、統合失調症恐怖や統合失調症絶望感を和らげる事が重要である（拙論「（統合失調症の）精神療法[19]」「病名告知とは何かを考えさせられた三症例[20]」を参照のこと）。

⑦主体性の回復または開発――統合失調症状態になりやすい人は、発病準備性の項で見たように主体性や自己が育っていない。彼は、発病まであまり自分で考えることなく（受験にまつわる勉強は考えたが）、また重大なことは母親が決断していたようである。したがって、いろいろな場面で自分で考えさせ、自分で決めさせるといった主体性開発の作業と、母からの自立（臨済録に見られるように「仏に逢うては仏を殺し、母に逢うては母を殺す」といった精神的親殺しが自立には必要である）が、重要である。

⑧家族の治療力の開発――また、こうした主体性回復の営みに対して家族の役割は重要である。前述したように、母は筆者の働きかけもあって、なるべく本人に決めさせ、本人の主体性回復を助けた。筆者は、家族は最大の治療の協力者だと考えている。したがって、まずはうちひしがれている家族を支え、家族に正しい認識をしてもらい、家族の持つ治療的能力を発揮させることが必要になると思われる。繰り返しになるが、それが、家族の罪業感を和らげることになる。

⑨煩悩の克服（執着のコントロール）――神経症状態が優勢になるにしたがって、「人に馬鹿にされないか」「変に思われないか」という恐れが前面に出てくる。これはもちろん「良く思われたい」という欲求・執着の現われである。また同じように、一流大学や一流企業を経験した彼は、小企業に行くことに関して抵抗があったが、これはもちろんプライドへの執着（慢という煩悩）である。これらの執着を断ち、そうした欲求やプライドをほどほどのとこ

ろにコントロールするのは、やはり重要になってくる（この段階になってくると、仏陀の最初の教えである四諦を理解させる作業が大事なこととなってくる）。

⑩業を生かす——発病準備性のなかにあった、内向的、敏感、人付き合いが苦手といった性格傾向はそんなに簡単に変わると思えないし、また無理に変える必要もない。そんな場合は自分の業（特性）を尊重して対人関係の少ない職場を選んでもらうことが大事である（アンソニー・ストウというユング派の分析家[28]は、従来の常識に反して、孤独の重要性を説いている）。それが、業を生かすということになるのであろう。

いずれにせよ、本人の特性が何であるかをよく見極め、それが最大限生かされるよう協力していくことが大事である。それがまさに自己実現であり、ユングの言う個性化であろう。そして、そのことが、可能になるのは、結局自分の業がなんであるかを見つめられるかどうかにかかっていると思われる。

ただ、統合失調症といった精神病水準の患者は仏性開発に消極的というかあきらめているというか、拒否的になっていることが多い。この困難な点をどう変えていき、そうした患者の仏性開発をいくらかでも援助するのが、治療者の役目となるのであろう。

第4項　最後に——運命を左右するもの

ところで、Qさんは幸運にも治癒段階が上昇したわけだが、これからどうなるかわからない。

人生の危機・苦境は、生きているかぎり出現してくるわけだが（異性問題、仕事での責任が増えた時、両親の死等）、この時、彼はそれを受け止められるだろうか？ 受け止められなくても、せめて統合失調症状態になったり、自殺したりせずに、神経症状態ぐらいで留まり、治療者の元に自発的に相談に行けるようになっているだろうか。それは、彼がどれだけ無明から脱し得ているのか、あるいは信や慚（善作用の一つで内的反省のこと）が、どれくらい阿頼耶識に薫習されているか、にかかっているのだろう。彼との関係が続く限りは彼の今後を見守っていきたい。

それから、もう一つ言いたいことだが、彼は確かに、統合失調症状態という大変な苦しみ（初期の頃は苦しみが強過ぎて苦しさを訴えることすらほとんどできていなかった。苦しみが述べられるようになった彼は、幻聴体験のことを「原爆が落ちたようなショックだった」と言っている）に出会い、また死の危機に何回もさらされたが、何とか乗りきっている。またそれだけでなく、彼は発病以前より主体的になり、また自分の感情を言え、自己主張もできるようになっている。なによりも、全体的にのびやかになり、生き生きしてきている印象を持つ。

仏陀は、霊魂の有無等を説かなかったし（毒矢の喩えに見るように）筆者も霊魂についてよくわからないので（興味だけはおおいにあるが）魂について述べるのはためらいがあるが、Qさんを見ていると、魂の傷つきを通して、魂の癒しだけではなく、魂の活力を手にいれたのではという気がしてくる。

病気以前は、グレートマザー（太母）に呑み込まれ、彼の魂は硬化しエネルギーは、知識的勉強・従順さという狭い所に閉じ込められていたのではないだろうか。それが、統合失調症体験を得ることによって、その硬直した魂が揺さぶりをかけられ、危機には会ったが、それを乗り越えることで、魂が生き生きさや伸びやかさを取り戻したと言えるのかもしれない。

こうなると、病気になった方がむしろ良かったのではとも考えられるが（ユングなども「よく神経症になってくれた」と言っている）、こと統合失調症状態に関しては、その苦しみの大変さや自殺などの危機の多さなどもあって、とても、そんなことは言えそうにない。「病気を通して成長へ」とはよく言われるスローガンであるが、Qさんのように幸運な人とは別に、不幸にして重症から抜け出られない人や精神病院に長く留まっている人や自殺で幕を閉じる人もいるし、病気から後悔や惨めさ以外の何も学ばなかった人も多い（だからできれば、危機や苦しみは最小限で変化していって欲しいと、筆者のような気の小さい治療者は思ってしまう）。

しかしながら、いったん統合失調症状態のような病気になってしまった時、「これは不治の病だ」と考えるか（昔はこのような精神科医が多かったらしいし、今でも世間の多くの人はこの偏見にとらわれている）、「大変な状態だが、彼の魂が変化していけるチャンスである」と、捉えるかによって、その後の患者の運命には差がでてくるようには思う。地震と同じで、なるべく発病を予防しながら、それにもかかわらず病気に陥ってしまったら、それを再生と変化のチャンスと、考えることが大事なのである。

だが、破壊・絶望・固定化に行くか、再生・変化に行くかは、何によって決まるのだろうか？

先ほどの業の深さと同じように、その患者の持っている魂の高低というステージによって決まるのだろうか？　筆者には、魂以上に、魂の高低と言われるとよくわからないが、少なくとも患者の魂や霊位が高くても低くても、その魂の傷つきには敏感でありたいし、彼の魂の自己治癒力をいささかでも援助できたらと思っている。

ただ、この援助作業は大変なエネルギーを要し、筆者のような忍耐の足りない人間はすぐ投げ出したくなってくる。こんな時、筆者には、どうしても仏陀がそばにいてくれて治療者を見守り、治療者の疲れ切っている魂に霊水を注いでくれているように思えてならない（ただ、仏陀は、このようなことは決して言ってはおらず、むしろこのような考えには反対していると思われるが）。

筆者には、四諦八正道を初めとする仏陀の教えが単なる理論的知識ではなくて、どうしても、魂のこもった命の教えであるような気がしてならない。いずれにせよ、仏陀が見守ってくれているかどうかは別にして、肝心なことは四諦の教えの実践なのであろう。そして、自らの仏性開発だけでなく、精神病水準にあって仏性開発を放棄している人達を助けるよう励まされている感じがしてきている。

第11章　境界例と無明

第1節　境界例とは？

この章では、統合失調症状態とはまた違った意味で、無明の闇に覆われている境界例を取り上げてみる。境界例は、境界性パーソナリティ障害とも呼ばれるが、呼称が長いので境界例という言葉をここでは使用する。

第1項　境界例の定義の難しさ

近年、境界例（ボーダーラインとも呼ばれる）で困っているという家族の方や心理治療者の話をよく聞く。また、雑誌にも頻繁に紹介されているし、新聞にも取り上げられているようだが、実際に境界例が何であるかを説明するのは大変難しいように思える。神経症や統合失調症を正確に説明するのも困難だが、境界例の定義はより一層の困難さを覚える。

その理由はおそらく、
①境界例と言われる人達の症状・特徴・問題点が多種多様であること。
②境界例の領域がはっきりしないこと。
③境界例を説明するに際して、比較対照として使用される神経症、精神病、うつ病、人格障害などの疾病概念が曖昧であること。
④境界例に関わる人（治療者、家族、周辺の人など）によって、境界例のイメージがいろいろであること（同一人物であってもその時々の心理状態で境界例に対する印象が違ってくる時がある）。
などが、考えられるだろう。

第7章で、心の病には実体がなく、神経症や統合失調症といった病名も仮の名前に過ぎないと言ったが、境界例ぐらい実体のなさを思い知らされるものはない。しかしそうは言っても、境界例状態に陥り、苦しんでいる人達が増えてきているのは事実だし、また境界例に関わる人達が悲鳴をあげているのも現実で、両者の困り果てている実状は、生々しく実感として迫ってきている。

したがって、ここでは、全体的に正確な説明は目指さずに（目指しても、今の筆者にはできないが）、とりあえず自分の感覚によって境界例のイメージを述べていくことにする。したがって、かなり私流の勝手な境界例像になるかもしれない。だから、読者の方で、正確に境界例のことを知ろうと思われるならば、他の成書を参照していただくことが望ましいだろう。

第2項　境界例のイメージについて

筆者自身の経験、他の仲間から聞いたこと、書物などから得た知識を総合したイメージだが、大体以下の特徴が浮かんでくる。

破壊的行動

まず境界例状態に陥っている人の一番目立つ行動は、破壊的な行動障害だろう。すなわち、ちょっとしたきっかけで手頚を切ったり、薬を大量にのんだり、すぐに死のうとしたり、また器物を破壊したり、家族に暴力をふるったり、過食や拒食や見境なしのセックスに走ったりといったことだが、家族はこれでまずびっくりさせられ、そしてそれが頻繁になるにしたがい、苦悩に追い詰められていくのである（もちろん、本人も辛いのだが）。

傷つきやすさ

またこれと関係して、ちょっとしたことでひどく傷つきやすい精神の持ち主だと言えるし、さらに自分の衝動や欲求をコントロールすることも苦手である。この傷つきは本人に、うつ症状（抑うつ感、むなしさ、孤独感など）や身体症状（不眠、頭痛、めまい、身体の麻痺など）や精神症状（強迫症状、対人恐怖、離人感といった神経症症状だけでなく、幻覚妄想といった精神病症状、健忘を伴う突然の解離性行動など）、さらには今述べた破壊行動等多彩な症状をもたらす。

アラジンの魔法のランプ願望

この傷つきやすさと関係するのだが、境界例では他者（家族や治療者といった重要対象）を理想化すること（相手は万能であって、何でも自分の思いどおりに動いてくれるはずだ、完全に自分の味方だといった）がとても強い。しかし、こうした理想化、期待し過ぎは当然幻想的なもので、現実（相手は自分の理想どおり動かない）に出会うともろくも崩れてしまう。

しかし、その現実を受け入れられず、今度は逆に相手をものすごく非難し攻撃するのである。すなわち境界例にあってはアラジンの魔法のランプ願望が、非常に強いと言える（治療者や家族といった相手を神様のように仕立て、奴隷のようにこき使い、意に沿わないと悪魔のように無茶苦茶に蔑むといった）。

対人関係の不安定さとコントロール力の低下

したがって、対人関係は非常に不安定なものとなり、ある時は相手をすごく賞賛し頼っていたのが、ある時は逆に「冷たい」「意地悪」「無能だ」と言ってけなしたり、攻撃したりしてしまうのである。こうした不安定さも周りの人々（家族、治療者など）をひどく困惑させる。

また、困ったことにこの攻撃はいったん始まると、先述したように自己コントロールが難しいため、一度怒りの感情をぶつけると止まらなくなるのである。

この自己コントロールのなさや理想化とも関係するのだが、彼らは自己の確立ができていない。すなわち「自分が何ものであるのか」「自分は何をしたいのか」「自分は周りとどのように付き合っていけばいいのか」といったことに対して明確なイメージを持てていない。また表面的に社会に合わせていく自分を持っている場合もあるのだが、それは仮の自己であることが多い。つまり自己同一性の障害が強いと言えるだろう。

自己の未確立

このように真の確固とした自己が確立されていないから、常に見捨てられ不安が強くひとりでいることができないし、また心の中はいつも憂鬱さやむなしさが占めていると言える。それで必死に周りの人間にしがみつくのである。

そして、自分で何も決められないので周りの人に決めさせるが、周りがどの決定をしても本人には気に入らないことになり、周りに文句を言い、それで周囲の人間はいっそう困惑するということになる。

ざっと以上のようなイメージだが、読者の方は、読んでいるだけで大変な状態だと思われたと思う。ただ、境界例患者を持った家族の方、境界例と関わったことのある治療者や周辺の方々（学校の先生、友人など）は、いずれもその大変さに思い当るところが多いのではと思う（一番大変なのは本人だと思うが）。

ただ、今のような点は、何も普通の人間からかけ離れたものではなくて、人間に共通する弱点という気がする（これは、神経症でも統合失調症でも同じことだが）。そして、特に人間の中の幼児性が強くなったというか、まだ大人の部分が未発達というように言えるかもしれない。

境界例の診断基準

ここまで、述べてきたついでに、境界例（正確には境界例人格障害）に関する、アメリカの診断基準があるので、それを以下に述べておく。

①不安定な対人関係
②衝動性
③感情の不安定性
④不適切なほどの非常に強い怒り（コントロールできず）
⑤自殺の危険性、自殺するという振る舞い
⑥自己同一性の顕著な混乱
⑦空虚感、退屈さ
⑧見捨てられ不安とそれを避ける行為
⑨一過性の妄想・解離現象

といったようなものである。

第3項　境界例の具体例

ただ、今の説明だけではまだわかりにくいかもしれないので、実例を手短に挙げさせてもらう。年齢は筆者の初診時である。

十四歳女子中学生

裕福だが複雑で、不安定な家庭環境で育ち、小学六年の時、ちょっとした不満から頭痛や吐き気を訴え、不登校が始まる。いくつかの相談機関を訪れるが、改善せず、そのうち母に対する家庭内暴力や法外な要求が出てくる。中学二年の時は母に包丁をつきつけたり、母を攻撃するかと思えば、母に対するしがみつきも強い。

十七歳女子高生

感じやすい子。とても良い子で成績もよく親の自慢の子で反抗することがほとんどなかった。ただ本当に仲のよい友達がいなかったらしく、中学半ばで引きこもりやうつ状態に陥る。一時的によくなるも生き生きしたところは回復せず。高校より、唯一の頼りであった成績が低下し手頸を切る。頭痛、不眠も始まり精神科に通院するが薬物大量摂取が起きる。また精神科医に対する見捨てられ不安で自殺願望が強くなり、治療者のもとを訪れる。

十七歳女子高生

父親不在（仕事のため）で母子が密着。高校まではがんばりやで優等生。しかし高校で成績が低下し、先生の注目を集められなくなり、また友達の一言で傷つき、失声となったり過呼吸発作を起こしたりする。精神科治療で失声や過呼吸はましになるも、幻聴、離人感、対人緊張、自殺念慮、被害感が出てくる。治療がすすむにつれ、抑うつ感、自己同一性の障害（自分が自分でない感じ、本当の自分がわからない）、見捨てられ不安を訴える。

十九歳男性

小学一年の頃より、体が弱くて不登校を繰り返す。中学よりささいな事が気になり強迫行動が強くなる。高校三年では友達関係と受験の悩みで胃腸症状が出現。続いてイライラが強まり家で暴れたり、不登校が再発。また精神病院に二回入院するも、すぐにトラブルを起こし退院となる。不安、強迫観念が強く来院。

二十歳男性

身体が弱かった事や母親が神経質であった事もあり、外での遊びが禁止されていた。勉強ばかりで友達がいなかった。中学に入っても孤独の状態が続く。その頃より、心気的こだわり、男子生徒への恐怖、親や教師への暴言、母への家庭内暴力、不登校、不眠、自己臭があり、自室に閉じこもる。高校に入学するもすぐに退学。引きこもりが続き、症状が改善しないため、家族が相談に来院。

二十歳女性

チック。友達ができず。小学高学年より強迫症状。中学より嘔吐、発熱等の身体症状。成績はよかったが、高校でささいな事から、再び孤立し不登校。発熱で入院。イライラ、リスト・カット、家庭内暴力が強くなる。某治療者の密着した治療法が外傷的に作用し失立、失歩出現、リスト・カット、家庭内暴力も強くなり来院。

二十一歳女性

小学生の頃から体が弱い。中学三年で友人の死によって失神発作が始まる。高校でも不調でよく不登校。左手知覚麻痺もある。短大二年で知らずにリスト・カット。頭痛のため内科入院。その後頭を打ち付ける行為があり、精神科へ。失声もあり。

二十三歳女性

小さい時から気が小さく、人の中に入っていけなかったが、母が甘いこともあって家ではわがままであった。高校の頃より体が弱いことや交友関係の悩みで不登校になったり勉強に身が入らず、不本意な大学に入学。その後、頭痛、吐き気などに続いてイライラ、家庭内暴力がひどくなり、母を包丁で傷つけたこともある。いくつかの治療機関にかかるが、すぐに気にいらなくて止めてしまう。その後、リスト・カットや自殺行為があり、二回の入院を経て、当院へ。親や恋人は彼女に熱心なのに、本人の見捨てられ感は相当に強い。

二十四歳女性（二児の母）

小さいときからわがまま。中学から不安定、物事の遂行困難、怒りのコントロール不能。十八歳で結婚、出産するも子供の世話ができず。親子喧嘩のたびに大量服薬の形で自殺未遂。治療者にすごく甘えようとするが、甘えを受け入れられないと罵倒する。

三十二歳女性（二児の母）

幼い頃より従順で反抗期がなく、勉強一筋であったが、父が暴力的なこともあり、家庭内での安全感は薄かった。成績は優秀だったが家庭の事情で高校卒業後は就職。その際、対人関係に自信がないということをもらしていた。

就職後、良い上司に恵まれ、一時は順調だったが、結婚した夫が大人になりきれていないため、子育てが終わる頃より、うつ的になると同時に、夫に対する暴力や自傷行為が始まる。入院、外来治療をするも、限界設定や、治療の構造枠がしっかりしておらず、また家族療法的視点が欠けていたため、症状が改善せず、リスト・カットがひどくなったため、筆者とは別の治療者に交代し、問題は残るものの安定をやや取り戻す。

全例に共通するもの

以上、たくさんの例でいささかうんざりされたと思うが、全例に共通するものとして、なにか小さい頃から違和感があったり、良い子で成績はいいが友達は少なかったりということ（逆にわがままな例もある）と、それから多彩な症状や破壊行動（家庭内暴力、リスト・カット、自殺願望など）が印象に残ったと思う。

第4項　境界例の印象と無明と境界例の関係

これを踏まえて、筆者自身の境界例の印象を言うと、

①いろいろな心の病のそれこそ境界に位置し、カメレオン的に症状が変化する。

②そして特に、神経症、精神病、うつ病、健常状態の四つの境界に位置する。

③すなわち、訴えは神経症のようにしつこく、いろいろなことを気にする。しかし、時として

精神病のように現実から逸脱した行動を取ったり、幻聴・妄想といった精神病の症状を示し、現実認識も著しく低下する時がある（自分の問題を人のせいにするといった投影傾向が著しい）。そして、根底では自己の存在感や自信がないといったうつ的傾向が横たわっている。しかし、健常人と同じか、それ以上に鋭い観察・認識ができるため、いっそう自分の症状や他者への不満を強く感じたりして、苦しむ度合いも強くなる。

④先の四つの境界だけではなく、心身症や依存症の状態を示す時もある。

といったことになるだろう。

これを無明との関係で言うと、精神病水準では、自分が苦の中にいることに対して無知である場合が多く、その結果、集諦（苦の原因）や滅諦・道諦（苦の滅や苦の滅に至る道）を探ることができず、治療者に頼ることも困難なことが多いわけで（信がほとんど育っていない）、無明の程度が一番深いと言える。

他方、神経症水準の場合は、自分が苦の中にいることは認めるし、また治療関係の中で、苦の原因としての執着も理屈の上では理解できると思う（ただ、道諦の実践が難しい）。したがって、ある程度は明に開かれているわけである。

境界例の場合はその中間と言っていいのだろう。すなわち、自分が苦の中にいることは実感しているようだが、それをはっきり見つめていくことは拒否し、さらに苦の原因が自分の中にあるとは認識できず、苦の原因は他者に移し替えられる。治療者との関係にもそれが持ち越され、しばしば、苦をもたらすものとして治療者が非難の対象になる。

以上をまとめると、精神病水準では苦諦すら認識できず、境界例水準では苦諦は実感できてもそれに直面できず、ましてや集諦は認識できない。神経症水準は、苦諦、集諦、滅諦までは理解できても、道諦の実践ができないといったことになるかもしれない。

第2節　五年にわたる境界例の治療例——事例R

ここまでは境界例についての一般的解説や、事例を交えての症状や治療ポイントの解説等について述べてきたが、今度は一つの事例について、始まりから一応の終わり（ただ筆者は、先述したように、治療に関しては厳密な意味での始まりも終わりもない、すなわち無始無終であり、あるのは出会いと再会を含む別れだけだと思っているが）までを見ていこう。

ただ、境界例の治療に関しては、他の心の病以上に、確立されたマニュアルを見いだせず、手探りで格闘している毎日である。それゆえ、今まで述べた治療経験と同じく、これも筆者の私的な体験の一つと考えてほしい。ただそうはいっても、いままでの部分的な事例紹介よりは、これによって少しでも境界例の実像に近付いてもらえることを期待するが。今回は、括弧の中に少し解説を入れて紹介する。

第1項　事例Rの歴史と治療経過

［事例R］初診時十九歳、女性、大学生。

成育史、病歴

母は神経質で不安定、Rさんを思いどおりに育てることに熱心で、本人もピアノ、勉強に打ち込み「手がかからない秘書のような子供」のようだったと言われていた。成績優秀、委員長などをするが、悪口を言われることもあったようである（ここで、すでに母の過干渉がうかがわれ、また本人も過剰適応、主体性のなさの危険が見え隠れしている）。

中学になって、有名な中・高一貫の進学校に入り、その後も勉強熱心は続く。ただ高等部に上がった頃、息切れがきたのか、過呼吸、発熱、失神発作、めまい、疲労感が出現し、各病院で診てもらうが異常はなく、精神科に行くもすぐ中断する。この時は母子ともに受験で頭が一杯のため症状は、無視されたようであった（高校の初めで過剰適応の無理が心身症症状という形で出てきているが、この時は受験が優先されたようである）。

さて、猛勉強の結果、念願かなって希望の大学に入る。その時は大喜びであったが、五月頃になると、憂鬱な感じが強くなって閉じこもりがちになる。またダイエットを猛烈にし始め、拒食傾向が強まる。心配した母があれこれ言うと、かなり反抗的になったりしていっそう引きこもり・拒食傾向は強くなり、もちろん学校へも行かなくなる（これは、入学によって目標を喪失した荷下ろしうつ状態ということであろうし、また、その空虚感を埋めようとしたダイエットである。自己確立の不十分さが現れていると言える）。

びっくりした母親は、本人に学校に行くように説得したり、食べるように言うが、本人の反抗はますます強まり、物を投げたり壊したりするので、今度はそっとしておくようにしたのだが、いっこうに事態は改善しない。

そうこうしている間に、今度はリスト・カット（手頸自傷）も出現したため、前の精神科医の元に行き、投薬治療を受けるが何も改善しない。それで、その精神科医は、あるカウンセラーを紹介したが、やはりうまく行かず、リスト・カットや器物損壊の行動化は強くなってきた。

また、他の精神科医やカウンセラーの所へ行き関係が落ち着きかける時もあったが、いずれも面接の中で約束を守らない等のトラブルが生じたため、長続きしなかった。困ってしまった母親は、知り合いを通して筆者のもとに本人を連れてきたのであった（境界例の場合は、多くの治療者を遍歴することが多いのは、これまでの事例でも明らかであろう）。

筆者との治療開始

本人は、見た目は可愛い感じのする女子大生という雰囲気だったのだが、連れてこられたせいもあって、不機嫌さを隠さない。連れてこられて腹が立っているせいか、本人に聞いても何も答えてくれないので、本人の了解を得た上で、母親から事情を聞き出す。

そうすると途中から本人が「お母さんの言ってることは違う」と言うので、今度は本人から話を聞いた。しかし、本人の話は、まとまりがなくよくわからない。かろうじて「苦しく辛いが何故だかわからない」「生きている実感がわかない」「なにをどうしたいのかわからない」「無性に両親に腹が立つ」といったようなことが、うかがいしれた。

そこで、筆者は〈専門家の私に何か望むことはありますか?〉と聞くが、これについては「わからない」と言うだけで、答えられない。そこで、母親に望みを聞くと「早く落ち着いて学校に行って欲しいし、食べられるようになって欲しい」と言う。

すると横で聞いていた本人は「まったく私の気持ちをわかっていない」と怒り出したため、筆者が〈そうね。あなたの気持ちが安らいで欲しい、楽になって欲しいといったことを言わずに、表面のことだけ言われると辛いよね〉と言うと、少し落ち着いたようであった。

そこで、筆者は〈とりあえず、大変なことが起きているようなので、放っておくわけにはいかない。しかし、外来だけでいく自信はないので、悪化してくるようだと入院施設のある病院に紹介する。それと、相当詳しい事情を聞く必要があるので、一回一時間で三回から五回の審査面接を行って、その上で引き受けるかどうか決めますがどうですか?〉と言うと、母も本人も納得したようであった（境界例の話のわかりにくさ、治療目標を言えない点はよくわかっておくべきである。それから先述したように軽々しく引き受けないで、審査面接をしてからの方が安全である）。

審査面接で

初回では、嫌々ながら連れてこられたRさんであったが、二回目からは母と入ることを拒否し、自分だけで面接した。ただあいかわらず、話にまとまりがなく、しかも一方的に切れ目なく話し、こちらが整理しようとすると怒るため、聞き取るのが大変難しい状態であった。しかしいずれにせよわかったことは、「高校までは勉強もでき、それなりに注目も浴びていたのが、大学に入ると、まったくそういうことがなく、がっくりきたこと」「大学で、同級生と話しているとみんなしっかりしているようで、一挙に自信を失った」「高校までは決められた勉強をしていればよかったのに、大学にはいると何を勉強していいかわからなくなった」「それにみんなサークルに入ったり、男の子と付き合ったりするけど、私はちっとも楽しめない。この先どうなるのだろうか」という傷つき体験、失望感、劣等感、困惑、不安を訴えたことであった。

そして決定的な話は「入学した後、素敵な男子学生がいて、友達になれたらと思っていたら、他の女子学生と付き合っているのを見てひどくショックを受けた」ということで、それから「きれいにならなくては」と思い、ダイエットを始めたとのことであった。ただ、それはかなり無理なダイエットだったので途中で挫折したことを述べた後、「それをやっていても何かむなしい感じがするのと、それから最近わけもなく母に腹が立ってしょうがない」ということと、「生きていてもしょうがないという気分になる」ことを訴えてきており、治療者は、話をまとめるとともに、本人の辛い気持ちを思いやるように努めた。

また母からの話だと、少し落ち着いてきたが、夜中に突然暴れ出し、死ぬとか言って包丁を持ち出したりするので、取り上げようとすると「こうなったのは、お母さんのせいだ。お母さんを殺してやる」と言って向かってくるので、びっくりしたということが出現した。早速その話を本人にすると、「全然覚えていない」とのことであった（これは一過性の解離症状である）。（入学後の失意体験、方向喪失感、無理なダイエットとその挫折、離人感、希死念慮、母への他責傾向・怒りと共に解離症状が明らかになってくる。ここに、自己の未確立や自己同一性障害が現われていることがよくわかるであろう）。

治療契約成立

一応、夜中の荒れといった解離現象はあったにせよ、無事に三回が過ぎたため、次の取り決めをして治療を始めることにした。

①治療構造の確立（ルールの取り決め）：週に一回一時間の面接。それ以外の電話や手紙などは、原則として受け付けられない。あくまで、面接中心で話を進める。
②限界設定：治療中は、リスト・カット、拒食、自殺未遂、暴力といった自傷他害の行為はしない。もしこの限界を越えたら、入院施設を持っている病院などに変わってもらう。通院では、ある程度の限界があることを示しておく。
③治療目標の合意：「治療に何を求めるか」ということの明確化は無理だったので、とりあえ

ず「自分が真に何を求めているのかを、はっきりさせることを治療目標にしよう」ということにした。

ざっとこういうことで、治療を引き受けていくことにしたのである。

多彩な症状の出現——苦の移し替え

さて、面接では、本人の苦しさが話題の中心になり、実は大学に入って初めて苦しかっただけでなく、中学も高校も無理をしていたこと、母親は勉強をやかましく言うだけでちっとも自分の気持ちをわかってくれなかった、ということを訴え続ける。筆者は、これに対して〈辛いね〉と共感を示しながら、この苦しさをどうしようかという所に話を持っていこうとするが、なかなかそうならない。

それどころか、過呼吸発作、失神発作が頻繁に起き出したりし、また声が出なくなったり、手足の麻痺を訴えたりというヒステリー症状が出現し、夜中にやはり大声で暴言を吐いたりといった解離症状が出現した。これを見た母親は「ちっともよくならない」と言うので、筆者はとても辛い思いにさせられた（ここで本人は、境界例の特徴の一つである苦の移しかえを無意識にやっている。筆者が不用意に共感を示すものだからよけいに症状を出して、筆者に移しかえてきている。筆者は話が進むので、治療が順調に進むのかなと思ったのだが、そうはなかなかいってくれない。前の治療者達もこういう点で苦労したのであろう。安易な共感は慎むべきであるといつも他の治療者や後輩たちに言っておきながら、筆者は同じ失敗をしている。またあらかじめ悪化する時がくるかもしれないということを、患者・家族に伝えておくべきであったと反省した。この安易な共感というのを、つい筆者はしたくなってしまう。これは早く患者を理解し、信頼関係を結び、治療速度を速めたいという筆者の煩悩なのであろう。この危険な罠によくよく注意せねばならない）。

理想化が強くなる

しかし、一方で「平井先生は何でもわかってくれる。こんなに聞いてくれる先生は初めて」と理想化を向けてきた。この理想化に対しては、生身の治療者像を示そうとしたが、本人の思い込みは強まる。そして母への不満もあったのか、面接が終わっても席を立とうとせず、立った後でももうろう状態になったり倒れたりした。

ある時は「先生の家で暮らしたい」と言ったり、また筆者がクリニックの玄関を出たところで苦しそうに待っていたりして、家まで車で送らざるを得ない時もあった。こうしたことに関しては、落ち着いている時は「非常に悪かった。迷惑をかけた」と言うものの、ちょっとでも辛いことがあったり、疲れてくると意識水準が低下し、治療者への甘えが一挙に吹きだしてくるのであった（理想化と同時に治療者への執着・転移が強くなっている）。

症状の悪化と入院

一方で家の方でも、夜の行動化が激しく、本人のみならず母親を初めとする家族の疲れもひどくなってきた。また、神経症・心身症症状に加えて、幻聴（死ねという声が聞こえてくる）も出現し、リスト・カットが繰り返され、自殺願望も強くなったため入院を考えざるを得ないところまで追い込まれてきた。

そこでそのことを本人に言うと、すごい怒りと悲しみを出し「今までちゃんと聞いてくれていたのは嘘だったのか。私はもう見捨てられた。死ぬしかない」と言うので、筆者は、「入院しても、ここに面接に通えますよ」（事実、入院先の病院とはそういう話し合いをつけておいてあった）「それに今の状態だと、あなたを含め一家全体が倒れてしまうし、また最初の約束どおり限界を越えたら入院ということだったでしょ」と説明したのであった。それでも本人の不安は強かったので、では何回かその病院に通って見学してみたらということで、何回かその病院に通院したところ、その先生の感じが良かったこともあって、ついに筆者の入院勧告を受け入れてくれた（こういうことが出てくると、やはり最初に限界設定をしておいてよかったと感じる）。

入院中の本人

入院後、本人は意外と落ち着いたので、ほっとした。それから母親の方も負担が軽くなったのか、気持ちにゆとりが生じ、また本人と距離ができたこともあり、ゆったり接することができるようになったため、本人も母親に甘えたりできるようになった。また、入院中、他の患者さんを助けてあげたりしてそれが本人の自信にもなったようであった。また、実際に病院から筆者の元へ面接に来れていることで、別に切れてはいないという安心感も持てたようであった。

そのせいか、本人は気になっていた大学の方に、時々、登校したりすることもできるようになり、徐々に安定してきた。


退院後、再び困難に直面。行動化（リスト・カット）についての話し合い

退院後、本人は元気が出たのか大学に行き続けるが、やはり自分が何をしていいかわからない、自分のしたいことがわからない、みんなからばかにされているようだという辛さや不安に襲われる。

しかし、面接を続ける中、そうした不安や辛さに負けていてはいけないという気持ちにもなり、また頑張ろうと思っていた矢先、本人はかなり深めのリスト・カットを行った。この時は、次のような取り扱いと話し合いをした。

まず、リスト・カットに至る事実関係とその時の彼女の心情を明らかにすることにした。彼女は、その日、家具売り場に行ったりして何とか自分の部屋を変えよう、新生活のスタートを切ろうと考えていた。そこで気にいったカーテンや家具などを見つけ、そうしたことを、母に話すと、母は気のない返事で、さらには「入院でお金もいったし、そんなことより学校に行き続けることが大事よ」と言ったのであった。

　せっかくの決意を踏みにじられた本人は、まず気持ちを落ち着けなければと薬をのみ、再び母に言ったが、結果は同じであった。それで耐え切れなくなって、リスト・カットしたというのであった。以下次の話し合いをした。

治療者〈それで切った時の感じは？〉

患者「そこまでしないとわかってくれないと思った」

〈今、切ったことをどう思っているの？〉

「切ることで理解してもらえたからいい面もあると思う」

〈切る以外にわかってもらえる方法はないかしら？〉

「話し続けることだけど、とてもそんな根気ない」

〈例えば、わかってもらえなかった時『お母さんのその返事、身を切られるほど辛いのよ』とか『すごい見捨てられた感じを持ったのよ』とか言うのはどうかしら？〉

「そうか、そういう言い方もあるのか」

〈それと、もう一つ、話したら必ずわかってもらえると思ったのかしら？〉

「そうなんです。もしわかってもらえないと、すごい見捨てられたような気分になるんです」

〈そうね。そんな気分になるだろうけれど、現実はどうかな？〉

「私って、やっぱり期待しすぎなんですね。それに見捨てられることに耐えられないんです」

〈そうね、期待を裏切られる、見捨てられ感を抱かされる、これはどちらも辛いよね〉

「そうなんです」

〈だから、これをどうしていくかがあなたの課題かな？〉

「そうだと思います」

ということが、話し合われた。今回は、前のリスト・カットについての話し合いよりは深まった感じになり、以後は次に述べるような核心的な問題についての話し合いが多くなった（リスト・カットのような行動化に対しては、先述したように詳しい事情とその時の感情、別の方法を取る可能性などを話し合っている。その結果、ここでは見捨てられ感や、期待し過ぎの感情が明らかになりつつある。ただこのような話し合いは一回でわかってもらうのは困難で、何回もの繰り返しが必要である。したがって、行動化は繰り返し起こる可能性のあることを覚悟すべきである）。

種々の核心的問題点についての話し合い

まずは、見捨てられ感についての話し合いであるが、
①これはどうも本当に見捨てられているというのではなくて、自分でそう感じ過ぎてしまっていること。
②またそう思うのはどうも自分で自分を見捨てているような所があるから、周りからもそう思われていると感じてしまうのではないかということ。

③それと、周りに期待し過ぎる所があるという点

④周りは必ず期待どおりに動いてくれるはずだと思い込んでしまう点。

に気がついたようである（②が移しかえ現象・融即・投影性同一視、③と④が理想化と言える）。そして、自分が見捨てられ感に弱いのは、自分に自信がないことということもわかったようであった。

続いて、母を初めとする周りへの怒りの問題であるが、①今まで、一方的に悪い方悪い方にしか考えられない点があったこと②よく考えるといい点もあるのに、全体として見ることが苦手という話し合いもでてきた（全体認識に関する無知、すなわち統合力のなさと分裂機制のことである）。そして、これは何も母だけではなく治療者に対してもそうで、自分の質問にすぐ答えてくれず、違う質問を返され考えさせられた時でもすぐ悪く思って、この人は助けてくれないと一方的に考えてしまうとのことであった。それと、今まで母をすごく悪いように思ったり、こんなになったのも母のせいだと思ったりしていたが、考えてみるとお母さんにもいいところがあるし、自分にもいろいろ問題点があると言えるようになった。

また、それと関連して「自分は希望と絶望、信頼と不信感がころころ入れ替わる」「先生（治療者）やお母さんに対してすごく助けてもらえると思うときと、もう見放されていると思う時がある」「自分の中に全然別の二つの人格がある」といったことが言えるようになってきたので、筆者は〈そういう二つの気持ちに気付いたのはいいこと、この二つがあって当り前。この二つを

どうまとめていくかが大事なこと〉と言うと大きくうなずいていた〈こうした二つの気持ちを調整したり、葛藤を保持することは成長につながる〉。

続いて、これまでの自分を考えてみると「つくづく自分がないということがわかった」と述べ、結局、自分は勉強以外で「自分で考えたり、自分で決めたり、自分で責任を持って行動したりしたことがなかった。いつも母に頼っていた」という話し合いになったのであった。

そして、ちょうどその頃ある男子学生から「好きだ」という手紙をもらい、どう返事したらいいかという話し合いになり、①いかに自分の気持ちを整理するのが難しいかということ②付き合いたくない気持ちの方が強いが、それを主張し相手を拒絶するのがいかに辛くて苦手かということに気付いたようであった。この時は、筆者のアドバイスもあって「今、付き合っている人がいるから」という形で断れた〈患者は一様に拒絶能力に弱いところがあり、逆にそれを強めることや上手な拒絶を学ぶ事は成長につながる〉。

いずれにせよ、これを契機に、自己検討、自己決断の重要さと難しさをしみじみ感じているようで、結局、この自己決断が自分を作り自己確立を助けるのだという所に気付いていったようであった。

そして、このような話し合いを続ける中、最初の治療目標である「自分が本当に望んでいること」が、普通の学生生活や対人関係であり、そしてそれを自分で考え自分で決めていくことが大事なのだということに目覚めていった。

一応の終結へ

もちろん、こういった話し合いがなされたからといって、彼女の状態がすぐよくなるわけでもないし、また行動化がなくなったわけでもないし、本人の見捨てられ感や悲しみ・怒りがおさまったわけではなく、繰り返し、こうした話し合いは必要だったのである（治療において繰り返しの話し合いや作業は、リハビリと同じく必要不可欠のものである）。

しかし、こうした話し合いを続ける中、彼女は、

①登校以外にアルバイトや人との付き合いを試みる。

②うまく行かず（と思い込んで）傷つく。

③治療者と話し合い、気を取り直す（悪い方悪い方に考える本人に対して、少しでも達成されたらそれは大きな前進であると支える）。

④次にどうするか本人に考えさせ、本人に決めさせる。

⑤再び社会活動を試みる。

といった、傷つきと修復の過程を繰り返していった。

そんな中、ようやく彼女は「人の中に出て思うようにならないのは当り前。その辛さは自分で引き受けるよりしょうがない」ということに気付いていったのである。

そして、一年の留年を経て大学を卒業し、しばらくアルバイトで様子を見た後、今は正社員として働いている。また男性との交際もできているし、治療者とは、正社員になった時に一応、治

療を終わっている。ただしその後も時々相談に来ているが、大きく崩れることはないようである。そして何よりも病前と比べ、のびのび生き生きしてきたのが特徴的である。

第2項　事例Rの解説

事例Rの要約

Rさんは、大学入学後に傷つき体験（「大学でまわりから注目されなくなった」「大学生活が思うように送れない」、失恋といったいわば、辛い状態に置かれたと考えられる）を味わわされ、その傷つきや苦を受け止めることができなかったと考えられる。

苦をもたらした原因も、苦を受け止められなかった原因も、自己の未確立によると思われるが、それと関連して彼女の優劣感情へのこだわりも激しくなったと言える。その結果、彼女はますます苦しむことになる。

それから自己の感情への無知もあり、母への腹立ちへと向かっていく（自分への怒りを母への怒りに移しかえている）。また全体認識の無知があり、これによりいっそう彼女は劣等感と絶望感を強め、周りに対する不信も強くなったということだろう。

一方、その苦や無知と関連して、「美しくなりたい」という欲求が、「むさぼり」のようになり、極端なダイエットに向かうが、これは挫折してしまい、本人はいっそう苦の中に追い込まれたと思われる。その中で、「怒り」が母と自己に向かって出現し、それぞれ暴力や器物損壊やリスト・カットなどの破壊行動として出現する。ただ、母への怒りは母への反抗であり、それは自己主張の契機にもなる可能性がある。

このように大学入学後の失意体験を契機に、今までの問題が一挙に吹きでたのだと思われるが、これでわかるように、自己の未確立に関連して、自己の感情に対する無知、むさぼり、怒りと行動化といった境界例の特徴が多く出ている。

他の例と比較してみると、本人が境界例状態になったのは、統合失調症状態になりやすい人に比べ、母との結び付きが強いし、一応かりそめにしろ高校までは自信のある生活だったし人に苦を訴えやすいほうだったということ、他方神経症状態で留まれなかったのは、苦しみ・悩みを保持するという訓練ができていなかったということが考えられるだろう。これができていなかった原因の一つとしては、対人関係の乏しさが考えられる。結局彼女は、学校の勉強はできても対人関係の勉強はできていなかったのであり、悩む能力が未開発だったと言える。

この結果「自己の未確立」「苦を他者に移しかえる」というのが、最大の問題となり、「自己の確立」「苦悩の保持」ということが、最大の治療目標になったのである。

治療のポイント

治療のポイントを振り返ってみると、審査面接、最初の治療契約、苦の移しかえと理想化、入院による三者（本人、母、治療者）の余裕の回復、行動化を巡っての話し合い、核心的問題（自己感情の無知、移しかえ、理想化・期待し過ぎ、見捨てられ感、自信のなさ）についての話し合い、統合力の開発、拒絶能力の開発と自己の芽生え、社会活動の開始と傷つきと修復の繰り返し、就職と男性との交際といったことになるだろう。さらに大事なのは「良き母親像」の形成、または回復が可能になったことである。

ただ、ここで問題になるのは、筆者の共感と、彼女の苦の移しかえや理想化といった点だが、大きく見れば治療上必要であったのかなとも思われる一方、やや安易で過剰であったかなという気もする。筆者の介入が過剰共感であったかどうかを判定するのは今後の経過を見るのが一つかもしれない。

本人・家族の努力が決め手

結局、全部で五年近くの治療となった。境界例としては軽症の方だと思われるが、この間の本人・家族の努力には敬意を表したい気持ちである。よくあの苦しい状態から立ち直り、自己の確立と、もろもろの煩悩の克服を通して自己実現への歩みへと歩を進めている姿に驚くと共に、それを高く評価したい。Ｒさんも母もこの病気から多くのことを学ばせてもらったと述懐しているが、筆者もまったく同じ気持ちである。

第12章　精神医療と薬

第1節　薬と癒し——仏性開発

第1項　薬の重要性

精神の薬の大切さ

薬は、身体病だけではなくて、心の癒し（心理・精神治療）にとって非常に大切な役割を果たす。心の病の治療には主に精神安定剤を初めとするさまざまな薬を使うが、それらは、精神・心理・脳活動治療領域で非常に重要な働きを示す。

一見、仏性の開発と薬と何の関係があるのかということになるが、無明の闇と煩悩に塗れて苦しんでいる人には薬はとても重要な役割を果たしてくれる。

薬の具体的作用

薬がどう重要かをわかってもらうために薬の作用をざっと説明する。精神の薬（穏和精神安定剤〔以下、精神安定剤、もしくは安定剤とする〕、抗うつ薬、抗精神病薬、気分調整薬など）は概ね以下の作用がある。

①心身を楽にする。心身の苦痛の緩和。
②不安・恐怖・心配・気がかり・こだわり、憂鬱・絶望、イライラ・怒りなど不快な感情の軽減。
③冷静さ・ゆとり・安らぎの回復・増大。
④睡眠の改善。
⑤気分の改善（主にうつ気分の改善だが、躁や感情興奮にも効く）。
⑥気力や意欲の増大。
⑦「まあいいか」能力の増大（「思うようにいかなくてもかまわない」との覚悟を助け「思うようにいかない不快な気持ちを持ちながら、適切な対応を心がける」前向きの気持ちを増大させる）。

といったような作用である。

もちろんこれ以外にもたくさんあるのだろうが、とりあえずは以上のようなことに纏めておくが、この中での一番の大基本は⑦の、「前向きのまあいいか」である。私から言わせたら、これが、健康や仏性開発や悟りの根本だと思える。

悪循環から良循環への刺激因子——薬は応援部隊

心の病が、「生存→欲求→煩悩・苦→苦の消失をひたすら欲する→ますます煩悩・苦しみがひどくなる」という悪循環や負のスパイラルの結果だと言うのは、今までの記述で十分わかったと思う。この悪循環を良循環に転換していくこと、正しくは転換を助けることが、治療や仏性開発の目的である。

それで薬を服用することで、「薬服用→苦痛が緩和し、まあいいか能力が増える→症状や苦痛からの捕われから脱し、他の大事なことに目がいく→苦や苦の軽減への執着が減る→楽になる」という良循環になれればいいのである。

薬は杖のようなもの——薬は万能ではなく、方便・手段

それでは、薬さえのんでいればいつも健康を維持でき、仏性を開発し続けられ、大安楽の状態をキープできるのかと言うことだが、そんな甘いことはない。先に述べた、①～⑦の作用は、薬さえのんでいればいつも実現できるのかと言えばそうではない。薬はいわば「杖」のようなものである。歩きにくくなっている人に杖を援助することで、その人が歩けるようになるのを助けるが、その後、自分の筋力を維持するとか、日常の大事なことに打ち込むとか、運動やリハビリに

励むといったことが大切になる。つまり、薬という方便（手段）を借りて、自らが自分の可能性や仏性を引き出していくことが重要なので、薬という杖だけに頼っていたり、薬（杖）さえあればこれでいいという考えになるとかえって不健康のままで留まってしまうと思われる。

薬にのめり込みすぎて、薬中毒になることを、仏教では「薬狂」と言うが、仏教徒の間でも薬中毒があったのかもしれない。臨床経験からすると、あまり薬を当てにせず、しかしまったく薬効を無視もせず、まあちょっとした応援部隊ぐらいのつもりで服用される場合が一番薬の効果が発揮できるようである。

第2項　仏陀の薬に対する考え方

応病与薬――応機説法の薬版

仏陀の応機説法は何回も紹介したが、薬の使い方でも応病与薬という形で、その時その病人にあった薬を処方することの大事さを述べている。仏陀は、別名大医王とも呼ばれ、もともと医師の役割を担っていたのである。

いずれにせよ、薬は適切な時に適切な薬を適切なだけ（量、回数など）使うというのが一番健康的である。必要でない時に使ったり必要以上に使ったりするのは問題だが、必要があるにもかかわらず、我慢して使わないというのも健康には悪いことのように思われる。そして、治療者の役割は、この必要というのがどのあたりなのかを共同相談していき、応病与薬を実現することだろう。

薬を使うことに対する抵抗に関して

ただ、心理治療という営みの中で薬を使うことに拒否的姿勢を示す人がいる。聞いてみると、心の成長は純粋なもので薬という不純なものは使いたくない、そんな異物で自分の心を変えられるのはごめんだということである。

これについて無理に反論する気はないが、ただ問題なのははたして純粋とはどういうことか、ということである。筆者には、純粋とはあらゆる営み・現象を包括し少しでも仏性を引き出していこうとする営為ではないかと思われる。したがって、人類の発祥と共に存在したと言われる薬をも視野に入れる「広い純粋性」が大事だと思われる。

それから、もう一つ、苦に苛まれ、不安・不眠、イライラ・憂鬱・絶望・無気力がひどく、話すことはもちろん、考えることすらできなくなっている疲労困憊の患者には、まず薬の助けを借りて心身の休養を計り、その上で落ち着いてきてから、カウンセリングなどでこれまでの問題やこれからのことを話し合うというように進んでいくことがいいと思われる。患者は、病気の状態の時には、活動はもちろん休息もできなくなっているわけであるから、「気持ちの持ちようだ」という精神論を唱えられても害になるだけである。

仏陀の素晴らしい教えも、まずはそれを聞けるだけの精神的・身体的エネルギーの回復が必要だろう。

もっとも、それでも薬は要らないと言う人に強要してのませるつもりはない。そういう時はそういう時でその人の「薬無し純粋路線」を尊重したいと思う。いずれにしろ、薬を拒否し過ぎず頼り過ぎず、のみ過ぎずのみ足りなさすぎずの中道路線が一番いいと思われる。

第2節　精神治療薬について

この後は再び対話形式で進む。

〈心の病の治療に関しては、カウンセリングや精神療法といった専門的な話し合い以外に、精神治療薬といった薬を使うんですよね?〉

「全例とは限りませんが、使うことは多いですね」

〈どんな薬を使うんですか?〉

「一番、多いのは、抗不安薬(穏和精神安定剤)、睡眠薬、抗うつ薬、抗精神病薬の四種類ですが、それ以外に抗躁薬や抗てんかん薬、漢方薬など、いくつかの薬を使うときがあります」

〈精神の薬をのんでいる患者さんは、かなりの数に上っていると思われますが、それとともに、患者さんは、薬をのんでいて大丈夫なのだろうか、いつまでのむべきなのかといろいろ心配されている方も多いと思います〉

「そうですね、一九八一年のＮＩＭＨ（National Institute Mental Health, 国際精神健康学会）の調査では、過去一年間に抗不安薬を服用した経験のある方は、九・七〜一六・八％に上り、日本でも、毎日五〇〇万人分の抗不安薬が処方されている（単純計算だと国民の五％程度）と言われています。さらに、薬というのは、どんな場合でも問題がないわけではないので、このことを心配されている方は多いと思われます」

〈それで、まず教えて欲しいのは、薬はどんな効果があるのか、薬はどんな時に使うのかといったことです〉

第３節　抗不安薬（安定剤）について

第１項　抗不安薬とは？

「そうですね。これは一番基本的な問いですから、ここから始めましょう。それから、薬は種類によって効果が違いますから、まずは抗不安薬について考えてみましょう。

現在の、抗不安薬（ここでは、一番主に使われているベンゾジアゼピン系の抗不安薬のことを話す）は、まず①抗不安作用②筋弛緩作用③鎮静催眠作用④抗けいれん作用を有しています。

だから、ひらたく言えば、不安を軽くし、心身の苦痛を和らげ、気持ちをリラックスさせたり安らげたりするといった効果があるのです」

〈何か、きいていれば、夢のような薬ですね?〉

「ええ、だからある抗不安薬を初期に研究した学者などは『トランキライザー（抗不安薬を含む精神安定剤）は、人類に幸せと成就と威厳をもたらすものである』と言っているのです」

第2項　抗不安薬を使う時

〈それでは、具体的に、抗不安薬を使う時はどんな時か、教えてください〉

「一言で言えば、不安・緊張を受け止められない状態の時（カウンセリングや精神療法でも不十分な時など）に使用すると言えるでしょう。

不安・緊張に圧倒されると、人間は、

①不眠・食欲不振・吐き気・頭痛・肩こり・全身の疲労感・動悸・呼吸困難・頻尿・めまい・しびれなどの身体症状をきたし、これに苦しむ。

②冷静に考えられなくなり、ささいなことでも気になりすぎたり（神経質になる）、悪いほう悪いほうに考えたりするし、また思考力・集中力・判断力の低下を来す。また自信がなくなるし、他者を信じにくくなったり、逆に過度に依存的になる。いずれにせよ、こうした、精神面の変調は、患者を苦しめると同時に、不安・緊張を強めるという悪循環を来す。

③その結果、行動面でも、仕事や作業能力が低下し、また高度な判断ができにくくなるし、対人関係においても不適切な行動が生じる。また多くの患者は、行動面で支障が出る前に生

活・行動場面から身を引くことが多い。いずれにしても、この行動面での不適応もまた患者を苦しめ、自信をなくさせ、不安・緊張を高めるといった悪循環になりやすい。といった状態になりがちです。

こうなると、苦しみの悪循環からなかなか抜け出せないし、また精神面の働きも弱るから、解決策や見通しがなかなか自分のなかで持てません。

普通、こうしたときはカウンセリングなどで問題を探り、四諦・八正道などを見ていき、それを実践できればいいのですが、弱り切っている患者さんなどはそれが難しい場合があるので、薬の助けを借りるのです（病名的に言えば、一般的なストレス性障害、神経症、心身症、自律神経失調症、うつ状態、統合失調症、境界例などで、いずれも不安・緊張の緩和を目指す。また単なる肩こり、頭痛、胃の不快感といった軽い症状にも効くし、また筋緊張を和らげる目的で整形外科領域で使用される場合もあります）」

第3項　抗不安薬の効果

〈使った結果、どういう効果がでてくるのですか？〉

「うまく効果がでた場合（七〜八割程度）、次のようになります。

①まず、不安・緊張がやわらぎ、気分的に楽になる。

②それに、睡眠が取れるようになり、頭痛、吐き気、めまい、疲労感などの身体の不快な症状

が軽減される。

③心身が楽になると同時に、思考力・判断力などの精神機能も回復するし、冷静に人間やものを見られるようになり、悪く悪く考えるといったことが減り、悪循環も断ち切られる。

④その結果、行動面でも、仕事や日常生活や対人関係ができるようになり、これがまた自信の回復や身体のリズム回復ということで、精神・身体面に好影響を与えるといった良循環を作る。

〈その他、心身疲労のためまともに考えられなかった人が、抗不安薬で楽になって冷静になり、自分を見つめ直そうということで、カウンセリングに入りやすくなる時がある。また、カウンセリング中でも、薬をつかうことで、考えやすくなり、カウンセリングが進む場合がある〉」

第4項　抗不安薬の副作用とその対策

〈何か、いいことづくめのようで恐くなりますが、副作用等はないのでしょうか?〉

「副作用は、薬に限らず、カウンセリングや精神療法でも、もちろんあります。特に素晴らしいものであればあるほど、使いたくなってきますので、副作用の方は考えないといけません」

〈どんな副作用があるのですか?〉

「副作用（望ましくない作用）の定義は結構難しいのですが、それはおいておくとしても、副作用の種類はかなり多様です。そこでまず、常用量（臨床用量）を投与した時で、しかも短期の場合の副作用について述べてみます。

①まず、しばしば見られるものとして（五％以上）、眠気、ふらつき、めまい、脱力感、もうろう感といったものです（抗不安薬の鎮静・催眠作用と筋弛緩作用によります）。

②次に、時に見られるもの（〇・一～五％）として、食欲不振・吐き気・便秘・口渇・排尿困難・頭痛・低血圧・興奮錯乱などの奇異反応。

③まれなものとして（〇・一％未満）、黄疸、発しん、かゆみ、血液障害、ふるえ、しびれ、発汗・熱感・のぼせ感、乏尿・蛋白尿、むくみ、生理異常。

といったものが挙げられます」

〈こんなに、副作用があるのでは、と思うと心配になってきましたが？〉

「そう、こういうふうにずらっと挙げられると、心配になってくるでしょうが、私の経験では、量が適切であれば、滅多に起きないものが多いので、そんなに心配しなくてもいいのです。それに、もし眠気が強かったりしたら、量を減らせばいいのです」

〈でも減らせば、今度は、効果が減るのではないかと心配ですが？〉

「ええ、だからこの時は、図式的に言えば、いろいろな選択が可能になるんです。①量を減らした結果、不安・緊張は高まるが、眠気はましになる場合②量はそのままにして不安・緊張がかなり減っているが、眠気の強い場合の両極があり、その間にいくつかの選択があるのです。

大事なのはその時、患者さんと話し合ってどれが一番楽な状態か考えていくことでしょう。患者さんは、眠気が適度にある方が楽という場合も結構あるのです。もちろん減薬した方が楽になったという人も多いですが」

〈他の副作用に対してはどうすればいいですか?〉

「便秘に対しては、減薬やまたは緩下剤を使用します。もちろん、運動、水分・野菜摂取などを勧めます。

口渇に対しても、減薬、または漢方薬などの投与、水分摂取により対処するといった対応です。身体に異常がないかどうか調べるためには、一年に一～二回の検査をする、といったことをします。

以上のようにですが、副作用にたいしては、原則として、

①減薬せずに、他の対応・副作用対策がいい場合。

②減薬の方がいい場合（他の対応も考えながら）。

③薬剤を変更する方がいい場合（肝障害、発疹、奇異反応等であるが、めったにない）。

の三つが、考えられるでしょう」

〈結局、適剤、適量が一番大事なんですね?〉

「そういうことなんですけど、それを判断することが結構難しいときがあるんですね。でも、ここが一番治療者として大事なところです」

第5項　薬を使うことの是非――薬への抵抗

〈抗不安薬の効果はよくわかりました。ただ、不安・緊張を初めとする人間の苦悩や迷いは、人間の成長や創造活動にとって必要なものでしょ。それに不安・緊張を含む煩悩の解決には、八正道や善作用や六波羅蜜などの立派な方法が今まで説かれているわけですよね（西欧的には、精神分析療法、カウンセリング、認知療法、リラクゼーションなど）。

だから、煩悩の解決や、人間の成長に薬を使うのはどうも抵抗があるんですが、それはどうでしょうか？〉

「ここのところは、とても大事ですね。ここを深めて話し合うために、あなたが薬を使うことへの抵抗・ためらいのようなものを挙げてくれませんか？」

〈うーん、そう言われると困りますが、ちょっと考えてみます。

一つには、外的なものの助けを借りるということで、ちょっと成長の純粋性が損なわれるのではないか、成長・修行の妨げになるのでは、という気がします。それと、何か目に見えない得体のしれないものの作用ということも、恐い気がします。それから、外的なものといっても、食べ物と違って人工的な化学物質なので心配ということもあります。

二つ目は、今のことと関係しますが、何と言っても、副作用と依存性の心配です。

三つ目は、薬って病気の治療薬でしょ。のんでるとずっと、病人意識を持たされる感じでいやですね。

四つ目は、最初と関係しますが、何か物質的なもの、それも化学物質で精神作用が変えられるということに対する抵抗ですね〉

第6項　方便としての薬の利用
――ほどほどの不安の重要性と薬のほどほどの利用

「今言われたことは、患者さんが薬に抱く不安とほとんど同じです。ちょっと一つ一つについて考えていきましょう。

成長の純粋性が損なわれる、妨げになるというのは、ある程度そのとおりかもしれませんが、この点に関して二つ言いたいことがあります。一つはあまり不安・緊張が強いと冷静に考えられず（冷静に人の話を聞けずに）、せっかくのいいお話（四諦八正道、善作用、六波羅蜜など）が理解できません。この点、薬で少し気持ちを楽にしてあげると、正しい教えが正しく理解されやすくなるのです。もう一つは、教えそのものは、正しく理解しても、八正道や善作用や六波羅蜜を実践するのは大変なことですので、精神的に不安定過ぎるととても実践どころではないということです。そういう時薬の助けがあると、実践がより容易になるのです」

〈なるほど、正しい道の理解・実践を助けるのですね？〉

「ええ、そうなんです。正しい道に到達するための一種の方便なわけです。ちょっと極端な例を言いますと、不安・緊張の余り、座禅・瞑想といったことができなかった人が、抗不安薬の助けを借りて、心の安らぎというか、六波羅蜜の禅定体験を得たとしたら、得ないよりはいいと思われます（その体験の質はともかくとして）。その後、徐々に薬の助けなしで、禅定体験を味わえるようになっていけばいいわけですから」

〈妨害にはならないんですか？〉

「過度に不安を抑え過ぎるのはよくないでしょうね（だいたい、そんな時は頭がもうろう状態になっているかもしれません）。修行や成長に必要な「ほどほどの不安」がいいわけなんです。また、ほどほどに不安になっている方が記憶力も増進するし、創造力も開発され、精神機能も高まると思います。したがって、ちょっとした不安・不快感等ですぐ安定剤に頼るのではなくて、いま自分は不安にやや圧倒されていて、薬を使う方が不安を受け止めて日常生活を正しく送りやすいと考えて、薬を利用するのがいいのでしょう」

〈なるほど、不安もほどほどで、薬もほどほどに利用する。ここにも、仏陀の中道の智慧が流れていますね〉

「しかし、このほどほどを判断することが、結構難しいし、主体性を要求されるものではあるんです」

第7項　再び副作用について——特に精神機能に関して

〈続いての問題は再び副作用についてです〉

「この抗不安薬は、一応上記の副作用はありますが、適量であれば、現実のうえではほとんど問題にはなっていません。今の抗不安薬（ベンゾジアゼピン系の抗不安薬）が開発されて、五十年以上になりますが、あまり大きな問題はないようです」

〈でも、長期に服用していると、精神機能や記憶力を低下させるのではという心配がありますが？〉

「これについては、今のところ、はっきりしていませんが、長期服用中の中高年者が、抗不安薬を中止したところ、記憶機能の検査成績が改善したと報告されており、この点の注意が必要かもしれません。

しかし、これとは、逆に五年に及ぶ抗不安薬服用者と、服用していない不安患者を対照して検査したところ余り差が出ていないという報告もあります。治療用量に維持すれば、長期投与でも安全であるということでしょうか。

これと関連しますが、不安・緊張が強いにもかかわらず、抗不安薬を服用せず、そのまま不安・緊張に圧倒されたままでいると、かえって記憶・精神機能が低下するのではないかとも考えられます。この点についての実験は困難かもしれませんが、不眠症の人にベンゾジアゼピン系の睡眠薬を適量に使用するとかえって、精神機能の能率が上昇したという報告もあります。

　このことは、不安・緊張・不眠を強いままにしておくと、精神機能の低下が考えられるということです」

〈では、いわゆる認知症を促進することにはならないのですか？〉

「今のところのデータではそれを証明するものはなく、安定剤で認知症になることは適切用量であればないという意見が多数を占めています。

　結局、抗不安薬が、精神機能の老化（低下）を促進するのか、防止するのか、あまり関係がないのか、使い方によっては悪化させたり、逆に改善・予防させたりするのかはっきりしないということになってきそうです。

　ということは、抗不安薬がそれだけ複雑な要素を秘めたものであることをよく肝に銘じて使用せねばならないということでしょう」

第8項　依存性について

依存の心配

〈わかりました。今度は依存性についてうかがいます。抗不安薬は、いったん服用すると気持ちがいいせいか、なかなか止められない場合があると聞いています。もちろん、今のお話のように、長期に渡ってのんでも差し支えないことが多いということですが、それでも長期に渡ってのまざるを得ないというのは、次の点で煩わしさと不安があると思います。①いつまでも、病人意識が消えない②定期的に病院に行かざるを得ない③毎日服用せざるを得ない煩わしさがある④長期服薬で、今のところさして問題ないといっても、いつどうなるかわからないという不安がある、といったことですが、いかがですか？〉

「ええ、だから、必要もないのに、のむことはないですよ。だから投与する時は、一時的なものということを原則にして、治療を進めるべきですよ」

〈わかりました。ここで依存について説明してください〉

薬物依存について

「薬物依存とは、『ある薬物の精神効果を体験するために、その薬物を継続的・周期的に摂取したいという強迫的欲求を常に伴う行動やその他の反応によって特徴づけられる状態』と定義されています（麻薬のような危険な薬では、耐性といって、次第に以前の量では効かなくなってくるという傾向があるのですが、抗不安薬ではそのようなことはありません）。また、依存の特徴として、急に薬を止めた時には、退薬症状として、不安の増大・不眠・焦燥・吐き気・頭痛と筋緊張・ふるえ・不機嫌といった症状（強い退薬症状としては、てんかん発作、意識混濁、離人症状や非現実感、精神病症状等がある）が、五〇％に出てくると言われています」

〈でも、ここで疑問ですが、薬を止めた時に不安や不眠が強くなったとしても、それは依存が形

成されたためなのか、それともまだ治りきっていなくて薬が必要だったのかということの判別が大事になってきますね？〉

「でも、その判別は難しいですよ。ただ、もし後者だったとしても、早く確実に治る方向にいって薬が減っていくほうがいいでしょうね」

第9項　薬はいつまで飲む必要があるのか――事例Sを参考に

〈そうなることを望みます。そしてそれと関連してですが、抗不安薬はいったいいつまでのむ必要があるんでしょうか？〉

事例S

「これは、人によって千差万別ですから、まず事例に即して考えてみましょう。ある三十五歳の男性会社員Sさんですが、急激な仕事の負担とまたその仕事がうまくいかないことを苦にして、夜は眠れなくなり、昼間は仕事に行くのが不安で動悸が激しく、また頭痛、吐き気も強いといった状態に陥りました。精神的にも憂鬱と意欲低下・焦燥・不安が強く集中力・持続力・決断力が低下しており、とても辛い状態になっていました。最初は頭痛、動悸といったことで内科に行ったのですが、神経科・心療内科に行った方がいいということで来られました。

早速、話を聞いて、問題点をまとめると、①心身とも疲労し切っていること②したがって休息が必要なこと③疲労の原因は、仕事を引き受け過ぎた点や、仕事がうまくいかなくなった点や、そのことを気にし過ぎた点や、生じてきた心身の不調を気にし過ぎて一層症状の増悪と疲労を増大させた点にある、といったことになってきて、それらを患者さんと共有できました（病名をつければ、ストレス性の不安神経症とうつ状態の混合ということでしょうか）。

その結果、まずは休養を取って、心身を休めること、③に見られる原因としての状況的・個人的要因は、心身が休まってから話し合おうということになったのです。

そこで、休養に関してですが、彼は会社を休むことに抵抗があったのですが「今の状態でいく辛さ」と「家で休む辛さ」を比較させたところ、今は休む辛さの方がましということで、休むことになったのです。しかし、家にいても気になり過ぎて、脳は興奮し過ぎて、不眠や強い不安・緊張・憂鬱感などは持続するでしょうから、睡眠と休息、不安・緊張の緩和を目的に安定剤投与を提案しました（もちろんその時、徐々に落ちつき出したら、あなたと相談しながら減薬していくつもりですがと言い添えておきましたが）。

彼は、賛成したので、デパス（〇・五㎎）五錠を、食後一錠と眠前二錠に分けて服用したところ、良く眠れ、動悸といった身体症状は少なくなり、不安・緊張も軽減し、随分楽になったということでした。

そこで、今までのことを話し合ったところ、

①自分が仕事を引き受け過ぎていたこと（やや、貪、むさぼりの状態にあったこと）。

②自分が無理なことをしていること、疲れていることに無知であった、または気付きたくなかった（無明や癡の状態）。
③責任感が強いという自負があったが、それは結局そういう自分を自慢し、そういう自分でありたかった（我慢や我愛の煩悩）。
④これだけ仕事を押しつけられ、腹が立っていたが、それを無理やり抑え込んでいた（瞋とそれに圧倒された状態）といった、煩悩に負けている状態。
に気付きました。
その結果、彼は今後、
①仕事を引き受ける時はほどほどにしていこう（中道）。
②自分の心身の有り様に気付いておこう、そのためいつも自分を振り返っておこう（信忍、禅定、智慧）。
③我慢や我愛をなくすのは無理にしてもほどほどにコントロールしよう。
④瞋（怒り）になってしまうのは、結局引き受け過ぎる自分に問題があるわけだから、人に怒りを向けても仕方がない、ただし、正当な自己主張は工夫をしてやっていこう。
⑤仕事の業績だけでなく、心の安らぎ（軽安や行捨）を目指そう。
となったのです。

そうなってきますと、もう三週間後には職場復帰し、状態も落ち着いていたので、薬投与一か月の後、昼食後を一日置きに服用するよう指示しました。

これが、問題なかったので、二週間経った後、昼食後を抜きました。それで調子が良いので、今度は眠前を金曜と土曜の夜抜いてみたところ、まあまあ寝られたので、また二週間様子を見ました。

その後、二週間ずつで、眠前を減らしていき、四か月後には朝、夕二回だけになりました。ここで、朝を減らすと少し動悸がして苦しいというので、夕食後を一日置きにしてうまくいったので、さらに一か月かけて、朝食後だけの服用になりました。さらにその後、朝も休みの土曜、日曜はのまなくて済むようになりました。

続いて、朝、少々動悸がしても、心臓が悪いわけではないから放っておこうということで、朝も減らしていき、八か月後には、一週間に朝一回だけのペースになりました。そしてそれも、今度は調子の悪い時だけ服用するということで、一応終わりました。その後、一年後に薬がなくなったというので、二週間分計四十二錠もらっていきましたが、その後、一年後に同じ分だけもらっていって、その後は来院していません」

〈わかりましたが、やはりゆっくり漸減していくんですね。ただ、薬を減らすと悪化するということはないんですか?〉

「ええ、その心配はよくされるんですが、原則的には、身体の安定、精神の安定、行動の回復がなされ、それらが続くと、その持続自身が安定剤的になりますから、今度は安定剤を減らしていくことができるわけです。心身・行動が安定していないのに減らしたりはしませんよ。それに減らすといってもゆっくりですから」

減薬のペースはさまざま

〈ところで、いつも、こんなペースで減っていくのですか?〉

「いや、そうとは限りません。早い人も遅い人もいます。

早くなる場合は、今の五錠の量で効果は十分あり、早期に眠気が出る場合です。こうした場合は、早くから減らします。

また軽いストレスの場合は、一日二回ぐらいでいいでしょうから、これも早く減らせます。

さらに、一日六〜八錠利用する人でも、早く止めたい人は、治療者と相談のうえ、無理のないよう実験していき、早く減らせる場合もあります」

〈遅くなる場合はどんな場合ですか?〉

「遅くなる場合は、薬を減らすことを恐がる人です。そんな場合は恐怖の理由を聞いて、最終的には減っていく方がいいという、治療者側の意見を伝えながら、どうするか考えますが、患者のペースを尊重します。しかし、いつも減薬の機会は狙っています」

〈結局、減薬を早めるのも遅くするのも、つまりいつ止めるかは、本人と治療者次第ということのようですね?〉

「結局、そういうことになりますね」

〈ここで、いろいろな理由によってなかなか止めない人は、依存性は心配ないんでしょうか？〉

「ここは、議論の分かれるところで、患者さんに少々苦痛を与えても減薬を考えていくべきであるという説と、常用量以内だと問題はないから、無理に止めさせる必要はないんだから、必要な人には減薬する事はないという考え方があります。私の考えを言うと、ライフスタイルを考えたり、リラクゼーションやカウンセリングを併用したりしながら、無理をしない程度に減薬をねらいます。例えば、一週間に一回朝抜いてみませんかというような形で、その抜くのを徐々に増やしていくわけです」

第10項　長期服用者で服薬しなくなった例——事例T

〈ところで、十年以上ものんでいると、もう止められなくなるのでしょうね？〉

「そんなことはありません。私は十五年程デパス〇・五mgを毎日六錠服薬していた人で、一年間のカウンセリングで毎日服用しなくても済むようになった事例Tを経験しています。

Tさん（四十五歳、中企業の経営者）は、ある日、私の元を訪れ、『長年薬をのんでいるが、本当に大丈夫か、止めることはできないのか』という訴えをしにきました。話を聞いた所、三十歳の頃、仕事のことで悩み、不安、イライラ、憂鬱、不眠がおき、某神経科クリニックで、デパスをもらい落ち着いた。落ち着いて、仕事に打ち込めるようになったが、だんだん薬を飲み続けることが心配になってきた。それで、薬をやめると、頭がぼーっとしたり、何となく不安感が強くなったり、夜の熟睡が妨げられたりして、またのんでしまうとのことでした。

事情を聞いたところ、自分の仕事以外にも、講演に行ったり、また本を書いたり、いろいろな活動をして、相当忙しい方で、また奥さんとの間も少しうまくいってないような感じでした。そこで、私は『こんな忙しい生活をしていると、相当ストレスがかかり、脳が興奮状態に置かれても不思議ではないから、安定剤は必要なのでは』と言いますと、Tさんは『それはわかるが、ずっとのみ続けて大丈夫なのか』と聞いてきます。これに対して、私は『今のところ、長期に服用した場合常用量であれば、そんなに問題はでていない。ただし、これからどうなるかわからないので、あなたの心配はもっともだ。それに、毎回医者の元へ行かなければならないという煩わしさや病人意識を持たされるのも辛いかもしれない』というと『そうなんです。何とか止める方法はないか』と聞いてきました。そこで私は『今、急に止めると、かえって不安、イライラ、不眠が出て、かえって心身に良くない。しかし、少しずつなら、減らしていけるかもしれない』と言っておきました。

そこで、したことは、

①Tさんの生活は忙しすぎるので、自分の気持ちがもっとも安らかになる程度の活動にした方がいいということ（四諦の教えを説きました）。

②暇な時間（電車、タクシーの時も含めて）いつもリラクゼーションに努め、釈尊の呼吸法を

実践すること（Tさんは、暇があれば、本を読んでいたとのことです）。
③奥さんとの交流をもう少し深め、家庭が安らぎの場になるように努めること。
④全体として、活動欲求が強過ぎるタイプなので、悩み苦しみ（煩悩）が多くなる傾向があるので、この欲求を適切にコントロールするのがポイントである。
⑤リラックスできるスポーツ、散歩などがいい。
ということ等をポイントにしてカウンセリングを行ったのです。

そして、これと並行して、土、日曜など、まず朝だけ一錠にする（すなわち月曜から金曜までは六錠でしたが、土、日は五錠にして減薬日を設けたのです）ことにしました。これに対して『どうも気分がすぐれない』との訴えはありましたが、なんとか我慢して過ごせました。そうするとしばらくすると毎日五錠でいけるようになったのです。そして今度は、また土、日を四錠にしてという形で、とうとう筆者の元へきて一年目でのまなくても安らかに過ごせる日が出てきたのです。そして今彼は、一年に一回だけ一週間分（四十二錠）もらうだけで、適当に利用してるようです（一週間に一錠程度でしょうか）」

〈わかりました。Tさんが減薬に成功した理由は何でしょうか?〉

「やはり、不安を感じる、すぐ薬というパターンを、いや待て、本当に乗り切れないかどうか様子を見てみよう、この不安を薬なしで受け止めてみようというパターンに変えたことでしょうね」

〈でも、なかなかそうできない人も多いと思うのですが？〉

「そうですよ。だから治療者としては減薬できる可能性を説きながら、のんでいる方が気が安らぐなら、危険のない程度であれば、無理に止めさせようとはしないということです。しかし、できれば少ない量で安らげる方向を目指すということですね」

〈やはり、ここでも、薬を続ける、少ない量で続ける、時にのむ、滅多にのまない、全然のまないといった形のどれをとるかは、本人の決断が大きな要因を占めると思いました〉

「もちろんですが、それだけではないです。もともと神経質な方というのは、のんでる方が生活しやすいという場合もありますから。ただ、のむかのまないか、ほんの時々のむかといったことに関する本人の選択・決断は重大でしょうね」

第4節　抗うつ剤について

第1項　抗うつ剤とは？

〈今度は、抗うつ剤について教えてください？〉

「抗うつ剤の作用は大きく分けると、三つに大別されます。①抑うつ気分の改善②精神運動抑制の改善、意欲の亢進③不安・焦燥の改善です」

〈ということは、うつ状態の人が適応になるのですね〉

「それだけではありません。一般的なうつ状態だけでなく、神経症や心身症や統合失調症に伴ううつ状態にも適応があります。それ以外に強迫神経症、過食症、境界例に使われる場合もあるのです」

第2項　うつ状態とは

〈うつ状態とはどんなものかについて具体的に説明してください〉

「大きく分けると、精神面の症状・障害と身体面の症状・障害になります。

精神面の障害としては次の四つが代表的なものです

①感情や気分の障害：「さびしい、悲しい、憂鬱、暗いことや悲観的なことばかり浮かんでくる」といった状態で、全体に憂鬱気分に支配されます。憂鬱なのでじっとしていることが多いですが、時としてじっとしておられずイライラして動き回る場合もあります。

②意欲の障害：やる気や意欲、興味の低下が著しい状態です。例えば日頃大好きだった趣味（テニスにしろ囲碁にしろ）に興味がなくなり、生き甲斐だった仕事にも意欲がなくなるといった状態です。したがって、行動が減少し、また人に会いたくもなくなります。

③精神機能低下：普段の思考力・集中力・持続力・判断力・決断力が低下し、頭が働かなくなったという訴えと共に、実際に作業量が落ちてきます。

④自己評価の低下：「自分はだめな人間」「救われない人間」「無能力」といったように自己否

定が強くなります。これはまた、過度の罪悪感（自分のせいで皆に迷惑をかけている）を引き起こしたりします。

身体症状としては、不眠（特に夜間・早朝覚醒が著しい）、疲労感・倦怠感、頭痛・頭重感・肩こり、食欲低下（逆に過食）・胸やけ・吐き気、便秘、頻尿、性欲低下、眼精疲労、手足のしびれ・冷え、微熱、耳鳴り、口渇、動悸・ため息などが現れます。

これらの症状は、見た目以上にとても苦しく、うつ状態の人がしばしば自殺を考えるのもむべなるかなという感じがします。そして、そんな時、適切なカウンセリングや抗うつ剤の助けがあれば、事態は少し変わったのになと感じることも多いです」

〈ただ、今の症状は、普通の憂鬱な状態でも、軽度であれば現れると思いますが?〉

「ええ、病的なうつ状態でも、普通の憂鬱な状態の程度が増加しただけに過ぎない感じがしますね。だから病的とされているうつ状態でも、普通の人が感じる憂鬱な状態と連続性を持っていると考えていいと思います。

ただ、違いは、憂鬱感を受け止められなくなっているので、①うつの程度がひどくなり②長期に持続し③生活・対人関係に支障をきたし④身体症状も程度がひどく⑤自力では解決できないといった所なのでしょう。より具体的には、本書の事例B、C、D、E等を参照されるといいのではと思います」

第3項　抗うつ剤の種類と授与の際の注意点

〈わかりました。続いて、抗うつ剤には、いろいろな種類があるんですか？〉

「ええ、ある抗うつ剤は、主として不安・焦燥により効き、あるものは抑うつ気分により効き、あるものは意欲・行動の改善に効くと言われています。その他、作用の強さ、副作用の出方などを考え、患者さんに一番合うものを選んでいけばいいでしょう」

〈それでは、抗うつ剤を出す時の注意点について、説明してください〉

「それは、その患者さんによっていろいろで必ずしも一定していませんが、一応のポイントをあげると、

①本人の状態がうつ状態にあることを確認し、それを本人と共有する。

②そのうつ状態に対して、抗うつ剤を使う方が、その人のためになると判断すると、その判断と判断根拠を述べ、患者の承諾を得る。

③抗うつ剤の名前、効果、副作用、使い方について説明しておく。

④うつ状態改善に対して、抗うつ剤以外に、いろいろな対策があることを伝えておく。

⑤今後の見通し、経過について説明しておく。

といったところでしょうか？」

第4項　抗うつ剤を使った方がいい場合とうつ病の治療目標

〈今の説明で、また疑問がわいてきました。まず②ですが、抗うつ剤を使う方がいい時とは、どんな場合なんですか？〉

「これは一見簡単なように見えて、深く考えだすと意外に難しい問題です。

まず、考えられるのは、うつ状態がとても強く、非常にそれに苦しんでいて、また本人がそれを受け止められなくなっている時、薬を考えますね。

でも、本人が心構えを変えたり、カウンセリングを受けたりして、それだけで改善していきそうな場合は、それで様子を見ることも考えます。特に、本人にその意志が強そうで、それが現実的可能性を帯びているならそうします。

しかし、大抵の場合は、カウンセリングを行う場合でも、抗うつ剤を併用した方がいい場合が多く（カウンセラーの方も、薬が必要だと思いますのでと、紹介されてくる場合が多いです）、その方が、カウンセリングもスムースに行く場合も多いようです」

〈そうすると、結局④のことで述べられた、抗うつ剤以外の対策ということとも関連してきそうですね？〉

「そのとおりです。だいたい前に述べたように、うつ状態の苦の中身としては、愛別離苦や求不得苦があげられるわけです。そして、愛別離苦の集諦としては、対象への執着があり、また求不得苦の集諦には、いつも思いどおりにいって欲しい（いつも求めているものが手に入る）といった欲求（辻悟はそれを順調希求と呼んだ）があるのです。したがって、治療としては、執着のコントロールや欲求をほどほどにすること、さらには苦を受け止めるといったことが目標になってくるわけです。

だから、抗うつ剤投与の適否の前に、うつ状態の治療目標をできるだけ明確にし、それを患者と共有しておくことが大事なのです。

それから、執着をコントロールすることと欲求をほどほどにすることに関連して、うつ状態にある人の考え方の歪み（悪いほう悪いほうにしか考えない、要求水準が高すぎる、部分だけで全体を判断する、今のうつ状態が永遠に続くと固定化して考える、何々すべきであるという考え方が強すぎる、『人間は時にうつ気分になる。調子のいい時と悪い時があって当たり前』と考えられず今のうつ的な自分を否定的に考える、努力すれば必ず結果が得られるという堅い考えを持っている等）を修正していくことが大事です（今の歪んだ考えを見てみると、縁起・空・中道といった仏陀の教えからはずれていっていることがよくわかると思います。したがって歪んだ考えの修正とは、仏陀の教えを獲得することに他ならないということになりそうです）。

そして当然、生活様式、ライフスタイルも、仕事優先から健康優先、ゆとりのある生活、趣味や楽しみのある生活というように変えるほうがいいということです。また、うつ状態にある人は、心が安らかでなく、不安・緊張が背景にあることが多いので、リラクゼーションや釈尊の呼吸法、瞑想等が有効な場合もあります。

そして、今のことが自力で、もしくは精神療法やカウンセリングで可能であれば何も薬なぞいらないのです。

しかし、うつ状態に陥っている多くの人は、心身や脳が疲労し切っており（逆に脳が興奮、オーバーヒートしている時もありますが）、カウンセリングだけでは、今のような目標・教えを理解実践することは相当難しくなっているのです。したがって、薬によって心身・脳の働きを正常化するように助け、うつの治療の正しい目標や正しい治療法の理解・実践を助けるのです。

ここらあたりの治療の実際は、事例B、C、D、G等を参照してもらえればよくわかると思われます。

いずれにせよ、抗うつ剤も、治療（仏性開発）の補助手段、方便だということです」

〈わかりました、だから、この方便を使うか使わないかは、いろいろな要因が絡むんでしょうね。だから薬なしで、カウンセリングだけでいける場合もあるんですよね？〉

「ええ、カウンセラーもクライエントもそれでいこうということでやれるのなら、それはそれでいいんでしょうね。ただ、私の感じですが、あまりに苦しい状態なのに薬をのまないでいこうと考えている人には、その理由を聞いてみますね。その中で、薬への誤解やその人の考え方の歪みが出てくるかもしれませんので、それはそれで、大きな治療のチャンスにはなるのです」

第5項　見通しについての説明

〈わかりました。続いて、⑤の見通しに対しては、どういうように説明するんですか？〉

「まずは、休養や服薬（薬によって脳や心身の休養が得られる）によって楽になっていくということ。その後、少しずつ、うつの原因を探りながら、うつからの脱却への道と、うつに陥らないための方策を考えていくなかで、ますます楽になり、前の生活に復帰できるという見通しを告げます。

しかし、ここで大事なことは、良くなっていくのは段階的に良くなっていくので、途中で一進一退があること、もしなかなか良くならなければその時点でその原因を共に考えていくことを伝えないといけません。

さらに大事なのは、良くなるとは、決してうつがなくなることではなくて（そんなことは生きている限りあり得ない）、うつを受け止めていけるようになることであるということを強調せねばなりません」

第6項　薬に対する幻想性の問題

〈それでは、抗うつ剤をのめば必ず治ります、といった説明はどうなんでしょうか？〉

「これに関しては、二つ問題があります。一つは、治るとはどういうことかをはっきりさせてないと、神経質な患者だと、少しうつ的部分が残っているだけで、まだ治っていない、治っていない、と言い続ける可能性があります。したがって、うつ状態が治るとは、うつ的部分を受け止められるようになったと言うだけであって、それも完璧にそうなるのは人間には不可能だということをわかってもらわないといけません（これは精神病のところで述べた治癒段階の説明を参照してもらうといいでしょう）。

もう一つは、抗うつ剤が、いつもいつも脳・心身の機能を回復させてくれるとは限らないということです。「うつ病患者と家族の支援ガイド」が述べているように、うつ病に対する抗うつ剤の効果は、六〜七割だと言われていますから、やや幻想を与えることになります。したがって、私としては「おおむね楽になりますが、もしそうならなかった場合は、またその時その原因を考え、新たな手を工夫してみましょう」と言っておくほうが正直だと思います。それに、どんな場合でも薬の効用には限界があるということを伝えておく方が、正しく薬を利用できると思われます。

たぶん、「のめば治る」という言い方は、とにかく薬をのんでくれたら良くなるという医師の願望の現れなのでしょう。でも、もしのまない時は、そのような幻想を与える説明より、のまない理由（依存性や副作用など薬に対する過度の心配等）を明らかにしていく方が生産的でしょう。

しかし、これも例外があって、ある場合には「薬をのめば治る」というように治療者が、グッと引っ張る方がいい場合もありますが」

第7項　抗うつ剤はいつまでのめばいいのか

〈先の抗不安剤と同じく、抗うつ剤はいつまで、のめばいいのかが気になりますが？〉

「ええ、ちょっと良くなったからといって、まったく飲むのをやめてしまうと急に悪化したり、再発したりするので、減薬、断薬は、慎重でないといけません。しかし、だからといって、一生のまなければならないということもありません。

原則としては、心身の状態がよくなり行動も改善してくると、それが一～三か月続いた後、減薬の試みをしていきます。減薬方法は、抗不安剤と同じく漸減法です。

そして断薬になった場合でも、しばらく一～二か月に一回ほど通院することが望ましいです。漸減中にしろ断薬中にしろ、治療が終了した時にしろ、問題は再発の予防です。これについては、人間である限り再発の可能性はあるので注意をしておくこと、再発予防として、うつの治療目標（執着のコントロール、欲求をほどほどにすること、考え方の歪みを修正し縁起・空といったこだわらない考え方ができること、ゆとりのある生活など）を実践していっているかどうか、もし不幸にして再発しかかった時、ちゃんと治療者に相談する等して適切な態度がとれるかということを常に話し合っておく必要があります。

さらに不幸にして再発してしまった場合は、その再発原因を探り反省し、さらなる成長・仏性開発のチャンスにしていければいいのではないかと思います。実際、何回も再発を繰り返すことでようやく自己の問題点に気付いていった例もあるわけですから」

第5節　抗精神病薬（強力安定剤）について

〈今度は、抗精神病薬について説明してくれますか〉

「抗精神病薬は、主に統合失調症状態の改善を目指して使われますが、躁うつ病やうつ病、または重症の神経症でも使う場合があります」

〈統合失調症状態では抗精神病薬だけが使われるのですか?〉

「いや、主に使われるのが強力安定剤としての抗精神病薬ですが、時に抗うつ剤や穏和安定剤としての抗不安剤を使うときもあります」

〈その抗精神病薬には、どんな作用があるのでしょうか?〉

「この薬の作用は、大変複雑なところがあり、種類によってもいろいろです。またまだその作用解明については、研究途上でもあるということではっきりこうだとは言いにくいのですが、今までの臨床経験からすれば、次のような作用があるような気がします。

それは大別すると直接的効果と間接的効果に大別されると思われます」

第1項　直接的な薬の効果

鎮静、(不安、緊張の)緩和、落ち着き、ゆとり、休息をもたらす——悪循環から良循環へ流れを変える

「まず一番目立つのは、興奮を鎮静させ、不安や緊張を緩め、睡眠をとりやすくするといった効果です。要するに「落ち着き」や「ゆとり」や「休息」を与えるということです。

ゆとりが出てきますと、

①今まで不安や緊張のために考えられなかった状態からゆっくり物事を考えられるようになる（距離を置いて考えられる）。

②人の話を聞けなかった状態から、人の話を聞けるようになってくる。

③一つのことにとらわれていた状態（幻覚、強迫観念、妄想観念、恐怖感、絶望感等にとらわれている状態）から脱出できる道が開けてくる（物事を相対的にとらえられるようになる）。

といった二次的な効果が生じます。

そして、そうなると、自分の病気や問題点が少しずつわかってくる、家族や治療者との関係もついてくる、いろいろな可能性が考えられるということで、これがさらに不安や緊張を軽減させることになります。

つまり、今まで悪循環的になっていた患者の状態に対して、流れを良循環の方向に変えていく効果があると思われます。そして、その結果、不眠や興奮、過度の怒り、妄想、幻聴といった症状が減っていくわけです。

抗うつ作用

第二の作用としてですが、抗精神病薬には、抗うつ作用もあります（特にドグマチール、ヒルナミン、エビリファイ、ジプレキサといった薬）。

ひどく元気がなく憂鬱であるといった状態の時、自分でそれが何とか処理するなり、持ちこたえられる場合はいいですが、何ともならない場合には、薬に頼って気分を変えるということが、治療上必要なことになります。長い治療期間の場合には、幻覚や妄想といった派手な症状だけではなくて、すごく落ち込み、抑うつ的になる時がよくありますので、それに対する薬による治療も必要になるのです。もっとも抑うつ状態に対しては、抗うつ剤の方がいい場合が多いでしょうが。

賦活作用

第三の作用としては、引きこもりや「社会的エネルギー低下」「社会復帰や生活意欲の低下」、臥褥傾向（昼間から寝てばかりいる）等に対する意欲賦活作用が挙げられていますが、現時点での私の印象としては、この点に関する薬の効果はあまりないようです。もちろん、まったくないと決めつけることはできませんし、今後の可能性に期待したいとは思いますが、今のところ、こうしたひきこもりや活動低下に対しては、デイ・ケアや作業療法といったリハビリテーション活動が一番有効なようです。

第2項　間接的な薬の効果

以上が、直接的な薬の効果ですが、薬についてはそれを巡って患者家族といろいろ病気について話し合えるといった間接的な効果もあります。私としては、その間接的効果の方が大きいという気がします。

例えば、患者さんは薬に対してさまざまな反応を示します。投薬の提案に対して、すっと受け入れる人もいれば、ためらいや抵抗を示す人もいるしさまざまです。もしためらったりした場合には、その理由を聞いていくと、いろいろなこと（病気に対する理解がなかったりとか、病院や医者に対して恐怖心を持っていたりとか）がわかってきます。そんな時、それらを話し合えば、両者の理解は深まり、それは即治療効果となっていくわけです。

このような、自分の状態や自分自身に関する自覚・理解、抵抗・不安・恐怖の軽減、信頼感の高まりなどは、抗精神病薬に限らず、抗不安剤や抗うつ剤の場合でもありえるので、どの薬でも間接的薬理効果を有していると言えます」

第3項　抗精神病薬の副作用

〈わかりました。でも、副作用もあるんでしょ？〉

「副作用は、薬に限らず、精神療法やカウンセリング、グループ療法等どんな治療においても必ず生じると考えておいた方がいいでしょう。特に短期間で強力な作用を持つものは、特に副作用が強いという印象を持ちます。

一番、よく起きるのは、眠気、だるさといった傾眠作用、「めまい、ふらつき」「口渇、鼻閉」「便秘」といった自律神経系の副作用、「ふるえ、筋硬直」といった錐体外路症状、じっとしていられないといった静座不能症等でしょう。そして、それ以外に、食欲の異常、皮膚症状や眼症状もあります。

また、長期間の投与になると、肝臓障害、血液・造血障害、心臓循環系障害の出てくる可能性があります。また、肥満になったり、生理不順になったりする時もあります。

以上が、薬の主な身体的副作用ですが、精神面にも副作用が出てくるときがあります。それは、患者さんの言葉を借りれば「頭が働かなくなった」「意欲ややる気がなくなってきた」（抗うつ作用とは逆の作用も出てくるので本当に複雑なんです）「感情が何かわいてこない」という形で出てくる「精神エネルギーの低下」といった現象です。これは、情動の興奮を抑制し過ぎた時に起きてくるようです。また稀ですが、逆に興奮させ過ぎて錯乱状態をきたす場合もあります。

それからこれは、副作用と言えるかどうかわかりませんが、一応薬でよくなった患者さんが、「薬によって自分が変えられてしまった」と訴えることがあります。これは、患者さんの立場に立てば、よくわかる訴えです。というのはできれば自分の力で治っていきたいと思われるからです」

〈こんなに副作用があるのなら、抗不安剤や抗うつ剤以上に、薬をのませるのがこわくなってきましたが？〉

「そうですね。それでは、もう患者さんに服薬を中止させますか？」

〈いや、のまなくなったりしたら、悪くなるかもしれませんし、それに状態がとても悪い時には薬が必要なように思うんですけど〉

第4項　薬を出すときの工夫

「そこが、とっても辛いところですね。薬をのむのはこわいし辛い、しかしのまないのも悪化するので辛いといったジレンマに追い込まれるのです。このジレンマは、病状が重くなってくればくるほど強くなってきて、家族の方の苦悩が増してくると思われますが、実はこうした苦悩を一番強く感じているのは、実際に薬をのむ当の患者本人なのです（患者さん自身が、そのことをストレートに表現するかどうかは別ですが）。そしてこうしたことは、薬を出す側の治療者の悩みでもあるのです。

そこで、なるべく、薬の効果を引き出し、その害を少なくするといったことが大事になってくると思われます。そして、それについての工夫を以下のように述べてみました。

①病状に応じた適切な薬、さらに適当な量を処方する。

②薬の種類（多くの場合、名前を教えておく。その方が治療しやすい）や性質（状態に応じて「心身の疲れを取る薬」「気になること（妄想や幻聴といった）を減らす薬」「気持ちを落ち着かせてくれる薬」「冷静に考えるのを助けてくれる薬」「（脳や心の）疲れをいやす薬」といった言い方で薬の説明をする）を説明しておく。

③服薬に対して、患者、家族の合意を得ておく（合意ができてないと薬への不信感が高まり、それだけ薬の効果が減ってしまい、副作用も増してくる。合意ができていると、できていない場合に比べてより少量で効果が上がり、したがって副作用も少なくてすむようである）。

④服薬した後の効果や副作用（いわゆる、のみごこち）について患者、家族に聞いてみる（もし効果よりも副作用の方が強かったり、またその副作用が患者さんにとって苦痛なものであったりする場合、もしくは重大な副作用の場合は、薬の中止、減量、他の薬剤への変更、副作用を止める薬の処方などを考える。だから服薬した後の患者さんの「薬ののみごこち」を聞くことはとても重大である）。

⑤長期投与の場合は常に副作用が起きていないかどうかに気を配り、定期的に（例えば半年に一回程）血液検査などを施行する（たとえ副作用が出ていなくても眠気、肥満に注意する）。

以上が注意をしている主な点ですが、その他に重要な点をつけ加えておきます。それは副作用といっても、そんなにしょっちゅうあるわけではありませんので（たとえば薬剤性肝障害は、ある文献によれば四・六％～九％で、これはその原因となる薬の中止で改善します）、いたずらに副作用を恐れて、服薬が必要であるにもかかわらず、薬を拒否してしまうことのないようにということです。逆にまるっきり安心しきってのみ続けるのも問題ですが」

第5項　抗精神病薬の処方の仕方の実際

〈それでは、どんなふうにして適切な薬が決められていくんでしょうか？　またどんなふうにして適量が決まっていくんでしょうか？〉

「これはとっても大事なことですが、同時に大変な難問です。これに答えるためには、まず薬の処方以前に診察をどうするかを述べる必要があると思われます。

通常、精神科を訪れる患者さんは、自分の方から積極的に治療を求めて来るグループと、家族に連れて来られてきたグループとに分かれると思われます（もちろん、実際はそう単純ではなくこの中間の場合とか両方の性質を持った場合があったりして複雑なのですが）。精神病の場合は後者のほうが多いでしょうし問題も大きいのでそちらから述べます。

連れて来られた場合には、患者さんは「連れて来られたこと」や精神科に対して恐怖感や不信感、拒否感、怒りといった感情を持っている場合が多いですから、まずその感情を汲むことから始めます。

次いで、家族が本人を連れて来た理由の検討に入ります。この時、なるべく本人から聞くようにします（本人は、具合の悪い時には、まとまって順序立てて話ができませんし、不安や拒否のために話さない場合があるので、つい家族の方が話したがるのですが、本人から話を聞く方が、本人に自覚を持たせやすいし、本人を尊重していることを伝えやすいのです。そしてこの自覚を引き出すことや本人の尊重は治療の一つでもあるのです）。もちろん、本人から聞き出すのが難しかったら、本人に断った上で家族に言ってもらいますが、それでもなるべく本人の発言を引き出すようにします。

さて、家族の連れて来た理由が、例えば「最近、うちの息子（患者本人）が『周りから悪口を言われている。悪いうわさを流されている。パトカーにも見張られている』と言って、全然外へ出ないし、閉じこもったままである。ぶつぶつ独り言を言って何か聞こえているみたいだ。それに会社もしばらく前から休んでいるし」ということになったとします（症状用語で言うと、被害妄想を中心として、幻聴、独語があり、社会的不適応に、陥っているとでも言えるでしょう）。

そうすると、まず私なら本人に家族の言ったことが事実であるかどうか確かめます（実際には、この事実の認知に関してですら、家族と本人の間で食い違いが生じていることが多いのです）

次いで、とりあえずは話の中心である被害観念をどう思うか聞いていきます（事実の確認に続いて、起きている体験や現象の評価を聞いていくのです）。ここで、本人の反応はいくつかに分かれます。「どうも、自分の思い過ごしかもしれない」という良い反応の返って来る場合もあれば、「狙われているのに家族はまったくわかってくれない」と言って被害観念が事実であることを強行に主張する場合もあれば、沈黙してしまったり、話がそれたりする場合もあっていろいろですが、一応強行に主張する場合を取り上げます。

私は、この主張に対しては、まず『狙われていたり、悪口を流されていると大変だろう』という形で本人の恐怖感に対しての共感と『家族にわかってもらえなくて辛いね』といった本人への思いやりを伝えるようにします。

次いで、『一緒にこの狙われているという問題を考えていかないか』と言って相互検討へと導入します。そして『狙われていたと感じだしたのはいつ頃からなのか』という形でその被害観念の歴史を聞いた上で、狙われているという結論を下した根拠を聞いていきます。たいていの場合、証拠は挙げられないし、挙げたとしても決定的と言えるものはありません。そこで私の方は「あなたが被害を受けていると言うんだから、事実の可能性もあるだろうけれど、決定的証拠がないのであれば、一〇〇％事実とは言えないのではないか」と言って、意見を求めます。ここでなかなかそれを認めない患者もいますが、「はっきりしていません」と認める患者もいます。

患者が「事実かどうかはっきりしない」ということを認めたら、今度は「はっきりしていないのに何故事実だと思いこんだのか」とか「はっきりしていないのに何故狙われているという発言をしたのか」と聞いてみます。そうすると、その背後には、『悪口を言われてたり、狙われていたら心配だった』という不安や危惧があることがわかります。そこでその危惧を自分で何とかできるかと聞くと、できませんと答えることが多いですから、ここで『こうした不安や危惧を和らげる薬があるから服用してみないか』と提案するのです。『また、こんな危惧がずっと続いていたらとても疲れてよく考えられないのでは』と言って、疲労回復や思考力回復の一助としての服薬の提案を行うのです。

ここまでついて来た患者さんはたいていこの提案を受け入れ、ここでようやく患者の服薬の合意を取りつけるのです」

〈薬を出す前にこれだけの作業がなされるんですね。今の診察のやり方を要約してくれませんか？〉

「簡単に言いますと、

①連れて来られた本人の辛い気持ちの受容

②受診理由の検討

③被害観念の検討

④被害観念の事実の相対的可能性を受け入れた上で、患者の絶対化を指摘する

⑤背後にある不安、危惧、精神疲労の指摘

⑥服薬の提案と本人からの合意の取りつけ

といったことになるでしょうか」

か？〉

〈いつもこんなにうまくスムースに行くんでしょうか？　それにいつもこのやり方をされるんです

「いつもいつもうまく行くとは限りません。例えば、話し合おうとしても、話にまったくまとまりがなかったり、一方的に患者さんが喋るので対話がなり立たない場合があります。また、話は一見成立しているように見えながら、質問に対する答えがそれたりして、肝心の部分の対話が進まなくなる時があります（病気の時には人の話や質問をすごく聞きにくくなっているからだと思います）。逆にまったく沈黙してしまったり、またごくわずかしか話さないので困る場合がありますます。さらに、妄想等の本人の中心的問題点に関しては、巧みに話をそらしてしまい、重大なことは何も話し合えないといったことも起きます。

だから、むしろうまくいかない時の方が多いと考えておいた方が無難だと思います。ただ、うまく行かない時は、そのうまく行かない点に焦点を当てて話し合っていけばいいと思います。そして、場合によっては、話を成立させない一方性やまとまりのなさが、不安や興奮や疲労の結果であることを説明し、服薬を提案する時があります。

それから、先ほど妄想に関して、その危惧の絶対化を取り上げましたが、それだけではなく、その発生状況や発生理由を探っていくこともとても大事です。そしてそれをする中で本人は妄想の背後にある不安やつらさや動揺や葛藤を自覚でき、服薬の合意ができることもあります。

要するに、相手の状態によってこちらの対応もそれこそ千変万化していくと言えるでしょう」

〈それで、最初の質問に戻りますが、薬の種類の決定や、量はどんなふうに決められるんですか？〉

「今のように問題点を検討していく中で、患者さんの興奮や不安・緊張の度合いや様態、またそれらに圧倒されている程度がわかってきますので、それに応じて考えていきます。

例えば、興奮がとても強い場合にはウィンタミンやヒルナミン、興奮はそう強くないが、硬直して妄想の中に取り込まれている人にはセレネース、自閉の中にいる人にはドグマチールといったような調子です。そして量はその時の興奮や硬直化等の程度、年齢、体重、身体的疾患の有無、体力を考慮して決められます。最近はリスパダール、ジプレキサ、エビリファイ、ルーラン、インヴェガ、ロナセン、セロクエルといった非定型抗精神病薬も使うことが多いです。

しかし、一番大事なのは、薬の種類や量ではなくて、何よりも問題点の探求と患者の気持ちを理解していくことにあると思われます。そして、服薬の合意を取りつけることです。だから、薬の種類や量についての質問に関してすぐ答える前に長々と診察内容について話したのは、そういう理由によるのです」

〈それでよくわかりました〉

第6項　服薬拒否の場合

〈でも薬をのまない患者がいて困るという話を、よく家族や精神科医の先生から聞くんですが？〉

「そうですね。病者によっては服薬に応じないことも多いですね。ただこの場合は厄介なことになったと感じる一方で、これを治療的チャンスとして生かすと考えることも重要ですね。具体的にどうするかというと「確かに薬をのまなければならないというのは、嫌な面があるかもしれませんね」と患者の気持ちを汲んだ後、「できればどういうことで薬をのみたくないか教えてもらうとありがたいけど」と言って、拒否の理由を聞くことが大事です。

そうすると、

①病者の自覚や治療意欲の乏しさ
②薬に対する過度の恐怖心
③薬や治療者に頼りたくない気持ち
④（薬によって）変化させられることの恐怖
⑤薬をのむことで病気を認めることの辛さ
⑥薬の効用が見えず、副作用しか見られない一方

といったことが明らかになってくる場合があります。そうすると、それら個々の点について話し合っていけばいいわけで、服薬拒否という厄介な事態が、かえって問題点を明らかにしていくというプラスの面に転化する場合があるのです（ただ、このような話し合いがまとまって服薬に応じれば問題はないが、もし応じずにしかも事態が緊急で、薬物を使用しないと将来本人に不利益がもたらされる場合は、かなり強い説得、家族への働きかけ、入院を考えるといったことを採用

する必要がありますが）」

〈これは、つまるところ拒薬という事態をチャンスにして、先に述べられた薬を巡って話し合うという間接的薬理効果ということですね？〉

「そうですね。再発の治療的利用といい、治療抵抗といい、困った事態はかえって問題をはっきりさせるという治療効果を生むようですね。これは神経症でもうつ状態の治療でも同じことが言えるでしょう」

第7項　再発予防のための維持療法について

〈話は変わりますが、症状が収まった後でも服薬する必要があるんですか？〉

「これも厳しい現実なんですが、急性期が収まった後でも、それをもたらした病者の脆弱性は、簡単には改善しないため、ちょっとした状況の変化で再発しやすい危険性があるんです。したがって、そうした状況変化に振り回されないためにも、薬という杖（すなわち薬の維持療法）が必要になってくるのです。


しかしながら、その服薬を維持するという意志力が、肝心の自覚が少ないため、低いという傾向があり、しばしば勝手に中断してしまい、再発を引き起こすということがあるのです。服薬拒否の心理については、既に述べましたが、維持療法中に一番問題になるのは、自覚の乏しさと、病人意識から早く脱却したいという気持ちだと思われます。

したがって、初期と同様に、このことを話し合う必要があるんですが、その前にまず服薬状況を明確にする必要があります。その際筆者は、「薬をのんでいますか」というような、ともすれば尋問的聞き方よりも「薬をのむことは面倒くさくありませんか」とか「のみ続けることはつらくないですか」とか「眠気とかふるえといったことはありませんか」といったような服薬することのつらさに焦点を当てた聞き方をします。そうすると、すべてではないが大抵の場合、服薬状況を正確に言ってくれるように思われます。

そこで、もし服薬していない状況が判明したときは、叱るというよりむしろ「よく言ってくれた」と述べ、ついで服薬したくない気持ちを聞いていくのが筋だと思われます。その後で、服薬を続けることのメリット、デメリットを話し合って、適当な線を決定するのです。

いずれにしても、患者が服薬状況を率直に自由に言える雰囲気と、しかし必要とあらば、服薬維持のメリットをはっきり告げる治療者の確固とした姿勢が必要だろうと思われます。そして薬をのまされるのではなくて、自覚的にのむという姿勢になることが一つの目標でもあるのです」

第8項　薬はいつまでのまねばならないのか？

服薬機関に対する患者の質問

〈維持療法が必要なことはよくわかるのですが、それではいったいいつまで薬をのまねばならないんでしょうか？〉

「これはとっても重要で、また患者さんからしたらとっても切実な問題であるという事はわかるのですが、いったいそれがいつまで必要なのかということについては、誰も明確なことを言っていないようです。神経症やうつ病以上に、安易な服薬中止は慎むべきであり、私は現在のところ服薬中止に関しては相当慎重です。

しかし、一生のまねばならないかというと、そうとも言い切れないと思われます。精神科医の中には一生のまねばならないと言う人もいるようですが、現実には、事例Qのように止めてなんともない人もいるのでその根拠は薄弱です」

〈では、いったい、どうしたらいいんですか?〉

「ええ、それを考えてみます。

まず精神症状が落ち着き、生活も普通にでき、維持薬の種類も量も決まってくると、大半の患者・家族が「薬はいつまでのまなければならないのですか」ということを聞いてきます。先述でもわかるように、この問いに答えるのは難しいんですが、根源的な問いでもある故、できる限りきちんと答える必要があります。

減薬のための筆者の質問

私は、この質問に対して、

①薬は何の目的で出されたか。

②薬物療法の目標であった、妄想、幻聴、思考障害、不眠、落ち着きのなさ等の病的体験の再発に対する自覚はどの程度か。
③そうした病的体験に関与した種々の要因（状況因、思考検討能力の障害、性格要因、自覚の不足等）について、どの程度認識しているか。
④またそうした要因をどの程度克服できているか、発病要因に対する克服意欲はどの程度かといったことを聞いたうえで、薬を止めてしまった場合生じてくる最悪の事態と最良の事態を予想させる。
⑤断薬して悪化した場合の対処法について聞く。
⑥「今度はすぐ病院に行きます」という回答が返ってきた場合、では最初の時に自ら進んで病院に来れなかったのは何故かを聞く。
といった作業をして本人の理解度、成長度を測っていくようにします。

減薬に行くための基準

この時、病者が、
①病的体験をもたらした「自己に関わる要因」（刺激に圧倒されやすいこと、そうなると一面しか考えられなくなること、気持ちの切り替えができなくなること等思考・検討能力の障害にかかわる問題）を自覚し、

②それらの問題について以前よりは気付き、少しずつは改善しているが、まだ十分自信はないということを表明し（この点について完全な自信というのは健常人でもありえないことで、こういう謙虚な姿勢の方が良質の反省と言える）、
③悪化してきた時の再発兆候（最初期兆候も含めて）を言語化でき、
④以前病院へ自発的に来れなかった理由（自覚のなさ、精神科恐怖等）についても反省でき、
⑤現在の生活が一応働くなり家事をしているなりまあまあ本人も家族も満足した状態にある（人並みのストレスを受けても生活できているという事である）、
といったことが明らかになってきた場合、減薬を考えます（もちろん、副作用が作用を上回ればもっと早く減薬を考えるが）。

その後、筆者は「減薬（あるいは服薬中止）は、一つの実験であり冒険であること」「つまり、頭でいくら大丈夫とわかっていても、いざとなるとストレスに圧倒され再発し、さらには肝心の自覚も忘れ再入院という事態になるかもわからない」といった後、この減薬計画を開始する覚悟があるかどうか聞くことにしています。

この時、はっきりした認識と意志を持って病者が決断した場合、筆者はまず一週間の内の一日だけのしかも朝食後だけを抜いてみて、抜いた日とそうでない日に差があるかどうか病者に考えてもらうことにしています（つまり、わずかずつ減らして様子を見ていこうということである）。

このように減らしても、本人の自覚や生活にそう変化はなく、別に再燃兆候がなければ、朝食後

の抜く回数を週に二回ないしは三回と増やしていき、次第に夕食後あるいは眠前だけにしていくという格好を取っていきます。そして、最後に一日一回だけになった場合、続いて一週間に一度だけ服薬しない日を作る。そして、それで様子を見ながらその休薬日を増やし、ついには服薬日が一週間に一回という段階にまで持っていきます。そして、その時点で中止して様子を見ますが、もちろん通院だけは続けてもらいます。ある例では、中止の前に一か月に一回だけウィンタミン一二・五mgを服用したこともありましたが、その程度であっても本人の安心に少しつながったようです」

〈それで、服薬中止まで至った例はどれくらいおられますか?〉

「はっきり調べてないので何とも言えませんが、そこまで行けた例は正直言って少ないと言わざるを得ません。またせっかく服薬中止まで行きながら再発してしまう例も少なくありません」

〈何故、服薬中止は難しいのでしょうか?〉

「病者が、服薬中止を願い出る時は、まだまだ自覚が十分でないときが多いですので、治療者はこれについては反対せざるを得ません。

逆に十分な自覚に達し出すと、今度は再発をこわがり過ぎたり、また自覚の進展に伴い不安や抑うつを実感するようになりますので（この時点では、もう統合失調症状態から神経症状態へと水準が移行していると言えるでしょう）なかなか薬を止めるという考えや決心が出てこないようです」

〈大変ですね。それに慎重に中止に持っていっても再発する場合があるという事実も厳しいものですね〉

「ええ。ただ治療関係を密にしておくと例え再発しかかっても治療者の元にまたかかりだす例は多いですね。それに病者にとっては、このような形で減薬していき、休薬日を持てるということは、喜びであるように思えます。病者にとって、薬とは守り手であるかもしれないが、拘束の印象も持たされています。だからこのような形で休薬の日を持てるということは、薬なしで日常生活を営めるという実感を彼らに持たせ、それは自己肯定感情を高めるようです。

また、不幸にして減薬計画を開始しても遅々としてそれが進まなかったり、再燃しても元の薬量に戻ったりする場合もありますが、これも絶えず薬を巡って、先の①から⑦までの話し合いをしていると、少しずつ自覚が昂まり、薬はのまされているのではなくて、必要があるため自分から進んでのんでいるといった態度に変化するのです。これが病者の主体性と自己肯定感情を高めることは言うまでもないと思われます。そう考えれば、最終的な目的は、薬を止める止めないよりも、常に自己の実状を知り、それに対する対策を考えておくといったことになると思われます」

〈いずれにせよ、薬についての話し合いを巡って、無明から明に開けていくのであり、また無明から明に開けていく中で、薬の使い方も適切になってくるということなんですね〉

「そうなんですね。ただ、そこまで行くには随分の努力がいりますがね」

第6節　最後に

長々と、薬についての対話を重ねてきたが、いずれの場合も、単に薬を出して終わりと言うのではなくて、仏性開発・治療ということが最終目的で、薬は、そのための方便だということがわかったと思う。

仏陀自身も、大医王と呼ばれたり、薬師如来と呼ばれたりして、医薬の重要性をわかられていたと思う（ただ、仏陀は主に応機説法などで、衆生を癒したと想像され、実際に物質としての薬を使ったかどうかはわからないが）。ただ、面白いのは「仏教医学事典」によれば、各仏典が種々の役立つ薬をあげている一方で、医薬が貪愛の対象になり、良き医薬が手に入らないと、瞋を起こして仏道修行の妨げになると書かれている点である。この点は今も昔も変わらないのだなという気がした。

薬は、「奇すし（くすし）」を語源とするぐらい貴重なものである。それゆえ薬は、六波羅蜜や智慧の喩えとしても使われている。

我々は、今、安易に薬が手に入るのかもしれないが、この外的物質としての薬が、貪愛や瞋の対象にならずに、内的な智慧・仏性（これがまさに本当の意味での薬である）へと少しでも変化するよう祈ってやまない。

脳科学との関連において

最近の脳科学の進歩は著しく、それと並行して薬の進歩・研究も著しいものがある。脳科学からいけば、心の病はGABA、セロトニン、ノルアドレナリン、ドーパミン等の神経情報伝達物質の異常からきており、薬でそれが是正されれば治っていく、ということである。

筆者もそのとおりだと思うのだが、神経伝達物質の正常化のためには、四諦八正道や善作用、カウンセリングや心理療法などの営みも必要である。中道の生き方は脳にいいのである。実際に心理療法で改善した結果、脳の側頭葉の体積が増えたという報告もある。

ということで、薬、仏陀の教え、心理療法、社会療法などが手を携えて脳を健康にし、脳の健康を守っていく、脳の体積を減らさないようにする（脳の体積が減ることが心の病の本質の一つである）ということを目標にすればいいだろう。

第13章　癒しを妨害するものと促進するもの

第1節　治るための基本

患者・家族の一番聞きたいことは「結局治るものなのか」「治るとすればどうやって治っていくのか」ということである。これに対する答えは簡単には言えないが、一つのまとめとしては、治療妨害要因（煩悩、過度の欲求・執着・こだわり）と治療促進要因（四諦八正道、応機説法、善作用、六波羅蜜など）との戦いである。

煩悩に関しては、根本煩悩から随煩悩まで多数のものがある。しかし、それらに対する善作用もあり、またよく知られている六波羅蜜（布施、持戒、忍辱、精進、禅定、般若）といった素晴らしい宝物もあり、結局は両者の闘いになるようである。

筆者としてはもちろん、善作用が阿頼耶識に薫習され、転識得智（大円鏡智、平等性智、妙観察智、成所作智）が可能になり、煩悩が役する方向に変換していくといったような仏性の開発を祈るばかりである。
ここは対話形式で進めていく。一応Aが聞き手、Bが答える側となっているが、必ずしもこの区別は明確ではない。
A〈今まで、治療の基本的考えや、実例や仏陀による癒しの例等を聞かせていただきました。ただ、現実にはなかなか治らないで苦しんでいる方も多いので、ここで、今一度、治るためにはどうしたらいいのかを解説してください〉
B「治ることの基本は、何と言っても、四諦八正道を理解し実践することにあると思います。ただ、これを素直に理解でき、実践できる方もいれば、理解も実践も難しい、部分的には理解できるが不十分、理解はしても実践は不十分といった感じでなかなか、理想的な治癒に至る道は厳しいものがあるのです」

第2節　煩悩――治療妨害要因

第1項　煩悩とは？

A〈現実に臨床に関わっていると、本当にそう思わされます。そこで教えて欲しいのは、何が治療を妨害しているのでしょうか？〉
B「これは余りにも大きな問いなので、すぐには答えにくいです。しかし、とりあえず言えることして挙げられるのは、煩悩といった存在でしょう」

Ａ〈煩悩という言葉はよく聞きますが、正確に言うとどういうものなのですか？〉

Ｂ「今までの事例でおわかりのように、人間は生きている中でさまざまな苦を背負います。またこの苦の背後にさまざまな欲求や執着があることも、よくわかられた思います。そしてこの欲求が執着を生み、執着が苦を生むのですが、生み出された苦は、また新たな苦（不安、憂鬱、絶望、怒り、葛藤等）と新たな欲求（症状の即時除去、苦を人にわかって欲しい、甘えたい等）を生み、それがまた執着となり、またまた新たな苦が生まれるという「苦の再生産」という悪循環が出現します。

このような「苦」と「欲求」と「執着」、あるいはそれに随伴するさまざまな精神や身体の現象は、「人間の心身を悩ませ、かきみだし、汚す」ことになりますが、そのような精神作用の総称を「煩悩」（煩い悩むこと、klesa の訳で、惑、悩、染、塵労などとも訳されます）と呼ぶことになるのです。この煩悩は、苦や執着とかなり重なるようですが、執着の結果としての苦の総称と呼んでもいいでしょう。

また煩悩は、苦そのものでもありますが、苦の原因ともなるのです。このあたり、苦、欲求、執着、煩悩の区別はあまり明確ではないようです。仏教用語にはしばしばこういう曖昧なものがあるようですが、それはそれで雰囲気だけ伝わればいいのではとも思います。この辺りは、明確に区別しないと気が済まない欧米の分別智に対する仏教の「無分別智」の特色が出ているのかもしれません」

第2項　煩悩の分類

A〈苦や欲求や執着を含みつつ、それを越えて広く人間を悩ますものというところまでは、わかりましたが、煩悩といっても、苦と同じく多様なんでしょうね？〉

B「もちろんです。苦は八つぐらいに分けられましたが、煩悩にいたってはもっと複雑な分類がなされています」

A〈どんな風に分類されているのですか？〉

B「煩悩というのは、実に多様で奥深く人間に染み付いていると思われますが、まったくそのとおりで、唯識哲学（大乗仏教の教えの一つで、「あらゆる存在・事象は、心の本体である『識』の働きによって仮に現し出されたものである」という説）によれば、末那識における四つの根本煩悩（我癡、我見、我慢、我愛）と、意識における六つの根本煩悩（貪〔むさぼり、欲望に際限のないこと〕、瞋〔憤りや悪性の怒り〕、癡〔おろかさ〕、慢〔高ぶり、優劣意識〕、疑〔疑いためらっていつまでも心を決めない態度のこと〕、悪見〔誤った見方、これには身見、辺見—常見・断見、邪見、見取見、戒禁取見がある〕）がありまだ、この上にこの四つと六つの根本煩悩から派生して出てくる二十の随煩悩があるのです」

第3項　唯識の治療的側面

A〈いきなり難しいことを言われてびっくりしましたが、まず、何故唯識が出てくるのですか?〉

B「それはいい質問です。唯識というのはきわめて治療的なのです。どういうことかというと、人間は困ったことに直面すると、まずは困ったことが外的になくなることを望むことが多く、自分の心の持ち方を変えていこうとなかなか考えないものだからです。確かに、外部や環境を変えることも大事ですが、なかなかそれは難しいことが多く、またいったん起きて終った外部環境を変えるのは不可能に近いこともあるのです。また変えることが可能であっても、まずは自分の心の有り様を変えて行く方が、変えやすいのです。そして、治療というのは、外的環境を変えることも考えますが、基本は、困難に圧倒され苦しんでいる主体を強化していくことなのです。そして、主体が強化されていると外部が変わりやすいし、また外部が変わらなくても、主体が強化されていると、それだけ安らぎに到達しやすいのです。

でもこれは、外部は変わらなくていいということではないんですよ。もしそういうことになれば「外部に不満はあっても心の持ち方だから我慢せよ」という権力者に利用されるかもしれないし、またすべてを患者の責任に帰す悪しき精神医学の傾向に加担してしまうかもしれませんので。

唯識の進歩的変革的側面も忘れないようにしなければなりません」

第4項　末那識とは？

末那識とは？

A〈わかりました。では次に、根本煩悩のある末那識について教えてください〉

B「唯識では、人間の精神作用を八識に分けています。六つの識（眼識、耳識、鼻識、舌識、身識、意識）の底にあって、その六つの識に影響を与えている、第七の識のことで、それは、『意識的にはとらわれない、意識的決定に矛盾を生ずるような不断に自己を愛している領域の心』のことを言うのです。末那識の末那とは「思い量ること」を意味します。したがって、末那識のことを「思量識」とも、呼んだりするのです。

何を思い量るかと言えば、まず「自分があると思い量る」わけです。もう少し言うと「自分というものがあって、それにこだわる心」を指します。さらに「自分があるということにこだわる」だけではなく、外界の対象や他者もあると思い、こだわることになる心の領域を言うのです。しかも、この「あるという思い」や「こだわり」は、無反省に（無意識的に）行われるのが特徴です」

自分を作ることと自分を忘れることとの重要性

A〈ちょっと待ってください。Bさんはかねがね、患者さんにとって自分を作ることや主体性の

強化を言っておられましたが、これでは末那識にある煩悩を強化するだけになりませんか？〉

Ｂ「これも大変いい質問です。ちょっとそこは混乱しやすいですからね。私が治療で目標にする、自立や主体性強化というのは、①（他者の意見を参考にしながら）自分で考える②自分で決める③自分で行動する（行為の責任は自分にあると自覚する）、といったことなのですが、次に大事なのは、④そうした自分は縁によって関係のなかで仮に存在しているに過ぎず、実体のないものだから、そうした自分にはあまりこだわらないようにするといったことなのです。

ただ、統合失調症や境界例、未熟なパーソナリティ障害ですと、①や②そのものが、ほとんどできていないことが多いので、勢いそこの強化を目指すのですが、根底は④のように自分（もっというと自分の欲求や渇愛など）にこだわらない、執着しないということが大事で、それが本当の自立であり、主体性の獲得なのです」

Ａ〈なるほど、真の自立や主体性とは、自分にこだわらない、そういった自由性の獲得なんですね？〉

Ｂ「ええ、だから、道元も言ったように『自己を習うということは、自己を忘れる』ということなんです。それゆえ自分を確立するとは、同時に自分を忘れる、自分にこだわらないということも含むわけです」

第5項　四大根本煩悩――末那識における

A〈わかりました。それでは、いまのことを前提にして、末那識における四つの根本煩悩、我癡、我見、我慢、我愛について説明してください〉

我癡

B「我癡というのは、無明とも訳されていますが、要するに『自分というものが、他者や物と分かれて、まったく独立して、存在しているのではなく、本来一つであり、無我であり、空であるということ』に対する、無知や無明のことを指すのです。こうした、無我に対する根本的な無知を、無明や我癡と呼ぶのです（癡とはおろかさや無知のことを指します）。

これを、もう少し説明すると、要するに自分が存在するという実感は感じてもいいし、むしろ統合失調症や境界例といった重症の患者さんだとそれはむしろ必要かもしれません。ただ、その時大事なのは「自分が、周りと分かれて、まったく一人だけで存在しているのではないこと」「自分は、周りや他者のいろいろな力や御縁によって支えられて存在していること」「また、自分はいつも一定の自分ではなく、時間の流れによって刻々と移り変わっていく無常の存在であること」「真の自己とは、そうした関係や時間の流れの中で、自己を認識する主体性であるということ」なのです。

このことが、わかってないのが、我癡なのですが、これは神経症やうつ病や自己愛的な人により当てはまるかもしれませんね」

我見

A〈次の我見はどういうことですか?〉

B「これは、「私の見方がこのようにはっきりある」ということにこだわる態度を指します。心の病の患者さんなぞは、特に自分の見方や意見を持てないので、自分の見方が持てるようになることは重要なのです。

ただ、その時大事なのは『自分の意見や見解だけにこだわったり、人の意見を聞かずに自分の主義主張だけを絶対視したり、いくら時が流れても昔の見解に固執したりする態度（これをまさに我見と呼ぶのです）』から離れて、人の考えを謙虚に聞き、いつも自分の考えについて反省を巡らしておくといった心構えなのです」

A〈なるほど、常に相互検討、自己検討に裏打ちされた見解だと、我見から離れることができるんですね?〉

B「そのとおりです。でも、人間ってそれが難しいんですよ」

A〈まあ、それは後で聞くとして、次の我慢はどういうことですか?〉
B「この唯識でいう我慢というのは、我の自慢といったもので、常に自分は優れていて価値があると思い、その自分を頼りにして自分を誇るといった態度を指すのです(普通に使われている「耐える」という意味の我慢は、自己を頼りにして辛いことに耐え、それを自慢し誇るといった部分が強くなったものかもしれません)」
A〈ちょっと待ってください。この自分を頼りにできるというのも、Bさんが言っていた重要な治療目標の一つではないのですか?〉
B「たしかにそうなのですが、唯識で問題にしているのは『自己だけを頼りにする』態度や『自己に頼り過ぎる』点だと思います。だから『真に自己を頼りにする』というのは、『自己だけでなく、自己を支える他者や自己との関係も大事にし、それを支えにする』ということや『自己というものは、いつも当てになるものではないから頼りすぎないようにしよう』ということではないかと思います。

その意味で言えば、我慢するというのはよく耐えて立派、という評価になるやもしれませんが、それが度を越すと我を押し通すとか、耐える自分を自慢する、といった良くないことになるのかもしれません」

我愛

A〈わかりました。それでは、最後の我愛はどういうことですか？〉
B「これは、今挙げたような、自分があるとか自分の見方が絶対であるとか自分は頼りになり誇れる自慢できる存在であるとかいうような自己像を勝手に作り上げ、そのような虚妄の自己像に愛着し執着する態度のことを指すのです」

自己愛や利己性について

A〈この我慢や我愛は、現代の心理学で言う自己愛傾向を指すんでしょうね？〉
B「そうなんです。この末那識は、ひたすら自己に執着する、余りにも自己中心的で自分の利害得失だけを計算にいれる、そういった人間の利己性がえぐり出されている領域かもしれません。そして、これが恐いのは無意識に行われているということなのです。例えば、子供のためと言いながら結局親自身の願望の押しつけであったり、善意による行動を目指しているつもりがよくよく考えれば自分の利己性から発していたりということがあるのです。そして、この根本煩悩はあまりに根強く人間の細胞一つ一つにまで染み付いているような気がします」
A〈そうですね。ちょっと飛躍するかもしれませんが、正義のため理想のためといって、自分勝手な主張や思想実現のため、随分多くの血が流されているんですよね？〉
B「だからといって、正義や理想が駄目だということはないし、むしろ大事なことですよ。しかしもっと大事なことは、そうした正義や理想には、背後に末那識的な利己性が働いているということを良くわかっておくということなのです。そうすると、正義や理想実現に関して、無駄な血を流さなくてすむということになるのです」

A〈そう考えれば、利己性や自己愛もそう悪いわけではないんですね？〉

B「そうなんです。だいたい、利己性や自己愛があるから、自己を向上させようとする、またいろいろなものを獲得しようとして努力するといったように、人間社会や文明の発展にも寄与してきた面もかなり大きいのです。そして、自己を大事にすることは他者を大事にすることへもつながっていくのです。

ただ、また繰り返しますが、この利己性や自己愛の良い面と危険な面をよくわかっておくことが大事なのです。この利己性はしばしば、気付かないところで、人間を動かしていますから」

A〈そうだとすると、フロイトやユングも、随分、自分や自分の患者に、この根本煩悩を見たのでしょうね？〉

B「それはそうだと思います。この末那識と、個人的無意識はほとんど重なると言ってもいいのでは、と思われますが、それは、また後で詳しく述べたいと思います。いずれにせよ、この根本煩悩を見つめ、これに対してどのように対処するかは、人生最大の課題ではあると思います」

第6項　意識における根本煩悩

A〈今度は、意識における根本煩悩について説明してください〉

B「これは、六つの煩悩（貪：むさぼり、瞋：いきどおりや怒り、癡：おろかさ、慢：たかぶり、疑：うたがい、悪見：あやまった見方）に分かれますが、もちろん末那識における四大根本煩悩と大いに密接な関係にあるのです」

意識とは？

A〈その煩悩の説明の前に、この意識について説明してくれますか？〉

B「通常我々が使っている意識は『今していることが自分でわかっている状態。我々の知識・感情・意志のあらゆる働きをを含み、それらの根底にあるもの』と理解されていますし、また『ある対象をそれとして気にかけること』とされています。

唯識でもほぼ同じで『認識し、思考する心の働き。感覚的知覚（五識・五感のこと）に対して、純粋に内面的な精神活動』というように、意識が定義されています。これをもう少し別の言い方で言うと、前五識（感覚）の働きを統一的に受け入れて明確にするという働きを基本にしながら、知性・感情・意志・想像力などをも総合的に含んだ心の働きと言えるでしょう。つまり、我々が日常こころと呼んでいるのが『第六意識』だと考えていいと思います。そして前五識が、対象に限定されてしまうのに対して、第六意識はあらゆることを対象とするので、広縁の意識と呼ばれたりもします」

A〈日常、何気なく使っている意識という言葉の意味がわかるような気がしました。それでは、精神力や気力、（人生や人間や世界に対する）心構えや態度、もっと言うと自覚や治療意欲等も、意識に含まれると考えて差し支えないのでしょうか？〉

五倶意識と不倶意識

B「いいと思いますよ。ついでにもっと意識のことを説明しておきますと、これはまず前五識と共に働く五倶意識と不倶意識（前五識と関係なく独立して働く意識）に分けられます。

五倶意識は、また五同縁意識と不同縁意識に分けられます。五同縁意識は、完全に前五識と一緒に働く意識です、すなわち感覚で感じたものに判断などを下していく意識のことを言うのです。そして不同縁意識とは、前五識をきっかけとしながら全然別のことを考えている場合です。桜を見て恋人の顔を思い浮かべるといったことなどが、それに当たるのでしょうか。もう少し難しいことを言えば、眼前に知覚できている存在の背後にある真実を読み取るといったことも、不同縁意識の働きとなるのでしょうか。

前五識とは無関係に働く不倶意識は、また五後意識と独頭意識とに分けられます。五後意識は、前五識で見たり、聞いたりした後に、それについていろいろ考えたり、連想したりする意識の一面です。要するに人との出会いや良き芸術作品に出会った後、それをかみしめて感動をまた新たにするといった働きです。

意識のいろいろ

独頭意識は、これはもう前五識とはまったく無関係に働く意識で、これは定中意識（禅定中の意識）、独散意識（空想・幻想・夢想など）、夢中意識（夢の中の意識活動）とに分けられます」

A〈いや、少し難しかったですが、仏教の心理学っていうのはよくできていますね。だいぶ、意識に関して整理がつきました。そこで今、私の五後意識を働かせて聞きますが、心の病に陥っている患者、特に精神病水準の患者さんなぞは、この第六意識の働きが十分でない、随分歪んでいることが多いのではないですか?〉

B「ええ、そのとおりですね。感覚・知覚（前五識）はあっても、意識の働きが未開発ですね」

A〈そうすると、心の病の治療とは、この意識水準を上げる、意識の働きを強化するということにもなるでしょうか?〉

B「そういう面もあるでしょうね。特に精神病的部分が優勢な人にはそうでしょうね。しかし、意識の働きの強化が煩悩の増大につながる場合もあるから一概には言えませんよ。まあ、ここでも意識を強化するとともに、意識にこだわらないといったことが大事ではないかと思われますね」

A〈今度は、いよいよ、意識における根本煩悩について説明してください〉

貪

B「まず、最初の貪（むさぼり）といった煩悩ですが、注意しないといけないのは、これは欲望と違うという点です。ほどほどの欲望は必要なのですが、むさぼりというのは果てしのない際限のない欲求のことを指すのです。これにとらわれるといくら感覚的充足を一瞬味わってもまったく心は平穏にならず、常に安らぎや満足のない世界にいると考えられます。ちょうど、いくら食べても満足できない過食症の患者さんや、いくら愛情をもらっても満足・安心できない境界例の患者さんを連想させられます。

瞋

次の瞋は、憤りや怒りのことを表面的には指していますが、もっと詳しく言うと「自分の思いどおりにするのを妨げる人は絶対に許せない、抹殺してしまいたい」という、根強い悪性の破壊的な攻撃性のことを言います。

ただ、ここでも間違ってはいけないのは、怒ることや攻撃性を出すことそのものは悪くはないのです。むしろ、相手が間違っていたり、その間違いを正すことが相手の役に立つという時など、相手（の間違い）に対して大いに怒るべきなのです。それはむしろ生産的な怒りなのです。だから、自分の怒りが生産的なものか破壊的なものかよく見極める必要があると言えます。
それから言えば、境界例の怒りなどは、際限のない破壊的怒りと言えるでしょう。

癡（痴）

第三の癡は、おろかさ、無知ということですが、これは単に知識がないといったことだけを指すのではありません。それよりも世界や自己や自己と世界の関係性などに関する真実に暗いといったことなのです。人間は、役に立たないことや害になることは、むしろ無知であった方がいいのですが、必要なことに対する無知は大変な災いを引き起こします。
臨床面で言うと、己の病気・病状に対する無知、治療が必要であることに対する無知、正しい治療法に関する無知は、もっともやりにくい治療妨害要因と言えるでしょう。

慢

第四の慢は、たかぶり、おごり、自慢といったことですが、もっと深く考えると、自己と他者を比較する心、優劣意識と言えるでしょう。これもまた多少であれば持っている方が、あいつに負けまいとして自己を向上させたり努力したりするし、また勝利したときの喜びは、その後の自信になるかもしれません。しかしながら、これを持ち過ぎると、常に劣等感に苦しむ、どれだけ努力しても絶えず比較の心ばかりが動いて心が休まらないとなるでしょう。

『セブンイヤーズ・イン・チベット』という映画の中で、敗北したことで憤っているブラッド・ピットに、あるチベット人女性が『チベットでは、他人の幸福を喜ぶものよ』と言うくだりがありますが、まさに彼女の言うとおりで、『自分より幸せになる奴を許せない』と本気で思っていたら、心は苦しくてたまらなくなり、つい悪いこともしかねない可能性が出てくるのです。心の病に陥られる方は、劣等感に負けてしまって、なかなか世界や対人関係に投企できないという場合が多いと思われます。

疑

第五の疑は、いい意味での疑いや生産的な懐疑ではなくて、むしろ否認や否定に近い心情と言えます。すなわち正しい道理を見ようとしない、筋道を教えてもらっても疑いの心だけで聞こうともしないで否定する、また正しいかどうか考えようとしない、またあれこれ疑ってばかりいて、一歩も踏み出さない、といったことを現しているように思えます。

生産的な疑問であれば、まずは相手の話を聞き、疑問があればそれを聞いて相手の答えを聞き、それでまた考えるという創造的な相互検討に至っていくわけですが、この疑はそういうわけにはいきません。

臨床面で言えば、精神病水準にある人の「疑いの心ばかりに被われていてまったく人や物を信じられない態度」や、強迫神経症の人の疑ってばかりで何の決断も下せないで立ち往生している

姿を連想させられます

悪見

第六の悪見は、身見（自分というものは身体に過ぎない。だから自分の身体はずっと変わらないでいて欲しいという見方）、辺見（辺見は極端な見方ということで、これには自分というものが常に永遠にあるという常見と、死んだら自分は絶えてなくなるという断見があります）、邪見（原因と結果を無視する見方）、見取見（一定の見解の絶対視）、戒禁取見（一定の戒律の絶対視）といったことで、これはいずれにせよ自由で柔軟なものの見方を妨げます。これはすべての心の病に当てはまることですが、これを正しい見方に変えて行くのはとても大変なことだという実感があります」

第7項　随煩悩

A〈何か、聞いているだけで、しんどくなりましたが、これで終わらないんですね？〉

B「そうなんです。まだ、随煩悩が続くわけなんですが、しかし、考えてみれば、これだけ心の病理を詳しく分析してくれているわけですから、治療者としてはありがたいですよ」

A〈ありがたいということは、しんどいことですね〉

B「当然ですね。それで早速その随煩悩ですが、この根本煩悩という病因のようなものから派生して、つぎのような随煩悩（症状のようなもの）が出てくるわけです。それを挙げてみると、忿（怒りの心）、恨（恨み）、覆（ごまかし）、悩（悩み悩ませること）、嫉（妬み）、慳（もの惜しみ）、誑（だますこと）、諂（へ辛い）、害（傷つけること）、憍（傲り）、無慚（内的無反省）、無愧（対他的無反省）、掉挙（のぼせあがり）、惛沈（落ち込み）、不信（真心のなさ）、懈怠（怠り）、放逸（いいかげんさ）、失念（もの忘れ）、散乱（気が散ること）、不正知（正しくない知識）ということになります」

A〈これだけ聞かされると、もっとうんざりしてきました。これだけ人間には煩悩があるのかということを思わせられるだけで嫌なことですが、これを日々毎日感じさせられているわけで、こんなに多くの煩悩に囲まれて生きていけるのかしらと不安になってくることもあります〉

B「そうでしょうね。これだけずらずら見せられたら、そういう気になるでしょうね。ただここで大事なことは、こういう苦や欲求や執着や煩悩を感じたらいけないというのではないということです。これは人間が呼吸したりして血中に酸素が生じるのと同じくらい自然な現象なのです。でも人間はふだん、こういう苦や煩悩からは目をそらそうとしていますから、気付いたときには、人間は落ち込み、こうした煩悩を持っている自分を否定したくなります。

繰り返し言うと、これは否定すべきことではない現象なのですが、またこれを持っている自分を否定したくなるのも自然の一つの動きかもしれません。

ただ、これに気付いて落ち込んだりしてもいいのですが、問題はそのあとなのです。その後、この煩悩そのものの有り様と、その煩悩の背景を成す欲求や執着を良く見て、適切な態度を取って欲しいということなのです」

第2節　治療促進要因――意識面での善作用

第1項　善作用

A〈どうやって、そんなこと（煩悩の解決）が可能になるんですか？〉

B「心配しなくても、人間の心、特に意識面では、いい心理作用、善の心を起こす働きもあるのです。例えば、これまで煩悩について話し合ってきたことや、これではいけないとあなたが感じたことなどがそれに当たるのです。

その善の作用を、並べると、

信――まごころや理性。正しいことを認識してそれを保つ信忍、正しいことを実行してその功徳・実際的効果を楽しむ信楽正しいことを実行したいという信欲に分かれる。

慚――内的反省、自覚や病識に当たる。

愧――対他的反省。他者から見られて自分の姿を恥ずかしいと感じる心。

無貪――むさぼらないこと。

無瞋――憤らないこと、許すこと。

無癡――おろかでないこと、教えを聞きよく考えること。
精進――ほどほどの適切な努力。
軽安――爽やかさ、安らぎ。
不放逸――怠けないこと、目的からそれた生き方をしないこと。
行捨――平静さ、落ち着き、冷静さ。
不害――傷つけないこと。

といったことが挙げられます」

A〈そう、聞いたら、今度は少し安心しました〉

B「しかし、安心したからといって、この善作用を実行するのは大変ですよ」

A〈そうですよね。いつも、根本煩悩や末那識の利己性にとらわれているわけですから〉

第2項　阿頼耶識――善作用が薫習する場所

善作用の蓄積が大切

B「ただ、そうはいっても、この善作用を意識的にやっていくと、例えば意識の面だけでも癡をなくしていくと、意識面の無癡が阿頼耶識に薫習され、やがてそれが芽をふいて、末那識の我癡も治っていき、ひいては意識面の我癡も、いっそう完全な智慧に変わっていくという良循環が生ずるのです」

阿頼耶識について

A〈結局、治療も成長も、この煩悩と善作用の戦いだと感じましたし、また煩悩の中にも善作用の芽が少し含まれているし、また善作用も下手をするといつ煩悩に転落するかわからないという気がしました〉

B「そのとおりですね。そして、この戦いは永遠に続くものと思われますね」

A〈ところでさきほど、善作用が薫習（植えつけられる）していく場所が阿頼耶識と言われましたが、この阿頼耶識について説明してください〉

阿頼耶識の異名

B「この阿頼耶識は世界や人間の根底にあり、とても大事なものだと思いますが、意識や末那識以上に理解するのが難しい気がします。ここでは、まず阿頼耶識を理解する一助として阿頼耶識に付けられた多様な名称を勉強していきましょう。

阿頼耶識は、

①本識――根源的な識に相当する。すべての現象世界は根源的な識から変現したもので、この識以外には何物も存在しないので本識という。

②蔵識――阿頼耶識の alaya とは、蔵の意味があり、先ほどの善作用や煩悩を初めとするあらゆる経験が集積し、あらゆる万有を蔵するということで蔵識と言う。ちなみに、ヒマラヤは

ヒマ（雪）のアーラヤという意味である。

③無没識――阿頼耶識は、衆生が凡夫として存在する限り、無始より永久に存続するものなので無没識と言われる。

④第八識――今まで、述べてきた六識や末那識のさらに深層にある識ということで、第八識とも呼ばれる。

の呼び名があります」

A〈ほんの少し、わかりかけてきました。いずれにせよ、根源的なものであるということは匂ってきたのと、いろいろな呼び方があるということがすでに複雑な様相を呈しているように思いました。それで聞きたいのですが、阿頼耶識とはどういうことで出てきたのですか？〉

阿頼耶識の出現理由

B「ここもわかりやすくするため、個条書きにします。

①人間は自分の中に煩悩を感じる時、最初は意識できる煩悩だけを自覚していくことになる。しかしやがて、あらゆる煩悩の根底に、利己性の固まりのような末那識の存在に気付く（これは普段だったら気付かないが、自己を深く内省する、瞑想する、禅定体験を得る、人から指摘される、カウンセリングや夢分析等を受ける等して初めてわかってくるものである）。そして、それだけではなくてさらにその背後にあって人間を根源から動かしているものがあ

るのではという疑問が、唯識派の仏教徒を中心にわいてきた。

②その疑問とは、意識にしろ末那識にしろ、それらは持続し続け、またそれらは煩悩や善作用を初めとするさまざまな心理的作用を持続させ続けている。これらを持続させるものはいったいどこから来るのか？

③記憶という点に関しても、それはいったいどこから来るのか？　我々はどこで記憶したかわからないことをふっと思い出す時がある。そうしたものは、心の底の底にあるのではないか？

④人間はいいにつけ悪いにつけいろいろなことを学び、それによって成長したり逆に堕落したりするものである。そうした成熟や堕落は、これまでのことの積み重なりと思えるが、それらはどこに貯えられるか？

⑤また我々は、先祖からの生命や遺伝を受け継いでいるが、それらをどこに位置づけるべきか？

⑥さらには、人間は、一人一人、人柄や個性を持っているが、それを生み出すものは何か？

こういった疑問を考えていったところ、深淵に果てしなく横たわる下層の識として、阿頼耶識が出てきたのです」

A〈結局、今のような疑問の果てに、阿頼耶識が発見されたのですね？〉

阿頼耶識は実体ではない

B「まあ、正確にいうと、実体はないが、阿頼耶識というものを考えていくほうが、心理作用を初めとするいろいろなことがよく説明できるということではないでしょうか?」

A〈そうなんでしょうね。でも我々凡夫にとっては、ついつい阿頼耶識という実体が存在していると考えたほうがわかりやすいんです。例えば無意識やエネルギーや虚数なども実体はないですが、そうしたものを使って考えた方が人間の現象や心は整理しやすいということでしょうか〉

B「ええ、だから実体として考えてはいけないとは言っていませんよ。ただ実体として考えた場合の良い点と危険性を良くわかっておくようにということが大事だということだけですよ」

A〈わかりました。今度は阿頼耶識そのものについて詳しく整理して説明してください〉

阿頼耶識の特徴

B「先の繰り返しになるかもしれませんが、これも整理して述べましょう

①阿頼耶識は、すべての存在を生み出す根源体だと考えられます(横山紘一[27]による)。すなわち自然界、自己の肉体、知覚・思考などの主観的認識作用は、すべてこの阿頼耶識から生まれたとされます。その意味で阿頼耶識はその中にあらゆる存在を、可能態として貯えていると言えます。いわば種子の状態として貯蔵しているという意味で、一切種子識とも呼ばれます(蔵識としての性質)。

②また阿頼耶識はすべての経験を貯えますし、その阿頼耶識に植えつけられた経験は種子となって、阿頼耶識の中で成熟し、さらに新たな存在を生み出すのです（万有の発生源としての性質）。
③ただ、阿頼耶識は、末那識以上に深層にありますから、その認識作用は我々の意識でほとんど経験できないものと考えられます（時たま、深い夢や神秘的体験をした時など、阿頼耶識を感じることがあるかもしれません。その意味では、末那識が個人的無意識なら、阿頼耶識は末那識以上に無意識的であるかもしれませんユングの言う普遍的集合的無意識にも相当すると考えてもよい）。
④しかし、意識の上には上ってこないにしても、意識の根源体として『暴流』（荒れ狂う河の流れ）のように、絶え間なく活動し続けているのです（常に激しく持続する傾向）。
⑤阿頼耶識は、煩悩の種子を持っているので、それが芽をふくことで我々は煩悩に苦しみ、そのことはまた新たな煩悩の種子を阿頼耶識の中に植えつけます。しかし、阿頼耶識の中には善の種子もあり、この種子が芽をふき、実を結び、また善の種子を阿頼耶識に残すことも可能です。ここでも阿頼耶識に煩悩の種子を残すか、善の種子を残すか、その戦いのように思います（善にも悪にもなるという性質）。
⑥阿頼耶識は、命を維持し命にこだわります。だから岡野守也[28]のいうように、阿頼耶識を、遺伝子、本能、脳の遺伝的能力、生命情報（生命を維持させていく自律神経系や大脳辺縁系な

どのホメオスタシスの働き）、免疫能力（これも生命を守る重大な作用だが）と考えることもできるでしょう（生命維持の性質）。

⑦あともう一つ、治療と関連して重要なことは、阿頼耶識は無覆（汚れ・濁りで覆われていない）、無記（善悪をはっきり記すことができない）だということです（末那識は、無意識なので無記ですが、四大根本煩悩で覆われているため、有覆無記なのです）。これは、どんな風にも自分が変われる可能性を示しています。

つまり、煩悩で覆われ悪を記録するか、英知で覆われ善を記録していくかはその人次第（正確にいうと、その人とその人をとりまく縁次第）ということで、希望（逆に言えば不安）をもたらすものではありますね（先の②と⑤と同じで、人間はあらゆるものになれる性質を持てるのです）。

以上が、私の勉強した阿頼耶識の性質です」

A〈これで、いっそう、よくわかりました。私もせいぜい善作用の種子を阿頼耶識に残していきたいと思います〉

B「それは、簡単なことではありませんよ。私なぞは、振り返ってみれば、煩悩の種子ばかりを残してきたような気になって仕方がないときがありますから。

ただ、繰り返し述べているように、欲求・執着・苦・煩悩などは自然に出てきますから、大事なことはそれらを持ちながら適切に行動していくと言うことなのでしょう。

ここでいう適切な態度とは、仏陀の教えに従えば、欲求や執着はほどほどにしてそれらをコントロールするという姿勢で、それが一番安らぐと思われますが、何もそうしないといけないというわけではありません。『俺は、これに執着するし、こだわるんだ』という人がいるかもしれません（事実、学業でも、事業でもスポーツでも、執着心がなければ、達成できないものもあります）。

逆に「どんな欲求も持てない」という人もいるかもしれません（自己否定的になっている人、引きこもっている人、統合失調症の自閉状態にある人等）。

そこで、きわめて乱暴な図式化をすると、一方で極端に執着する態度と、その逆でまったく欲望も執着も持たない態度との二極があり、その間に無数の選択肢があるということになります。ただ、どれを選んでも、良い点と辛い点があるということ（執着的態度を取った人は、目的を達成できる可能性を持てるが、苦しみがそれだけ多くなるし、過労で倒れるかもしれない。まったく執着しない人は楽かもわからないが、まったく萎縮した人生になるかもしれない。ほどほどの欲求だと、ほどよい達成感と安らぎが得られるかもしれないが、常にほどよさとはどの程度なのか考えねばならない辛さがあるかもしれないし、何となく平凡で退屈と感じるかもしれないといった具合です）をよくわかっておくことが大事です。

そして、その無数の選択肢の中から、一番自分の納得のいく態度（あるいは、どの選択をしても辛いわけだから、どの辛さが一番ましかと考えて決断する態度といってもいい）を選択・決断するということが一番大事なのではないかと思われます。

ただ、以上のことを踏まえて、これまでの経験から考えますと、心の病に陥られる方は、欲求に執着し過ぎて納得のいく適切な決断ができず煩悩に苦しむ場合が多いということは確かです（逆に欲求が持てずに、辛い人生を送っている人も結構いますが。この場合、彼らは主体的に決断して欲求を断念したのではなくて、没主体的に納得のいかないまま欲求を持てないわけですが）。したがって、どうしても安らぎに達するには、①今どのような苦・煩悩を背負っているか②苦・煩悩の背景にある欲求や執着は何か③自分自身や周りの状況を考えて、どのような選択・決断をすることが、一番自分にとって納得がいくかを考えること、といったことが大事になるのでしょう。そして、このようなことを考え、実行していくことが、成長であり、悟りへの道であり、仏性の開発になるのです。だから、煩悩は人間を成長させてくれると言えるかもしれません（事例を見ても、そのことはよくわかると思います）。ただ、煩悩即菩提という安易なことではなくて、煩悩から悟りへは大変な努力が必要なのはいうまでもありませんし、また繰り返すと、この大変な努力をするのも、煩悩のままに留まるのも、その間を行くのも本人の決断次第です。

そして、こうした悟りへの営みを善作用というのでしょう」

第3項　転識得智について――大円鏡智、平等性智、妙観察智、成所作智

A〈その善作用の開発が進むと、例えば八識などは、どうなるんですか？〉

B「ええ、これはとても大事な質問です。ちょっと段階的に考えてみましょうか。

まず、最初我々は、煩悩にまみれて生活している。

しかし、それだけでは余りに苦しいので、難しいが、まず意識の上だけでも善作用を働かしたりして、悟りの種子を蒔きます。

そうすると、その良い種子は、阿頼耶識の中に貯えられます（蔵識のこと）。

良い種子が貯えられれば貯えられるほど、阿頼耶識は煩悩の種子の貯蔵庫から、良い種子の貯蔵庫のように変わっていきます。

阿頼耶識は、悟りの智慧・悟りの種子によって磨かれて、大円鏡智（すべてのものの姿を如実に現し出す智慧）に変換するわけです。

大円鏡智とは、あらゆる汚れを捨て、清らかな大きな円い鏡のように、無垢の光明をあまねく照らし、そこでは一切の煩悩や所知障の垢から離れているような大円鏡に照らされた智慧のことを言うように思います。したがって、心の根底・本体を成す阿頼耶識から、汚れや煩悩が取り払われた状態ですので、世界をありのままに映すことができるようになるのです。

阿頼耶識が、大円鏡智に変化すると、阿頼耶識の命へのこだわりがなくなるので、当然末那識の「我」へのこだわりもなくなり、末那識は平等性智（私と私でないものはつながっており、一つであり、根本的には平等であるという智慧）に変わります。

大円鏡智と平等性智という智慧の良循環になると、起こってくる意識は、『すべては一つで、仮に区別されているだけだという素晴らしい観察の智慧』であるという妙観察智に変化します。

そして、五感・五識は、『その時に最もふさわしいことができる』成所作智に変化するといったことになるのでしょう。

すなわち、煩悩を持つ有漏の八識を転じて、煩悩を離れた無漏の四智を得ることを、転識得智と呼ぶのです。

これがまた大きな治療目標のモデルと考えることもできるでしょう」

A〈何か夢みたいな話ですが、転識得智の話を聞くと、また希望がわいてきました〉

B「それはいいんですが、そうなるためにはやはり大変厳しい修行が必要なんですよ」

第4項　六波羅蜜

六波羅蜜とは?

A〈難しいのは覚悟しています。でも、一歩でもそこへ近付くにはどうしたらいいか教えてください〉
B「それはさっきの善作用とほぼ似ている六波羅蜜の実践になるのでしょうね。治療の過程からすれば、治療方法と言えるでしょうが、先に挙げた善作用と随分似ています。
すなわち、六波羅蜜のなかの布施と無貪・不害、持戒と無貪・無瞋、忍辱と無瞋、精進と勤、禅定と軽安・行捨、智慧と無癡といった具合で、善作用の集約とも言えるでしょう。六波羅蜜は、大乗仏教の基本的な実践方法と言われていますが、これは以下に明らかになるように、心の病の人には最高の治療法になり、とりあえずの健常人にとっては、いっそう健康になり、病気予防（病的部分拡大の防止）に役立つ方法とも言えるでしょう」

布施

A〈それでは、まず、布施から説明してください〉

B「布施は、普通お布施という言葉にあるように、物を人にあげるというイメージが強いようですが、実際のところは、水が高きところから低き所へと流れるように自然な動きをトレーニングするということです。つまり、前にあげた平等性智の自然な働きを回復するためのもので、別に人のためにやるものではないのです（もっとも、人間は末那識の煩悩が強いゆえ、あまり人に与えたがりません。でも、人に与えるということは、結局自分が豊かになるということで、それを知らないと布施は難しくなります）。

布施の良いところとして、実感するのは、自分だけでなく他者のことを考えて活動すると、自分自身特に自分の煩悩を忘れることができて、爽やかな気分（軽安）を得られるということです。私事に渡って恐縮ですが、私は朝出勤するとき、自分の煩悩により、あれやこれや憂鬱になっていることも多いのですが、患者さんの診察をし、患者さんと共に患者さんの問題を考えているうちに、自分の煩悩を忘れていき、診察が終わったころは心地好い疲労感を感じている状態にさせていただく時があります。

そんな時は、本当に自利利他の逆の利他自利〈こんな言葉はないでしょうが、他者のために動くことが、結局は自分のプラスになるという意味で、勝手に作りました〉を感じさせられます」

A〈でも、何もあげるものが私にはないように思えるのですが?〉

B「そんなことはありません。人間は存在しているだけで害をなす存在ですが、同時に存在しているだけで布施をなせる可能性があるのです。

具体的には、無財の七施といって、眼施(人をやさしい眼で見ること)、和顔施(やさしい顔をすること)、言辞施(やさしい言葉をかけること)、身施(身体を使ってできることをすること)、床座施(席をゆずること)、心施(心で思うこと)、房舎施(宿をお貸しすること)ということが挙げられます」

A〈心で思うだけで布施になるって、すごいですね〉

B「そうなんです。心で思っていると、思わないよりはその人の助けになりますし、またいずれ思っていると眼施や身施に通じていくのです」

持戒

A〈それでは、次の持戒に関してはどうですか?〉

B「戒というと、厳しく聞こえそうですが、本当の意味は、自発的・自主的に守るべき道徳的行為・生活規範のことです。自発的という所が大事なところで、他から強制されてやるべきものではありません。だから、禁欲的なものではないんです。

それに、治療でもなんでもそうですが、無茶苦茶していいというものではなくて、一定の規範にのっとってやる方が効果もあがるんです。だから、結局は大安楽を得るための道なのです」

忍辱

A〈次の忍辱は、どうですか？〉

B「これも侮辱や迫害に耐えるという意味ですが、単に無理して忍耐するというのとは違います。忍辱とは、「本当は私である彼が、本当は彼でもある私を間違って傷つけている」と認識するという意味もあるのです。ようするに、根本のところで傷つけた彼も、傷つけられた私もつながっているわけだから、相手を破壊することは、自分も破壊することになる、だから破壊的な怒りを向けることは、自分を破壊することになるということになるのです。

しかし、だからといって、怒ったり、注意してはいけないということはないんですよ。相手の間違っているところは、それこそ怒りを込めて注意してあげた方がインパクトがありますから、積極的に怒ってあげることが大事になるのです」

精進

A〈精進はどうですか？〉

B「理屈で、わかっていても努力をしないと、しかも続けないと意味はないのですが、大事なことは、努力したからといって、必ず外的な結果が出るとは限らないということをわかっておいて欲しいということなのです。しかし、努力をしないよりは、したほうが成長に近付くことは確かです。さらにもっと大事なのは、自分がそういう成長の道をあゆませてもらっていることを喜べることだと思われます」

禅定

A〈禅定はどうですか?〉

B「いくら、心の安らぎといっても、禅定といった実践が必要です。これは、静慮とも訳されますが、要するに『心を一点に集中・安定させ、審慮することで、これによって悪・煩悩を捨て、真実の智慧を生ぜしめる』ということで、もっと平たく言えば『いつもせわしなく動き回っている心を静かに安定させること』です。

我々は、いつも何かにとらわれていて、心を静かに安定させることは難しいので、これに到達するのに一定の作法があるのです。

それはまず調身といって、姿勢を安定させることです。

続いて調息といって、息を整えるということです。息をゆったりしていく、息をはききって、吸うときは自然にはいってくるのに任せるというようにしていると、心も落ち着いてくるようです〈布施のように、他者に与えよう〔息を吐き出そう〕と思えば思うほど、他者からもらえる〔息が入ってくる〕と言えそうです〉。

こうやって、心を整えることを、調心と呼びます。

これは、もちろん正しい作法にのっとってやる方がいいのでしょうが、忙しい現代人などは、例えば電車に乗っているとき、プラットフォームで待っているとき、あるいはあらゆる機会を利用して、調身と調息をこころがけておくことが大事かと思われます」

A〈最後の般若は、どうですか？〉

B「これは智慧ですが、いわゆる知識のような分別智と違って、本格的な無分別智のことを指すのです」

第5項　善作用の詳しい説明

A〈六波羅蜜と関連して、今一度善作用の実践による煩悩の克服について教えてください〉

「そのためには、まずこの善作用について一層詳しく知る必要があります。私は、特に治療との関連で、善作用について述べていきたいと考えます。

信

そこで、最初の信ですが、これは、

①まごころや理性
②信忍——正しいことの認識とその保持
③信楽——正しいことの実践とその功徳を楽しめる
④信欲——正しいことを実行したいという欲求

といったことがふくまれているようです。

これは、前にも言ったように実行するのは大変難しく、とりわけ患者さんは、よけい難しくなってきています（彼らは、この信がなかなか実行できないので、心の病の状態に陥るわけですが、陥ってしまうとさらにこれらの実践が難しくなるという悪循環に陥るようです）。

したがって、治療者は、患者の未開発になっている、まごころ・理性や信忍・信欲・信楽を開発せねばならないのです。だからやたら疑い深くなり、家族も治療者にも拒否的になっている人に対しては、まごごろをもって接し、拒否せざるを得ない本人の心情を汲むとともに、不信感を持ち続ける背景を探っていく必要があります。

臨床経験で言いますと、やむを得ざる時を除いて、本人に対して強制的にならず、侵入的に接せず、絶えずまごころと理性で接していると、患者の方も信頼が芽生えてきます。患者は、それまで余りにも傷ついているため、疑いや不信や瞋の種子ばかりが阿頼耶識に植えつけられていたのかもしれません。

治療者はそれに対し、信の種子を持ってくる存在と言えるでしょう。そして患者さんとの信頼関係ができあがりだすと、患者の方から「今まで、人を信じて幾度となく裏切られたこと、人を信じたりすることがこれまで恐くてできなかったこと」等を話してくれるようになります。このように人を信ずるというのは、毒箭の喩えの所でも述べたように、一つの恐さを含んだ大決断でもあるわけです。傷付いてきた患者さんが、それができないのは当然かもしれません。

したがって、治療者・患者関係に限らず、簡単に人を信ずる（いわゆる盲信）のではなくて、大いに迷って、懐疑の念を働かせた後、信ずるという決断をした方が意義があるように思えます（もっとも一瞬で閃光が貫くようにこの人だという信の定着もあるかも知れませんが）。

華厳経に「信は道の元、功徳の母なり」とあるように、信は治療関係の基礎を成すものであると同時に、重大な目標でもあるのです。そして、治療者を信じられるようになってくると、正しいことを認識できたり（治療者を信じられていないと、どんな正しいことを言っても、跳ね飛ばされる可能性があります）、実践できたり、またその結果を喜んだりして、ますます信頼が強くなるという良循環がおきます。また治療者を信じられる度合いに応じて、他者や世界やそして自己自身を信じられるようになってくるのです。

唯識が、善作用の第一に信を置いたように、信は治療においても、基本中の基本ではあるわけです。

A〈信の大事さはわかりましたが、なかなか不信の人を、信の人に変えるのは難しいですよね？〉

B「もちろんです。その実践の具体的内容は後述するとして、大事なことは、不信を滅するということではないのです。不信の念は生きている以上、自然に持たされます。だから、その不信は仕方ないとしても、それに負けないように信をどれだけ開発するかにかかっていると言えるでしょう」

慚愧

A〈わかりました。では次の善作用はなんでしょうか？〉

B「次は、慚愧の念と言われる中の、慚と愧です。慚とは賢と善を尊重し、過悪を羞恥する」と言われるように、自分の行動や心を反省することを指します。愧とは『世間の力によって悪行を止息する』と言われるように、世間や他者から見ても自分が恥ずかしいと反省することです。

だから岡野[29]が言うように、慚とは内的反省で愧とは対他的反省を指すと考えられるでしょう。

この慚や愧は、治療関係においては、自覚や内省や洞察や病識とも言えるもので、信と並んで、治療の根本をなすものです。治療は、自分が病気かな、問題があるかなと、反省するところから始まります。しかしながら、残念なことに、患者さんは、この自覚をなかなか持てずに（あるいは持てても不十分な時が多い）、治療が必要なのに受けない、あるいは治療を受けても必要な反省をせず形式的に治療者の元に通っているだけである、といったことがよく生じるのです。

何故そんなことになるかというと、この慚や反省はとても辛いからです。信は恐さを伴い、慚は辛さを伴うと言えます。

何故辛いかというと、反省はたいてい自分の嫌な点や醜い点の反省になりますから、人間はそれを見たくないのです。したがって、反省とは逆の否認や否定の方向をとってしまうのです。

ただ、この反省は内的にやっているだけでは不十分です。すなわち、愧という対他的反省が必要なのですが、これは慚以上に辛いと言えます。どういうことかというと、人間は、自分の中で反省しただけで十分だと思ってしまう傾向にあるからです。つまり他者から見ても自分は恥ずかしく反省すべきことが多い、場合によっては他者の前で自分の恥を反省を込めて告白する必要があるといったことがあっても、自分の中だけでの反省で十分だと考え、それを嫌がる場合が多いのです。でも本当に反省しているんだったらしかるべき他者の前でも反省を述べられるはずです」

A〈やっぱり、善作用って辛いんですね。でも、必要だと思いますので頑張ります〉

B「ただ、この慚愧や反省は、自己否定ということとは違うんですよ。反省をあまりしすぎた場合、変に罪の意識を持ち過ぎたり、自分を否定しがちになって、うつ状態を呈する場合がありま す。これは本当の慚愧とは違うわけで、真の慚愧とは自己をありのままに見て、そのありのままに見た反省から出発するということなんです」

A〈それはわかりましたが、深い反省をすると一時的に自己否定の感じになってしまいます。まあ、そこは気をつけるとして、次は何ですか?〉

三善根——無貪、無瞋、無癡

B「次は、無貪、無瞋、無癡の三善根を指します。

無貪とは、むさぼらないこと、欲求をほどほどにすることですが、健常人にあってはもとより患者さんにとっても難しいことです。際限なく賞賛の欲求を求める自己愛パーソナリティ障害（これが得られないからとすぐうつ状態になりやすい）、いくら愛情をもらっても際限なく求め続ける境界例患者（倉光による境界例餓鬼説）、絶対の保証を際限なく求め続ける強迫神経症患者、理想を際限なく求め過ぎるうつ病患者などいくらでも例が挙げられます。

無瞋も難しいです。我々はいつもうまくいかないと腹を立て、人のせいにして、怒りを感じることが多いです。相手の役に立つ生産的な怒りであればいいのですが、たいていは相手の存在の否定にまで至る破壊的な怒りであることが多いのです。家庭内暴力や境界例や妄想状態を初め、一般の患者（自己否定が強く自殺を考えているうつ状態の患者さんも、よく聞いてみると激しい怒りを秘めている場合があります）では、この怒りのコントロールが重要なテーマになります。さらには怒りの背景を探る過程の中で、怒りの対象と自分が実はつながっているということに気付いてもらい、怒りが生産的なエネルギーに変わることが、重要な治療作業になります。

無癡は、癡でないこと、すなわち「智慧」を指し、これは、信や慚愧と並んで、重要な治療目標であることは言うまでもないでしょう。完全な無癡（智慧）は、一挙には無理でしょうが、まず理屈や知識のうえだけでも、智慧を獲得するだけでも、ないよりはましで、それが次第に心のレベルまで、ひいては身体の所まで染み渡るかもしれません。

　また、意識面の智慧が、阿頼耶識に薫習され、それがやがては、末那識の我癡を治していく所に通じるかもしれません。よく、家族の方が、治療中、まったく治っていませんと嘆く時がありますが、これは不完全な部分にだけ目を向けるからそういうことになるのであって、どれだけ、智慧が薫習されたかをよく見る必要があるのです」

A〈これだけで、十分な気もしますが、まだ続くんですね？〉

勤（精進・努力）

B「ええ、もう少し頑張ってください。次の善作用は、ちょうど勤（精進・努力）ということですから。考えなくてもわかることですが、いくら治療目標や治療方法がわかっても実践しないと何もなりません。しかも、二〜三回実践するだけでは駄目で、ずっと続けないといけないのです。
　ただ、努力といってもやみくもに頑張るのではなくて、適当に休養や気晴らしを入れながら、やるべき時はやる、休むべき時は休むという形で、自分にできる無理のない努力を積み重ねることが大事で、そうすると別に努力も苦にならず、むしろ楽しみになってくるわけです」
A〈でも善作用が楽しみというレベルにまで行くには、やっぱりそれなりの精進が必要と感じました。それで次は何ですか？〉
B「まとめていきましょう。

軽安、不放逸、行捨

次は軽安で、これはさわやかさということです。これは、それまでの信、慚愧、三善根、精進の結果出てくるものと言えますが、同時にこのさわやかさを味わうことによって一層、善作用にはげもうという気になるわけです。

次の不放逸は、怠けないということです。安らぎと安逸は違うのです。安らぎは、精進を初めとする善作用の中で得られるもので、怠けずにそれなりの努力が必要なのです。ただ、怠けないといっても、やみくもに努力したり、勤勉であるということではなく、目的からそれた生き方をしないようにしようという意味での怠けないということだと思います。患者さんが、治療の過程でついつい不放逸が維持できず、怠けてしまうことはよくあることですが、治療者もその傾向があるので、治療者も不放逸を目標にしておかねばなりません。

次の行捨は、平静さということで、心の波が騒いでいなくて、静かに安らいでいる状態を指しています。軽安のさらに高い境地ということでしょうか。

不害

最後は不害、傷つけないことですが、これは大変難しいことです。というのは、人間は何もしなくても他者を傷つけている可能性があるのです。患者さんも傷ついたり他者を傷つけたりということを繰り返しますが、治療者も患者さんを傷つける可能性があるのです（黙って聴いていれば、何もしてくれず傷ついたとなり、普通に微笑むと「私がこんなに苦しんでいるのに笑って傷ついた」と言われるかもしれない）。だから、どうしても何らかの害をもたらしていると思いますので、我々は常にどんな害を周囲に与えているのだろうかを考え、なるべく害を与えない、自己や他者同時に役立つことを考えることが重要でしょう」

善作用の開発・仏性の開発が治療の目的

A〈善作用の大事さはわかりましたが、同時に大変さも一層強く感じるようになりました。でも、煩悩以外にこういう善作用もあるというのは、発揮できるかどうかは別にして、希望を持てますね？〉

B「ええ、治療も同じで、結局この善作用の開発が大事になるのです。そしてそれは同時に仏性の開発になるのです」

煩悩に気付いた後は、本人の決断次第

ただ、ここで大事なことは、こういう苦や欲求や執着や煩悩を感じたらいけないというのではないということです。これは人間が呼吸したりして血中に酸素が生じるのと同じくらい自然な現象なのです。でも、人間はふだんこういう苦や煩悩からは目をそらそうとしていますから、気付いたときには人間は落ち込み、こうした煩悩を持っている自分を否定したくなります。繰り返し

言うと、これは否定すべきことではない現象なのですが、またこれを持っている自分を否定したくなるのも自然の一つの動きかもしれません。

ただ、これに気付いて落ち込んだりしてもいいのですが、問題は、そのあとなのです。その後、この煩悩そのものの有り様と、その煩悩の背景を成す欲求や執着を良く見て、適切な態度を取って欲しいということなのです。

ここは先に述べたことと同じことになりますが、大事な所なのでもう一度箇条書きにしてその要約を伝えます。

①執着はほどほどにすることが一番心が安らぐことが多い。
②しかし、何かに徹底して執着しこだわり続けるという態度があってもいい。
③極端に執着する態度と、何の欲望も執着ももたないという態度の中に無数の選択肢がある。
④どの選択肢をとっても辛さは残る。
⑤その中で一番納得する選択・決断をすることが大事。
⑥患者はこの決断が苦手。
⑦治療者はこの決断を助け、患者の選択・決断能力を引き出すのが役目である。
⑧この選択・決断の繰り返しの中で患者は成長する。

といったことになるでしょう」

善作用と煩悩の戦い

Ａ〈結局、治療というのは、先ほどの煩悩と善作用の戦いのような感じになるんですね？〉
Ｂ「ええ、成唯識論でも、不信は信をさえぎる、貪は無貪をさえぎると記していますから、まさに戦いですね。
　今の順番で行くと、信対不信、慚対無慚、愧対無愧、無貪対貪、無瞋対瞋、無癡対癡、勤（精進）対懈怠、軽安対昏沈、不放逸対放逸、行捨対掉挙、不害対害となりますし、八正道の中でも、正念対失念、正定対散乱、正知対不正知という戦いになるんでしょうね」

第14章　仏陀の癒しの実践と自己実現

第1節　癒しの実践――調息・調身・調心

第1項　実践の難しさ

これまで、多くの癒しの例を見てきたが、仏陀の教えの実践は、大変難しいことがわかったと思う。例えば、四諦の教えだが、苦を引き受けるとか執着を断つということは正に、言うは易し行うは難しの見本である。

というのは、水が高きから低きへ流れるように、苦を嫌がり苦を避けたがる傾向や、物や快楽や愛を欲しがる傾向はごく自然な方向なのである。これは煩悩についても同じことが言え、人間は自然と悪い方向、自分を苦しめる方向へと、みずから追いやる性質も持たされていると言える。これは不幸なことに、追い込まれれば追い込まれるほどその傾向が強くなるようである。

だから、四諦の教えにしろ、善作用・六波羅蜜の教えにしろ、それらはこの激流のような自然の流れに逆らう営み（もちろん、これもまた違った意味で人間を成長させる自然的傾向かもしれないが）になるわけである。そして、欲望という源泉は枯れることはないから、日常は常に厳しい実践の場になると思われる。

第2項　肉体の訓練が必要

したがって、その教えの実践は、自分の心だけが行うのではなくて、肉体が、もっと言うなら業や煩悩が染み付いた細胞一つ一つが行う必要があるように思われる。

その点で、仏教の実践法である、調身・調息・調心は素晴らしい教えである。調身とは、身体を調えることで、調息も息を調えるということである。そして、身体と呼吸を調えることによって、心を調えるということなのである。いままでの事例では主に調心の方ばかりに重きを置いて話してきたが、逆に調身や調息のように肉体や呼吸を訓練することで、心を調えるということもあるのである。

仏教というと、心の訓練ばかりを考えがちだが、そんなことはない。仏教は肉体の訓練が必須のものなのである。これは人間が、心身一如の存在であることを考えたら、当り前のことなので ある。また、調心は、心を調える、つまり心を安らげるということで、一種の禅定体験のことを指すわけで、仏性開発の重要手段であり主要目標である。

しかし、心は渇愛や煩悩が染み付いた肉体や細胞に支配されているので、心を調えようと思っても、心にだけかかずらわっていたのでは、なかなか思うとおりにはいかないことがある。ただ、身体や呼吸は、ある程度はまだコントロールしやすいので、そちらから入ろうということである。

第3項　調身

そこでまずこの調身だが、正しくしかも疲れない姿勢をとることが肝心である。調身についてはいろいろな成書に書かれているので、詳しくはそれを参照していただくとして、筆者が体験してみて大事だと思ったことは、

①背筋をピンと伸ばす（頭頂部から肛門まで一直線になる）。
②安定して足を組む（筆者はまだ、半跏趺座しかできないが、要点は尾てい骨、両膝が三角形を作り、尾てい骨が中心にどっしりと座ることだと感じた）。
③肩の力を抜く。
④顎を引き、口は軽く閉じる。
⑤目は半眼にしておく（これは世界を見過ぎるわけでもなく、見なさ過ぎるわけでもない中道の見方という気がする）。

といった点であった。

この姿勢で一番感じるのは、リラックスと集中といったことがほどよく調和されているといった点で、これは生きる上での大事な姿勢にもつながるように思えた。「花伝書」が肉体の訓練や

物まねの重要さを強調しているように、最初は正しい姿勢を真似ることが調心という仏性開発の入口であり、基礎になると思われる。まずは「形から入る」ということだろうか。

第4項　調息、釈尊の呼吸法・呼主吸従

筆者は、瞑想と呼吸法を少し学んだだけなので、たいしたことをいう資格はないのだが、それでも、この調息という呼吸法に触れた時の喜びはとても大きいものだった。調息とは、息を調えるということだが、これは筆者にとっては、調身以上に心に染み渡ったことであった。

呼吸というのは不思議なもので、自律神経の支配を受けているから、自分の意志とは無関係に活動するはずものだが、血圧や脈や消化管活動と違って、ある程度意志の支配が強いようである。したがって、自律神経と精神の両方の支配を受けていると言える。自律神経の安定は心身の安らぎに大きくかかわるから、まずこれを安定させることが大事なのだが、その時一番意志力が働かせるのが呼吸といった営みなのである。いわば、呼吸法というのは、身体と精神をつなぐ架け橋のようなものだと言えそうである。

したがって、この呼吸の技術に際しては、古来多くの研究がなされ、日本でも明治末から昭和初期にかけて、十一もの呼吸法が提案されたそうだ。いかに呼吸が不思議なもので、重要なものとして取り扱われてきたかがわかる。

その中で筆者は今、村木弘昌(29)の「釈尊の呼吸法」にのっている呼主吸従の呼吸法に一番なじん

でいる。この釈尊の呼吸法（呼主吸従）の特徴は、出息長・入息短の呼吸で、これは、吐く時は力強くできるだけ長く吐ききり、吸うときは自然に空気が入ってくるのを待つといったやり方である（呼く方に重点を置くので、呼主吸従と呼ぶ。もちろん、腹式呼吸が基本で横隔膜の働きを良くすることになる）。

これをやると、苦しさや不安の中で速くなっていた呼吸がゆっくりになってきて、気持ちも次第に落ち着いてきたのを実感できる。これは医学的に考えても妥当で、呼吸がゆっくりになると、脈もゆっくりになり、身体がリラックスしてくるから、精神も安らぎの方向に向かうのである。村木によれば、この呼吸法を実践することで、狭心症・心筋梗塞・脳卒中・癌・胃潰瘍・神経症・うつ病の治療・予防に役立つとのことである。

それはともかく、多くのストレスにさらされている筆者としては、この呼吸法を知り得たことは大いなる福音で、最近は、一分間二〜三回の呼吸ができるようになり、それを三十分もやれば、まさしく軽安のような爽やかさが手に入る感じである。筆者が呼く時、心がけているのは、無限の彼方に向かい、細胞に染み付いた汚れや煩悩を吐き出すイメージと同時に、吸う時は、自然に清浄になった空気が体内に入り込んできて、身体を清めてくれるというイメージである。さらに言うと無限の彼方に仏陀がいてくれ、こちらの汚れた空気を清らかにしてくれて、もう一度送り返してくれているのではないかという連想もわく。そうなると、呼吸をするということは、仏陀や宇宙全体と交流することだという喜びもわいてくるのである。

ついでに言うと、患者の多くは、呼吸が速く浅いため、患者にリラックス呼吸法と称して釈迦の呼吸法を体験してもらう場合がある（ただ、患者の多くは、なかなかその実践すら難しいので、薬という方便を使って、少し心身を安定させた上で、この呼主吸従の呼吸法を実践してもらうことが多いが）。この呼吸法を行うと、薬やカウンセリングだけでは不十分であったリラックスや安らぎが得られるとのことである（もちろん全例ではないが）。

それから、もう一つこの呼吸法から連想したことだが、吸おう吸おうとするより（取りたい取りたいと願うより）吐ききろうとする（できるだけ捨てる与えると願う）方が、結局は安らぎや健康というとても大事な宝を手にいれることができるということである。そういう面から見れば、この呼吸法は布施の教えに通じるところがあるようである。

以上から、この調息が、いかに調心にとって重要な働きをしているかわかったと思う。

第5項　気功について

呼吸法がでたついでに、気の流れについても少し触れておく。気とは、漢和辞典によれば「息」「空気」「人間の心身の活力」「人体を守り、生命を保つ陽性の力」「天候や四時の変化を起こすもとになるもの」「人間の感情や衝動のもととなる心の活力」「形はないが、なんとなく感じられる勢いや動き」といったものだが、筆者なりに要約すると「人間・万物・宇宙の背後にあってそれを支え動かしているもの」という感じである（仏教的に言えば、あらゆるものをつないでいる縁起に相当するのかもしれないし、また中国気功のように「物質の背後にあるエネルギー」〔津村による〕[30]と考えてもいいのだろう）。

気は、人体の中を巡っている。これが普通に流れていると、健康なのだが、その流れが時に不調になる時がある。その主なものをあげると、気虚（気が減退したり不足した状態、全身の機能・代謝・抵抗力が低下し、疲労感、食欲不振、気力低下などで、うつ状態などは、これに相当する）、気滞（気が停滞した状態で、憂鬱、不安、いらいら、喉のつまり、胸のふさがり、頭重感、腹部膨満感などが生ずる）、気の上衝（気が逆流して上昇している状態。興奮、不安、呼吸促迫、動悸、冷えのぼせ、発作的な頭痛など）といったものがある。

この、気の流れの障害は、煩悩やそれに汚染された生活により引き起こされると思うが、これに対しての一つの対策として最近話題になっている気功法がある。気功法とは、ひとことで言えば体内の気の流れを正常な自然の流れに戻し、心身の状態にゆとりとリラックスと自然さを取り戻す訓練とでも言えるだろう。

気功法については、多くの成書が出ているのでそれを参考にしていただくとして、いささかでも気功をかじったまったくの初心者としての感想を述べておく。

気功については、多くの方法がある。まず、硬気功（武術気功と呼ばれ、気の鍛練で武術のパワーを手に入れようとするもの）と軟気功（医療・健康のための気功）に分かれ、さらに軟気功は、外気功（気功師が、自分の気を放射して患者を治そうとするもの）と内気功（自分の心身の気をコントロールして、自分の健康維持・増進に役立たせようとするもの）に分かれる。

ここでは主に内気功のことを中心に考えていくが、この内気功もまた、動功と静功に分かれ、動功（身体を動かすことで気の流れをコントロールする）などは何千と呼ばれるほどにいろいろな方法があり、また静功にもいくつかのやり方がある。

まず思ったことは、筆者が実践している釈尊の呼吸法は、静功で行われる呼吸法とほぼ同じことだなと感じたということである。ということは、仏陀も呼主吸従による気の流れを重視していたのかなと想像する。津村も、心身を鍛練し自然に近付こうとする仏教の中身は皆気功であると言っている。

それから、動功も少しかじったのだが、これも思ったことは、何千もあるものを全部体得するのは、到底不可能で自分に合うものを探していけばいいということなのだろう（筆者はテニスをしている時、自分の体内の気の流れを感じる。また山歩きをしていて、樹々と対話する時があるが、この時は自然の気と自分の体内の気の交流を感じる。その意味では、自分の好きな動きが動功になるようにも思われる。もちろん、これは専門に気功をやっている方から見れば、ひどい邪見だろうが）。

このように気功であれ呼吸法であれ、さして新しいことではないのだが、筆者は、この気功に触れることにより、自分の気の流れが今どうなっているか、不足しているか充満し過ぎているか、スムースに流れているかどこかでうっ滞していないか、逆流していないかということに少し敏感になり、心身のバランスを取るのに役だってくれている感じがする。これに関して、黒木[31]は「気の世界に慣れ親しんでいくと、体感やイメージを通して実体としての気がリアリティを持ってくる」と述べ、それが日々の心理臨床の体験に影響を与えているとしている。これは筆者にもそれが言え、気功に触れることにより、患者の気の流れに敏感になると共に、それに影響を与えている煩悩にも目がいくようになったような気がする。

それから、この気の流れは何も気功をしている時だけ感じるのではなくて、カウンセリングをしている時や、薬を処方している時にも感じる。気を入れてカウンセリングをしたり、処方したりしているか、気がぬけた形で治療しているかでは、患者の気の流れに影響を与えることは必至である。また、カウンセリングや治療を開始する時、気があっているかどうか、敏感になっておくことも必要である。下山は、境界例患者に対する治療の中で、治療者が患者に気を合わせ、つながりの雰囲気を作ることの重要性を説いている。

いずれにせよ、気の流れを自然にする営みと、気の流れを不自然にする煩悩に対する工夫は奥が深く、まだ入口に立っているという感じが正直なところである。

第2節　仏陀の癒しと自己実現の関係

第1項　自己実現とは?

今までの仏陀の教えからわかったと思うが、人間は自己に執着しながら、自己への執着から解放されたがっていると言える。ただ、執着からの完全な解放は不可能で、せいぜい「ほどほどの執着」という中道的生き方に少しでも近づけるだけでも、充実して満足して生きられたと思える。こうした「ほどほどの執着・ほどほどの解脱」が、自己実現と言えるような気がする。自己実現とは「人間としての豊かな自己の能力や個性を実現させていこうとするもの」（マルクスによる）[34]、「影などの自己の各部分を一つに纏めていこうとする努力の過程であり、人生の究極の目的である」（ユングによる）[35]、「自己が本来持っている真の絶対的な自我を完全に実現すること」（グリーンによる）のように、何か自我に執着しているような趣があるようだが、筆者から言えば本当の自己実現は「自我執着的な自己実現」を離れた終わることのない営みだと思われる。

第2項　十牛図とは?

仏教における悟りの過程・段階を現すものとして、有名な十牛図がある。十牛図は、宋代の禅僧、廓庵が作ったもので、牛を悟りに見立てて、悟りに至る道筋を描いたものとされる。

十牛図は、ユング派の間で随分と人気があり、牛は「真の自己」やセルフを表すとされている。もちろん、その見方はそれでいいのだが、もう少し広げて「治癒」「健康」を表すとも考えられるし、また十牛図は治療を考える上で、とても参考になる。

十牛図と治療の関係を述べる前に十牛図の簡単な説明をしておく。

①尋牛（牛を尋ね探そうとするが、牛がどこにいるか分からず途方にくれている状態）
②見跡（そのうちやっと牛の足跡を見出す）
③見牛（ついに牛の姿をかいま見る）
④得牛（なんとか牛を手に入れるがまだ自分のものになっていない）
⑤牧牛（牛を飼いならしたりてなづけたりする）
⑥騎牛帰家（牛の背中に乗って家に帰る）
⑦忘中存人（家に戻り、人々の間で暮らすうちに牛のこと等忘れてしまう状態）
⑧人牛倶忘（人も牛もすべてが忘れ去られ、無になること）
⑨返本還源（原初の自然、元々本本の美しさが現われてくること）
⑩入鄽垂手（悟りを得た修行者が街へ出て童子と遊ぶこと。人を導くこと）

第3項　十牛図と治療の関係

十牛図はこのようなものと一応されているが、筆者から見ればこれは治療そのものだと思われる。ちなみにどのように治療と関連しているか述べてみる。

①尋牛：病気で苦しんでいる状態で、必死になって癒しを求め健康を欲しているが、どうしていいかわからず、また適切な治療者も見つからず途方に暮れている状態である。

②見跡：必死になって探していると、良い治療本に出会ったり、良い治療者の噂を聞いたり、治療法の痕跡や臭いぐらいは嗅げるようになってくる。「あきらめる必要はない。もっと探せ。きっといい治療法や治療者は見つかるはずだ。跡が見つかったと言うことは本体ももう少し経てば見つかるはずだ」と励ましているようである。

③見牛：探している間に、「真の治療目標、到達点、正しい治療法、四諦八正道、良き治療者、相性の合う治療者に出会えた。人生捨てたものではない。精神科治療もカウンセリングも結構役に立つかもしれない。希望を捨てないでよかった」と思える状況かもしれない。

④得牛：「ついに見つけた。本当に自分の生き方を、これが真の治療、自分の到達点だ。真に出会いたい治療者に出会えた。自分はこの先生に出会うために今まで生きて来たのだ。希望を捨てないで良かった」と思えている時かもしれない。

⑤牧牛：真の治療目標・自己実現に向けて、適切な治療者と共に治療実践に励む状態。いろいろな気付き・自覚・悟りを自分のものにする時期なのだろう。

⑥騎牛帰家：（そうした治療実践の果てに）もはや治った、治癒したと思える状態。治ったからには、世間や社会に出て今までどおりの生活をしようと決意し、またそう実践できている。

⑦忘牛存人：もはや病気のことや苦しかったこと、癒しや治癒を求めて必死に治療法を探し、治療者と討論し、治療実践を行っていたことや治療中に気付いた大事なことは全部忘れて、仕事や遊び・活動をやれている状態。すなわち「したいこと・できること・有益なこと」ができている。

⑧人牛俱忘：何かに夢中になり、病気の治癒・健康はおろか活動している自分自身の事さえ忘れ「無になっている」「夢中（無中）になっている」状態を指す。

⑨返本還源：すべてに無になりきることができて、今までの世界の見え方が違ってくる。まったく原初の世界がそのままの姿で美しく見え、すべての執着が離れ、真の美しさが現前する。

⑩入鄽垂手：無になった状態で、現実の世界に戻り、子供たちと遊んでいる平和な境地である。つまり、病者は治っただけではなく、他の人にも「空の境地」を自然に伝えようとしている。いわば、ピアカウンセリングのような営みである。

第4項　自己実現は他者実現——世界実現・関係性実現

十牛図の最後の段階でわかるように、真の自己実現は、利己主義ではないということである。河合隼雄が「自分の自己実現ほど他者にとって迷惑なものはない」と皮肉ったように、自己実現を目指そうとして一直線になると非常に勝手なふるまいが起きてしまう。

例えば、ある四十代のインテリ大学教授Uが、配偶者に「少しは皿洗い手伝ってくれない。私、疲れているから」と言われた時、「うるさい。僕は今、自己実現に関する本を読んでいる最中だ。自己実現という、こんな貴重な仕事を今放棄できるか」と答えるようなものである。

この教授は、自己が他者と関係して生きていること、自己は他者との関係性の集合であること、もっと言えば自己は「他者の集合体」でもあることを忘れている。つまり、自己が実現するとは、他者と関係する自己が実現すること、すなわち配偶者と皿洗いをして配偶者との共同作業をすること、配偶者という最も大事な他者に喜んでもらうことこそまた一つの自己実現であるのである。

自己実現といっても、大げさなものではない。日常の営みそのものが自己実現なのである。道元は、神通力のところで千里眼と言った超能力的なことは小神通力であり、洗面や食事と言った日常の動作そのものが大神通力であると言ったことを思い出させる。

それから言えば、自己実現とは日常性の実現であり、また自分と関係する世界との実現でもあると言えるのである。

註

（1）ヘルマン・ベック「仏教（上・下）」、渡辺照宏・渡辺重明訳、岩波書店、一九七七年。
（2）S・アリエッティ、J・ベムポート『うつ病の心理』、水上・横山・平井訳、誠信書房、一九八九年。
（3）ルネ・スピッツ『母—子関係の成りたち』、古賀行義訳、同文書院、一九八〇年。
（4）G・キャプラン『対象喪失』、小此木啓吾解説（現代精神医学事典所収）、弘文堂、一九九三年。
（5）S・フロイト『悲哀とメランコリー』、井村恒朗訳、フロイト著作集6所収、人文書院、一九七〇年。
（6）下田光蔵『躁うつ病の病前性格について』、精神神経誌、45：101—102。
（7）森田正馬『神経質の本態と療法』、白揚社、一九六〇年。
（8）D・M・ガーナー編『摂食障害治療ハンドブック』、小牧元監訳、金剛出版社、二〇〇四年。
（9）カレン・カーペンターは有名なデュオ歌手カーペンターズの妹。神経性食欲不振症で死亡したことから、一挙に摂食障害への関心が広がった。
（10）ウィンテルニッツ『インド仏教文学史』、中村戯照・大仏衛訳、丙午出版社、一九二三年。
（11）藤田清『仏教カウンセリング』、講座仏教思想第三巻、理想社、一九七四年。
（12）W・R・ビオン『精神分析の方法Ⅰ、Ⅱ』、福本修・平井正三訳、法政大学出版局、二〇〇二年。
（13）S・アリエッティ『分裂病（統合失調症）入門』、近藤喬一訳、星和書店、一九八〇年。
（14）佐藤光源・松岡洋夫『ズビンとチョンビの脆弱性概念—有用性と限界』、精神科治療学12〈一九七七年、487—494〉。

(15) 川田洋一『仏教医学物語（上・下）』、レグルス文庫。
(16) ラインホルド・ニーバー：アメリカの自由主義神学者。
(17) 日野原重明『病む人の祈り』、季刊仏教39号、一九七七年。
(18) 福本照應『らいを仏教者はどう見たか』、季刊仏教39号、一九七七年。
(19) 平井孝男『（統合失調症の）精神療法』、分裂病（統合失調症）の社会復帰支援、金剛出版社、一九九四年。
(20) 平井孝男『病名告知とは何かを考えさせられた三症例—病名論議から脱落意識の逆転へ』、精神病治療を語る、金剛出版社、一九九二年。
(21) 多川俊英『唯識十章』、春秋社、一九八九年。
(22) 加藤清編著『癒しの森』、創元社、一九九六年。
(23) 鎌田東二『苦悩と癒しの果つるところ』、季刊仏教39号、一九七七年。
(24) 辻悟編『治療精神医学』、医学書院、一九八〇年。
(25) A・ヤッフェ編『ユング自伝I』、河合・藤縄・出井訳、みすず書房、一九七二年。
(26) アンソニー・ストウ『孤独』、森省二・吉野要監訳、創元社、一九九四年。
(27) 横山紘一『唯識とは何か』、春秋社、一九八六年。
(28) 岡野守也『唯識—仏教的深層心理の世界』、日本放送出版協会、一九九八年。
(29) 村木昌弘『釈尊の呼吸法』、柏樹社、一九九二年。
(30) 津村喬『気功法への道』、創元社、一九九〇年。
(31) 黒木賢一『気の心理臨床入門』、星和書店、二〇〇六年。

参考文献（全体として参考にした文献。本書は一般書であるため、参考文献の記載は最小限に留めた）

中村元編『原始仏典』、筑摩書房、一九七四年。
中村元編『大乗仏典』、筑摩書房、一九七四年。
川田洋一『仏法と医学』、レグルス文庫、一九七五年。
『華厳経』、大正大蔵経。
『法華経（上・中・下）』、岩波文庫、一九六二年。
中村元『佛教語大辞典』、東京書籍、一九八一年。
森章司編『仏教比喩例話辞典』、東京堂出版、一九八七年。
横山紘一『唯識とは何か』、春秋社、一九八六年。
岡野守也『唯識―仏教的深層心理の世界』、日本放送出版協会、一九九八年。

平井 孝男（ひらい　たかお）

1949年、三重県上野市に生まれる。1974年、金沢大学医学部を卒業後、大阪大学病院精神科、大阪逓信病院神経科、仏政府給費留学、榎坂病院、淀川キリスト教病院精神神経科を経て、1991年４月、平井クリニックと新大阪カウンセリングセンターを開設。現在、平井クリニック院長、新大阪カウンセリングセンター長を務める傍ら、大阪経済大学人間科学部客員教授、大阪市立大学生活科学部、および関西カウンセリングセンターなどで、治療学の講座を担当。精神科医。臨床心理士。
著書として「心の病の治療ポイント」「境界例の治療ポイント」「うつ病の治療ポイント」「カウンセリングの治療ポイント」「難事例と絶望感の治療ポイント」（以上創元社）、「心理療法の下ごしらえ」（星和書店）、共著として「癒しの森」（創元社）、「心理療法におけるからだ」（朱鷺書房）などがある。

連絡先：平井クリニック　TEL. 06-6321-8449
新大阪カウンセリング　TEL. 06-6323-2418
〒533-0031　大阪市東淀川区西淡路１-16-13
新大阪 MFD ビル二階

仏陀の癒しと心理療法
——20の症例にみる治癒力開発

二〇一五年三月二〇日　初版第一刷発行

著　者　平井孝男
発行者　西村明高
発行所　株式会社　法藏館
京都市下京区正面通烏丸東入
郵便番号　六〇〇-八一五三
電話　〇七五-三四三-〇〇三〇（編集）
〇七五-三四三-五六五六（営業）

装幀者　上野かおる
印刷　立生株式会社　製本　清水製本所

ISBN 978-4-8318-5696-8 C1011

うつは、治す努力をやめれば治る　箱庭療法と森田療法の併用の事例と実践　大住　誠著　二、八〇〇円
心理療法としての仏教　禅・瞑想・仏教への心理学的アプローチ　安藤　治著　二、八〇〇円
いのちのゆくえ　医療のゆくえ　佐々木恵雲著　一、〇〇〇円
仏教と看護　藤本浄彦・藤堂俊英編　二、四〇〇円
仏教とカウンセリング　龍谷大学仏教文化研究叢書26　友久久雄編　三、五〇〇円
心の病と宗教性　深い傾聴　人間・科学・宗教ORC研究叢書8　鍋島直樹ほか編　三、六〇〇円
死と愛　いのちへの深い理解を求めて　人間・科学・宗教ORC研究叢書4　鍋島直樹編　三、六〇〇円
生と死のケアを考える　カール・ベッカー編著　二、八〇〇円

法　藏　館　　価格は税別